CW01626460

Pour mon ami Harry Goulbourne,

En amical hommage,

Christine

Espaces & Milieux

Espaces & Milieux

Cette collection a pour objectif de publier les résultats de recherches originales illustrant les avancées récentes de la géographie à l'interface avec les disciplines voisines. Au sein des sciences sociales, l'approche géographique des lieux, des territoires et des réseaux recourt de plus en plus aux différents types de modélisation de l'analyse spatiale. Elle s'attache aussi à l'étude des représentations que les hommes se font de leur espace. Elle étudie les dynamiques de la nature et des milieux à travers les sociétés qui les utilisent et les modifient. Les identités et les rapports de pouvoir constitutifs de la territorialité sont au cœur de ses préoccupations. Ouverture et pluralité des courants favorisent les débats qui mènent à un approfondissement épistémologique et à des avancées théoriques.

Comité de lecture

La diaspora noire des Amériques

Expériences et théories à partir de la Caraïbe

Christine Chivallon

CNRS EDITIONS
15, rue Malebranche – 75005 Paris

Illustration de couverture :
Peinture de Jean-Noël Poumeyrol

ISBN : 2-271-06272-1
ISSN : 1269-701X

À la magie des rencontres qui ont le pouvoir d'ouvrir sur le monde
Aux protagonistes de ces si belles rencontres

Avant-propos

Cet ouvrage a pour origine un projet d'écriture que nous devions conduire à deux avec mon collègue Michel Bruneau, directeur de recherche au CNRS (Centre national de la recherche scientifique), spécialiste de la diaspora grecque et des Grecs du Pont en particulier. Au tout début de cette entreprise, il était pourtant difficile d'envisager une approche comparative entre le monde noir des Amériques et les diasporas classiques. Le concept de diaspora qu'utilisaient la plupart des chercheurs francophones semblait alors complètement étranger à l'univers noir des Amériques et plus particulièrement aux sociétés antillaises sur lesquelles je travaillais. De nos échanges sur cette question a résulté un cheminement scientifique particulier. Pourquoi en effet ne pas « comparer l'incomparable » selon la formule heureuse de Marcel Detienne (2000) et ne pas s'exercer, entre autres, à voir comment les outils théoriques disponibles pour certaines expériences sociales conviennent ou non à d'autres ? Au même moment, je naviguais entre les espaces académiques anglophones et francophones et découvrais que la notion de « diaspora », pour être d'un accès quasi interdit aux populations noires côté francophone, servait au contraire, côté anglophone, à faire de ces mêmes populations un exemple archétypal de la dispersion communautaire, au même titre que les diasporas classiques, juive et arménienne notamment. Il y avait sur ce point de quoi encourager une démarche destinée à prendre ce fameux concept de diaspora comme le décrypteur de l'expérience noire des Amériques. Un décrypteur qui serait aussi attentif aux adéquations entre les théories et les manifestations du social, qu'aux règles qui commandent l'usage du concept, puisque celui-ci se révèle si sensible aux changements d'un lieu à l'autre.

L'idée d'un ouvrage de comparaison entre les « diasporas » classiques et noire a fini par émerger comme la résultante de ces échanges. Sans doute ce projet était-il encore précoce. Nous n'avions peut-être pas suffisamment préparé le terrain d'une telle comparaison, notamment en ce qui concerne le monde noir des Amériques pour lequel il n'existait pas réellement de contribution, en langue française, conduite de manière systématique à partir de la notion de diaspora. Le présent ouvrage est donc issu de ce parcours. Il est comme l'étape préalable dont nous avions imparfaitement estimé l'importance pour atteindre l'objectif d'une étude comparée des peuples diasporiques, d'autant que le cas des peuples noirs dispersés aux Amériques, loin de faire le consensus autour de la notion, demandait encore à ce que soient exposés certains repères pour évaluer la pertinence du recours au concept de diaspora.

Initialement prévu dans la collection « Savoirs et savoir-faire en géographie » dirigée par Denise Pumain au sein du GDR « Libergéo » avec Marie-Claire Robic, Christian Grataloup, Léna Sanders et Béatrice Collignon, l'ouvrage, dans sa forme définitive, et malgré la tournure très différente qu'il a prise, a quelque peu gardé l'esprit de ce premier cadre d'écriture auquel il devait correspondre lors du projet comparatif. C'est vrai en particulier pour l'intention de « grande synthèse » qu'il a conservée, avec la volonté d'élargir le cadre des connaissances au-delà d'un domaine de spécialisation qui reste néanmoins celui de la Caraïbe, et des Antilles françaises en particulier. Comme j'aurai l'occasion de le préciser en introduction, deux types d'écriture se superposent. La première, dans la continuité du projet initial, propose une vue générale du monde noir des Amériques fondée sur la connaissance des sociétés antillaises et se consacre à restituer les repères de base pour cerner l'expérience de la diaspora noire. La seconde intègre beaucoup plus une démarche interprétative pour proposer un point de vue appuyé sur un va-et-vient entre données empiriques et théories. Mais ce recours à une écriture pourtant plus familière de l'exposé scientifique s'opère, là encore, selon des règles qui veulent rendre le propos le plus accessible possible au risque de perdre en précision, ce qui se traduit notamment par l'absence systématique de recours aux notes de bas de page et par l'évitement, autant que faire se peut, d'un langage trop « spécialisé ». Autre héritage, moins visible, depuis le projet initial : celui qui s'inspire de la démarche comparative. Même si la comparaison n'apparaît pas ou peu dans cet ouvrage, il est indéniable que l'interprétation proposée comme argument principal est de beaucoup redevable aux échanges qui ont accompagné la réalisation de ce livre.

Si cet avant-propos est l'occasion de localiser l'initiative de ce livre dans une démarche plus collective qu'il n'y paraît, il est aussi le moyen de remercier ceux sans qui je ne me serais sûrement pas engagée dans une telle entreprise, et en tout premier lieu, bien sûr, mon collègue Michel Bruneau. Les membres du groupe Libergéo ont aussi contribué à finaliser ce projet, notamment par leur écoute et leur perspicacité lorsqu'il a fallu prendre des décisions éditoriales importantes. Le groupe « Interroger les diasporas » constitué dans le cadre d'un appel d'offres ACI du ministère de la Recherche, a été un lieu d'apprentissage privilégié sur le thème des diasporas. Réunissant différents spécialistes (Chantal Bordes-Benayoun et Annie Bloch-Raymond sur la diaspora juive, Emmanuel Ma Mung sur la diaspora chinoise, Martine Hovanessian sur la diaspora arménienne, Georges Prévélakis et Michel Bruneau sur la diaspora grecque, Stéphane Dufoix,

Marina Hily, Kamel Doraï...), ce groupe a été l'occasion d'une immersion régulière dans la réflexion sur les différentes expériences diasporiques, notamment au cours des séminaires internationaux qui nous ont permis de réunir d'éminents collègues étrangers comme Barry Chevannes, James Clifford, Robin Cohen, Harry Goulbourne, Robert Hill, Tiffany Patterson, Gabriel Sheffer, Khachig Tölölyan... Un merci chaleureux au complice de cette aventure, William Berthomière, avec qui a été codirigée cette ACI.

Introduction

Cet ouvrage est consacré à la fois à une notion théorique – la « diaspora » – et à la diversité d'expériences sociales – celle des Amériques noires – censée pouvoir être englobée par une telle notion. D'emblée, il faut entrer dans la difficulté imparable qu'introduit une telle démarche puisqu'il s'agit d'apposer un singulier sur une réalité extrêmement diverse qui se décline en autant de situations sociales contrastées prenant place au sein de sociétés très typées. Mais la notion de diaspora a cette terrible vocation de réunir sous un même terme la multitude de peuples dispersés depuis une origine qui leur serait commune. Son emploi pour le monde noir des Amériques, comme pour toute autre dispersion de population, est immédiatement généralisant. Il convoque « un englobant » pour signifier une spécificité étendue à tous ceux à qui l'on attribue une sorte de bagage commun qui tisserait la possibilité d'un lien social transnational, étranger à l'impératif du localisme pour se reconnaître dans le partage d'un destin commun. Que le débat scientifique sur les populations noires des Amériques montre l'adoption de modèles divergents en rapport avec la définition précise donnée à la diaspora, il atteste néanmoins de ce recours unanime à l'usage d'un substantif qui a la charge de réunir et de donner à voir ce qui est commun. La « diaspora » vise ainsi à l'intégration du plus vaste et du plus large, du plus disséminé. Elle ne s'applique pas à la partie, mais ambitionne le tout.

Une telle démarche pourra paraître aujourd'hui dépassée, attachée à une tradition scientifique révolue. Elle irrigue néanmoins les écrits les plus récents et les moins enclins à s'associer à l'orthodoxie sociologique classique. L'ouvrage de Paul Gilroy (1993), qui peut être tenu comme l'un des plus influents de ces dix dernières années dans un champ qui dépasse largement celui de la spécialisation sur les sociétés noires du Nouveau Monde, ne fait pas autre chose que d'appliquer une catégorie d'analyse sur un ensemble épars que cette même catégorie se destine justement à rassembler. Ainsi la « diaspora africaine » qu'il nomme la « Black Atlantic » a-t-elle partie liée avec « une *unique*, complexe unité d'analyse » et est-elle annoncée comme « *un* système culturel et politique »

(Gilroy, 1993, p. 15, souligné par mes soins) : étrange procédé de désignation pour un auteur devenu le chef de file des écrits associés à la critique postmoderne et à son doute généralisé pour tout modèle circonscrit et établi. Mais on accède sur ce point à ce qui fait le grand intérêt d'un usage de la notion de diaspora, devenu si intense au cours des dernières années. Le recours amplifié à cette notion nous amène effectivement à explorer plusieurs dimensions de la construction des faits scientifiques.

Au sein du débat théorique, voire épistémologique, cet usage invite à envisager la variabilité du sens des concepts, avec, pour la diaspora, ce contenu sémantique si différent selon qu'il est donné par les « classiques » ou les « postmodernes », les premiers la voyant comme le maintien d'une conscience communautaire par-delà la dispersion ; les seconds refusant tout arrimage communautaire pour n'investir que la référence au mouvement et au brassage. Quand on s'en remet à l'historicité même de la catégorie « diaspora » appliquée au monde noir des Amériques, on ne peut pas non plus échapper à cette mobilité de sens, puisque le recours au terme est quasi exponentiel côté anglophone alors qu'il est rare et passe pour être abusif et inapproprié côté francophone. Du point de vue de la connaissance des phénomènes identitaires, la diaspora fournit l'occasion d'interroger les faits empiriques de telle manière qu'il n'est guère possible d'échapper à une recherche d'adéquation obligée de se soumettre à toutes les interprétations possibles.

Quand un concept se montre si sensible au contexte de son énonciation, quand il balaye à ce point les possibilités de la construction identitaire, il y a tout lieu de relever les défis qu'il pose, de le « prendre au mot » et de l'utiliser pour naviguer dans la recherche de compréhension à la fois des réalités qui s'offrent à nous et des catégories utilisées pour comprendre ces réalités. C'est la principale motivation de cet ouvrage que d'opérer ce va-et-vient entre les expériences et les théories, et d'utiliser non pas le contenu stable attendu d'une notion, mais les incertitudes de cette dernière pour en extraire ce qu'elles pourraient nous dévoiler sur quelques phénomènes sociaux et leurs modes d'intellection.

Si la « diaspora » envisage le tout, c'est paradoxalement avec « la partie » que ce va-et-vient sera le plus souvent opéré. Préoccupé par l'application d'un tel concept à l'univers que celui-ci voudrait théoriser – le monde noir des Amériques –, cet ouvrage ne peut cependant pas prétendre livrer une vue, même synthétique, de l'ensemble des sociétés qui composent cette entité, ni des phénomènes identitaires qui se développent en son sein. Même si notre point de départ est ce vaste univers englobé et rassemblé par la « diaspora », la plus grande part des connaissances à caractère empirique présentée dans ce livre se rapportera à la Caraïbe, surtout lorsque sera abordée la question de l'identité. Des descriptions et de l'analyse de ces exemples caribéens, il est attendu qu'ils informent la notion de diaspora, qu'ils lui donnent, depuis la « partie », l'écho de ce qui pourrait prévaloir dans le « tout ». Il va sans dire que c'est un peu à l'ouverture d'un chantier qu'il s'agit de procéder et non pas à l'affirmation d'un champ bien balisé, d'autant que l'esprit de cet ouvrage n'est pas complètement celui de l'écrit scientifique à caractère démonstratif, mais vise aussi l'objectif d'une présentation synthétique d'un domaine de recherche.

Puisque le point de départ de ce travail est ce que la diaspora s'apprête à désigner, il nous faut tenter de définir le « monde noir des Amériques ». Celui-ci couvre un vaste ensemble dont le point commun tient à l'origine du peuplement, à savoir la traite transatlantique. Mais nous verrons que, pour ceux qui ont recours au terme « diaspora », le transbordement négrier auquel succède la condition d'esclave n'est pas toujours vu comme le ferment commun aux peuples noirs des Amériques. On lui substitue volontiers la figure du territoire d'origine – l'Afrique –, quitte parfois à passer outre à l'événement de la traite lui-même pour ne s'en remettre qu'à la filiation antérieure à lui. La recherche anthropologique en France doit au titre du célèbre ouvrage de Roger Bastide, *Les Amériques noires* (1967), cette dénomination qui associe une aire géographique à une caractéristique phénotypique de sa population. L'emploi du qualificatif « noir » pour désigner une population par sa couleur de peau n'est pas anodin, surtout pour la conception française, moins encline que la sphère anglophone à « racialiser » la réalité sociale et les analyses développées sur elle eu égard à sa tradition politique et sociologique du « refus ethnique », selon les termes empruntés à D. Schnapper (2001, p. 9). Si Roger Bastide l'a retenu, c'est vraisemblablement parce qu'il est difficile d'ignorer combien la structuration des rapports sociaux forgés dans l'univers esclavagiste est dépendante du clivage racial. Mais, surtout, le terme « noir » devait-il avoir la capacité de suggérer une certaine similitude à laquelle la référence à l'Afrique seule ne pouvait satisfaire. Car les Amériques *noires* ne pouvaient être complètement *africaines*. Dans la conception de Bastide, il est question de prendre en compte la force des héritages amenés depuis l'Afrique comme la puissance des processus d'acculturation au sein de l'univers esclavagiste. Certains groupes se révèlent plus « africains » que d'autres ; certains plus « inventifs » que d'autres ; des segments culturels peuvent avoir conservé des traditions africaines ; d'autres les avoir complètement oubliées. Plutôt que d'être redevable d'une filiation ancienne, enracinée et reconduite dans un espace nouveau, le socle commun à cette population tiendrait plutôt à cette trajectoire depuis le vieux continent africain jusque dans les sociétés de plantation où la vie sociale va s'édifier à partir du schème socio-racial noir/blanc. Depuis ce point de vue associé à Roger Bastide, on peut dès maintenant voir se profiler l'essentiel des éléments du questionnement sur la « diaspora » appliquée au monde noir des Amériques : un questionnement tiraillé entre la volonté de restituer une filiation culturelle et celle d'aborder le social sans son ancrage dans des héritages.

Le terme « noir » a également été retenu dans le cadre de cet ouvrage pour qualifier la « diaspora » dont il va être question. Mais il est utile de dire d'ores et déjà combien l'usage de ce terme ne peut pas être neutre. Il place immédiatement le propos au cœur de la problématique identitaire de cette région. Accolé au terme « diaspora », il suppose d'un côté une unité, et peut-être même une « communauté », et de l'autre, le ferment de cette unité qui serait apparemment plus liée à une visibilité physique (la couleur de peau) qu'à une appartenance culturelle. Tout le cheminement de cet ouvrage consistera en fait à élucider cette question, à envisager la possibilité d'appréhender en un « tout » un ensemble culturel très diversifié – diversité qui est éminemment présente dans la « partie » caraïbe qui sera le repère central de notre progression empirique –, à comprendre en quoi la référence à l'unité que suppose le terme de diaspora peut se justifier et à expliciter finalement le recours au qualificatif « noir » pour nommer cette formation culturelle plurielle.

Une bonne entrée en matière pour aborder le questionnement qui jalonne ce livre nous est fournie par les anthropologues Richard Price et Denys Cuche dans les définitions qu'ils ont proposées des Amériques noires. Pour D. Cuche (1996, p. 119), le « terme d'Amériques noires désigne l'ensemble des régions du Nouveau Monde qui ont été culturellement marquées par la présence massive d'esclaves africains et de leurs descendants. Que ce soit en Amérique du Nord, en Amérique centrale, en Amérique du Sud ou dans l'archipel des Caraïbes, un même héritage historique, l'esclavage et le système de plantation, a abouti à une certaine unité, par-delà leur diversité, des Amériques noires, tant sur le plan social que culturel ». Proposant un contenu similaire, Richard Price (1991, p. 62) apporte cependant une autre précision : l'unité de cette région, redevable de ce double héritage, tient aussi « à l'existence d'une civilisation ayant répondu à la discrimination raciale par une singulière vitalité culturelle dans les domaines de la religion, de la musique et de la langue ».

Ces définitions concises ont le mérite de soulever deux éléments essentiels. D'abord, elles suggèrent bien la présence d'une « unité ». Peut-on dire que cette unité, repérée « par-delà sa diversité », répond à la définition de la diaspora ? Le terme « Amériques noires », appuyé sur le référent géographique, vaut-il d'être remplacé par un concept qui suppose une interprétation théorique des formes culturelles présentes dans cette région ? Ensuite, ces énoncés supposent un contenu des identités culturelles en présence qui sont à la fois diverses et unies, contraintes et dynamiques, et surtout liées à des contextes historiques qui obligent sans cesse, au travers de l'institution de la traite et de l'esclavage, à penser le couple continuité/rupture. La diaspora, si elle doit être vue comme une permanence de l'identité par-delà le phénomène de dispersion, peut-elle encore convenir pour saisir la destinée de ces populations arrachées à leurs pays de traditions et soumises, une fois à destination, à des conditions de vie hautement privatives à l'égard de l'affirmation de leurs identités ? Qu'en est-il de ces fameuses identités ? Sont-elles en mesure de puiser dans le registre de la mémoire du « pays d'avant » comme le nomme Glissant (1981, p. 125), ce qui justifierait amplement le recours au terme de diaspora ? S'organisent-elles à partir de l'expérience nouvelle et continuelle de la discrimination raciale, ce qui risquerait de faire perdre de sa cohérence à la notion de diaspora en éloignant l'idée de permanence des constituants de l'identité ? Le concept de diaspora lui-même offre-t-il au demeurant suffisamment de stabilité pour pouvoir s'appliquer à une dispersion si particulière ?

Ces différentes questions motivent l'argument principal présenté dans ce travail dont l'architecture sera exposée plus loin. Leur exploration nécessite néanmoins un préalable indispensable auquel cette introduction fournit l'occasion de se consacrer, celui d'une clarification du concept de diaspora, en posant les premiers jalons de ce qui pourrait en justifier l'usage pour la compréhension de l'univers culturel noir des Amériques.

Préambule sur une notion incertaine appliquée à une réalité fuyante

Un concept bien incertain : la diaspora

Tous les auteurs s'en plaignent : la diaspora est à la mode et l'engouement finit par compromettre un consensus sur la définition du concept. La contribution de Dominique Schnapper (2001, p. 9) se fait l'écho de ce malaise en affirmant que le terme désigne « désormais toutes les formes de dispersion des populations, jusque-là évoquées par les termes d'expulsés, d'expatriés, d'exilés, de réfugiés, d'immigrés ou de minorités ». Ainsi, « le concept perd de son pouvoir de compréhension » et le chercheur n'a plus guère d'issue que d'être exhorté à ne pas en étendre « indéfiniment le sens » (*ibid.*, p. 31).

Il est peut-être au moins un point sur lequel s'accorde la recherche sur le phénomène diasporique : celui de l'origine étymologique du mot. Comme le précise Michel Bruneau (2004, p. 8) :

> Le terme de diaspora vient du verbe grec *speiren* (semer) ou plus précisément du verbe composé *diaspirein* (disséminer). Il a été emprunté au vocabulaire religieux des juifs hellénophones d'Égypte dans le texte de la Bible de Septante, traduction en grec de textes bibliques écrits en hébreu et en araméen [...]. Il renvoie aux mots hébreux *galût*, *golah* (dispersion, exil, captivité) et au verbe *gallah* (partir en exil). Il s'agit évidemment de l'exil de Babylone et de la dispersion qui a suivi la destruction du second Temple de Jérusalem (70 apr. J.-C.).

Mais même là, les incertitudes affleurent, ce que suggère Marienstras (1985) en indiquant que diaspora et *galût*, censés être équivalents, en seraient venus à désigner deux choses distinctes : d'un côté, la dispersion par rapport à un centre, et de l'autre, l'exil imputable à la disparition de ce centre. De son côté, R. Cohen (1995 et 1997, p. 2) rappelle que les Grecs utilisaient le terme dans une acception positive, pour faire référence à des migrations volontaires, celles des colonies marchandes, alors que la tradition juive a définitivement concouru à associer le terme à une expérience négative et douloureuse, incluant l'exil forcé, la captivité, la malédiction, le châtiment divin.

D'après l'étude de S. Dufoix (2002), l'apparition du terme dans les dictionnaires de langues française et anglaise date du début du XXe siècle (respectivement 1908 et 1913). Il désigne dans un sens premier, tiré de l'histoire des religions, la dispersion des Juifs à travers le monde. L'extension du terme à d'autres populations apparaît plus tardivement – 1949 ou 1968 selon les sources – et s'applique à la « dispersion d'une ethnie » (dictionnaire *Le Petit Robert*, 1992, p. 536). Pour les sciences sociales, l'origine de l'emploi du terme est beaucoup plus difficile à tracer avec exactitude. Max Weber parlait déjà de « diaspora calviniste » en 1905 dans *L'Éthique protestante et l'esprit du capitalisme* (signalé par Dufoix, 2002, p. 9). D'après Tölölyan (1996) – fondateur de la fameuse revue américaine *Diaspora* qui a fourni, depuis sa création en 1991, des textes qui se sont imposés comme des références –, la notion aurait suivi un itinéraire sémantique articulé autour de deux périodes que sépare approximativement l'année 1968. Avant cette date, le terme « diaspora » aurait été redevable d'une acception « judéo-centrée » (*jewish-centered*) et se serait adressé à des communautés dont la trajectoire montre, à l'image du peuple juif, la dispersion depuis un territoire d'origine et le maintien, au sein des sociétés d'installation, de liens de solidarité communautaire établis en dépit du phénomène de séparation et d'éloignement. À partir des années 1970, le champ sémantique s'élargit considérablement pour voir la notion être appliquée à de nombreuses formes de dispersion. C'est à juste titre que S. Dufoix (2002, p. 4) commente ce texte en regrettant l'absence de tout marqueur destiné à montrer en quoi l'année 1968 atteste effectivement d'un changement de vue dans l'usage du terme.

De son côté, D. Schnapper (2001) s'appuie définitivement sur le découpage de K. Tölölyan pour réaffirmer dans un même mouvement qu'il aurait existé, « avant 1968 », à la fois des populations correspondant au type de diaspora et l'usage d'un terme – « diaspora » – dont le contenu aurait été suffisamment juste et clair pour désigner ces populations. Ces dernières, que l'on peut dès lors penser comme incarnant un modèle de diasporas classiques, traditionnelles ou archétypales, doivent leurs caractéristiques au fait qu'elles se perpétuent en tant que « collectivité historique » dans les divers pays d'installation. Le facteur déclenchant de la dispersion contribue cependant à introduire des distinctions entre d'un côté des diasporas issues de catastrophes, comme la diaspora juive, et de l'autre celles formées à la faveur des expansions commerciales, comme la diaspora grecque ou encore la première diaspora marchande arménienne. De ce point de vue, la perspective offerte par Dominique Schnapper rejoint celle de Michel Bruneau (1995, p. 14-15) pour qui les grands empires multiethniques ont été le cadre privilégié de formation des diasporas participant à leur dissémination au travers des réseaux d'échanges commerciaux. Avec la montée des États-nations, tout au long de l'époque moderne, la politique d'homogénéisation attribue de plus en plus de valeurs négatives aux diasporas. Leur double allégeance entre en contradiction avec la logique d'unité culturelle prônée par l'idéologie nationale. Les diasporas n'en continuent pas moins de se perpétuer et de montrer leur capacité à se constituer en communautés distinctes, tout en participant de manière effective à la vie économique et sociale des sociétés d'installation. C'est de là qu'elles tirent leur spécificité, dans cette manière de traduire, par-delà les formes de leur intégration dans les pays d'accueil, une identité particulière où la référence au territoire d'origine traduite par un ensemble de liens matériels ou symboliques est un élément fédérateur garant de la continuité communautaire.

C'est donc « après 1968 » qu'une nouvelle tournure est prise avec une application démesurée du terme directement imputable aux conditions des sociétés contemporaines. De négative dans le cadre de l'État-nation, la diaspora en vient à incarner une image positive motivée par le contexte transnational et l'effondrement progressif des croyances dans les vertus de l'État moderne. Dans un contexte globalisé, la diaspora rassure par la constance dont elle témoigne au travers d'une expérience pourtant traversée par la mobilité. Dispensatrice « de prestige et de satisfaction », elle en vient à être « un thème à succès », favorable au « lyrisme », y compris – même et surtout – dans les sciences sociales (Schnapper, 2001, p. 29).

Si ce texte a le mérite d'introduire à peu près tous les éléments qui articulent la problématique des diasporas et son actualité, il laisse cependant planer une confusion gênante. Car, plutôt que d'être relative à l'usage du concept, la périodisation en question concerne surtout les populations auxquelles le chercheur choisit d'appliquer ou non le concept de diaspora selon le sens qu'il lui donne. Dans la conception de D. Schnapper, il s'agit de mettre en relief des diasporas dont l'existence est ancienne et de traduire au travers d'elles un ensemble de caractéristiques pour voir si des populations dispersées plus récemment pourraient lui correspondre. Cette démarche appartient cependant au débat actuel entamé au cours des quarante dernières années, considérablement amplifié dans la décennie 1990. Comme tend à le démontrer l'étude de S. Dufoix (2002, p. 8 et 12), rien ne garantit qu'il existait auparavant un concept clairement établi. Il y aurait surtout eu un nom disponible, ou plutôt un nom propre, celui attribuable au peuple juif, et un nom commun, utilisé dans le langage courant. La notion utilisée en sciences sociales résulterait quant à elle de la tentative d'extraire « diaspora » du sens de ces deux usages traditionnels. Autant dans son acception étroite (ou classique) que dans son acception large, cette notion, en tant qu'outil scientifique, serait somme toute assez récente et sans doute redevable de l'intérêt que fait naître la multiplication des déplacements à l'échelle planétaire.

Là où D. Schnapper considère les variations de signification comme imputables à une césure temporelle (avant et après 1968), il y a donc sans doute lieu de voir l'efficacité de lignes de partage très actuelles entre les courants de pensée que nourrissent les producteurs de savoir sur la question diasporique. Tout le champ des études sur les diasporas se trouve en fait traversé par une série d'oppositions qui organisent le discours scientifique en même temps que le collectif qui le produit. Si l'on n'accordait aucune forme de confiance à la démarche de connaissance, on pourrait voir là, à la manière de B. Latour (1994), la conséquence directe de la nécessité – pour se maintenir, en tant qu'acteur du monde scientifique – de produire des énoncés nouveaux indispensables à la capitalisation de notoriété. Car, de toute évidence, les termes du débat sur les diasporas s'inscrivent dans la dynamique générale des sciences sociales caractéristique de ces dernières années, avec l'irruption de la nouveauté que constitue le paradigme postmoderne et qui trouve particulièrement matière à s'épanouir dans le domaine d'étude des diasporas.

Outre cette rupture majeure qui va opposer les « orthodoxes » aux « relativistes », ou les « modernes » aux « postmodernes », deux autres thématiques arrimées à ce premier clivage renforcent l'impression à la fois d'un partage assez net entre conceptions et d'une incertitude sur le contenu proposé. Il s'agit du thème de l'identité et de la communauté et de celui de la nation et du transnationalisme. Loin d'ignorer le monde noir des Amériques, ces débats et leurs contradictions accordent au contraire un intérêt particulier à cet univers culturel. C'est pourquoi il nous faut examiner ces derniers à partir de ces trois thématiques qui viennent d'être évoquées.

Le clivage des modernes et des postmodernes

Confirmée au cours des quinze dernières années dans l'espace académique anglophone, la montée du paradigme postmoderne s'est produite au travers de l'appropriation de quelques notions clés devenues de véritables embrayeurs sémantiques pour comprendre de quoi il s'agit. La « diaspora », accompagnée de l'inévitable « hybridité » qui lui est consubstantielle, est devenue l'un de ces marqueurs indispensables à la conception postmoderne au point d'être vue comme l'objet d'une véritable « fétichisation » (Mitchell, 1997). Ce n'est d'ailleurs pas trop se hasarder que d'affirmer que la « diaspora » est la figure centrale du postmodernisme.

Qu'entend-on par « postmodernisme » En se limitant à quelques repères développés par ailleurs (Ghasarian, 1998 ; Chivallon, 1999a et b), il faut déjà dissocier deux choses : le postmodernisme en tant que consacré à décrire et analyser les caractéristiques d'une époque (qualifiée de postmoderne) et le postmodernisme en tant que mouvement de pensée destiné à opérer la critique de la pensée moderne rationalisante. L'une et l'autre de ces tendances se séparent nettement du fait que la première continue de se réclamer d'une pratique scientifique classique qui ambitionne d'expliquer les phénomènes sociaux et culturels – ici, ceux liés à l'entrée dans une nouvelle période du développement capitaliste mondial (postfordisme) marquée principalement par l'affaiblissement des frontières instaurées par la modernité – alors que la seconde, au contraire, refuse le recours à la démarche explicative associée à l'orthodoxie sociologique. C'est cette deuxième tendance qui intéresse avant tout l'effervescence autour de la notion de diaspora, bien qu'il soit difficile de l'isoler complètement de la première dans la mesure où elle accorde, elle aussi, une importance majeure au contexte actuel de globalisation. Mais le clivage épistémologique reste cependant opératoire pour distinguer définitivement deux manières de concevoir la construction de l'objet scientifique et les modalités de sa connaissance.

Au risque d'emprunter des raccourcis simplificateurs, il est possible de ramener le postmodernisme, en tant que courant de pensée, à une double exigence. Jugeant la science comme un outil idéologique autoritaire ayant imposé une vision du monde fondée sur la prétention à une vérité pourtant très incertaine, il cherche d'abord à s'affranchir du cadre scientifique traditionnel. Cette démarche passe d'emblée par la tentative de se défaire des usages d'une pensée catégorisante et binaire vue comme directement imputable à la modernité et à son mode d'intellection rationnel. Dans un même mouvement, il tente ensuite de rompre avec tout essentialisme du sujet pour reconnaître le caractère variable des identités, car les sciences sociales classiques auraient donné forme à un sujet social « invariant », déterminé par les seules lois de l'organisation sociale. Cette deuxième exigence, que l'on peut dire « anti-essentialiste », rejoint la volonté d'intégrer des savoirs divers et relatifs non soumis à une quelconque quête universaliste et s'associe à ce qu'il est convenu d'appeler de manière générique « le retour du sujet ». L'essor des *cultural studies* (« études culturelles ») accompagne cette progression et participe au recentrage des sciences sociales sur de telles préoccupations en se destinant en particulier à réhabiliter l'importance des représentations et de l'imaginaire au sein des dispositifs sociaux.

L'intervention de la diaspora dans ce débat se présente précisément comme un moyen de répondre à la double exigence dont il vient d'être question. Pour mieux en comprendre la raison, il faut mentionner combien, au sein des écrits postmodernes, il est difficile de discerner entre ces deux démarches qui sont d'un côté le refus de l'appareil scientifique d'inspiration analytique et classificatoire et, de l'autre, la « découverte » d'identités libres de leurs mouvements et échappant à tout déterminisme. En fait, il s'agit de voir dans cette simultanéité le recours à un procédé qui fait que la rupture tant souhaitée avec le discours scientifique classique s'opère *via* le dévoilement d'identités qui sont décrites à souhait comme instables et indéterminées. De ce fait, ce n'est pas tant le discours scientifique qui est déconstruit que les identités dont il nous parle. Sauf dans quelques textes radicaux qui se sont essayés à franchir le pas – par exemple le texte de D. Reichert (1987) pour la nouvelle géographie culturelle anglophone –, les modalités d'exposition de l'argument restent étrangement « classiques » et pareilles à elles-mêmes : elles usent toujours du principe catégorisant pour signifier le caractère « mobile » des appartenances par opposition à des formes « fixes » et permanentes.

Pour ne s'en tenir qu'à un auteur phare du postmodernisme, Homi Bhabha (1994), il est clair que les identités sociales ont désormais la lourde charge de signifier un changement de mode de pensée tout en étant l'antithèse de l'essentialisme communautaire fabriqué par les idéologies hégémoniques des nations modernes. Elles occupent des espaces de résistance, espaces interstitiels jamais exclusifs d'une logique ou d'une autre, où elles formulent – de façon toujours ambivalente et inachevée – des visions alternatives aux autorités qui pèsent sur elles. Dénommés *third space* (« troisième espace »), ces espaces, où évoluent les identités du « ni dominant ni dominé », sont le lieu par excellence de l'*hybridité* comme principe de dépassement des dualités. On le voit, ces théories sont assurément très intellectuelles, ou encore « textuelles ». Elles trouvent pourtant matière à s'incarner dans une forme sociale concrète : la « diaspora ». Car quelle autre configuration pourrait le mieux parvenir à signifier ces espaces de « l'entre-deux » (*in-between*) que vantent, à la manière de Bhabha, les nouveaux théoriciens de la culture ? Vouée à la double appartenance, entre un espace d'origine et un espace d'installation, constituée par cette dualité qu'elle transcende, défiant le principe d'identification nationale, la diaspora ne peut que se constituer en une ressource irremplaçable pour ceux qui se destinent à remettre en cause tout processus de reproduction et de détermination sociales lié au diagnostic de la sociologie classique.

L'usage postmoderne de la notion est certes variable, du plus métaphorique au plus référencé par la réalité sociale. On trouve dans le travail réputé d'Appadurai (2001), consacré aux conséquences culturelles de la globalisation, une extension intéressante du terme qui montre la convergence entre la remise en cause des modèles anciens, l'intérêt accordé aux phénomènes actuels d'internationalisation et le recours ambivalent à la diaspora, à la fois métaphore d'un contexte globalisé et dénomination de populations migrantes. À mi-chemin entre une démarche d'objectivation et une approche critique nourrie par les *cultural studies*, l'objectif d'Appadurai est de montrer comment l'éclosion contemporaine d'identités déterritorialisées implique de considérer les façons nouvelles de produire la localité. L'approche primordialiste, assimilable à l'essentialisme, est rejetée : les collectivités sociales ne sont pas animées par une « conscience collective dont les racines historiques plongent dans un passé lointain » (*ibid.*, p. 199). En fait, c'est l'imagination qui préside à la pratique sociale et organise les réseaux entre les individus (*ibid.*, entre autres, p. 66 et 204). Les cultures relèvent moins des *habitus* que « d'une arène pour des choix » (*ibid.*, p. 82). Dans un contexte où « l'État-nation entre dans sa phase terminale », « où les individus sont mobiles » et « où la circulation des produits s'est généralisée », il faut étudier, nous dit Appadurai, « la forme de *diasporas de publics enfermés dans leur bulle* » (*ibid.*, p. 55, souligné par l'auteur). Ces *diasporas de publics* représentent autant de groupes hétérogènes, constitués à partir des incessants mouvements de population, et participent à l'éclatement des systèmes territorialisés. Elles intègrent des *ethnoscapes*, cette fameuse notion désormais associée au nom d'Appadurai, c'est-à-dire ces paysages formés « par les individus qui constituent le monde mouvant dans lequel nous vivons : touristes, immigrants, réfugiés, exilés, travailleurs invités et d'autres groupes et individus mouvants ». Ces mouvements de populations rompent la chaîne des anciennes stabilités en même temps qu'ils participent à la dispersion et à la diffusion des multiples « mondes imaginés » que fabriquent les personnes et les groupes (*ibid.*, p. 69).

On le voit, la diaspora se prête particulièrement bien à une évocation de formes sociales régies par des principes qui échappent à toute réalité bien circonscrite et stabilisée. Des principes que les préceptes sociologiques, autres que ceux attribuant à l'« imaginaire » une fonction primordiale dans la constitution sociale, auraient bien du mal à déceler. Sans anticiper sur le contenu même donné aux identités diasporiques, il est donc possible d'ores et déjà de présenter le clivage entre les « modernes » et les « postmodernes » comme structuré autour de l'adoption de deux postures théoriques et épistémologiques opposées. Comme l'analyse fort bien Floya Anthias (1998, p. 568), il y a d'un côté ceux qui cherchent à objectiver des caractéristiques et à fonder des critères destinés à estimer si un mouvement transnational constitue ou non une diaspora, et de l'autre ceux qui développent une approche critique défiant le recours aux conceptions classiques de l'« ethnicité ».

Dans le premier ensemble prennent place des auteurs entretenant des rapports de proximité avec le travail de Gabriel Sheffer qui proposait en 1986 une approche en termes de validation de critères correspondant à une définition de la diaspora. Preuve du caractère récent de cette approche « classique », les références utilisées par Sheffer à propos des diasporas sont plutôt rares et se limitent en définitive au texte de Armstrong (1976) qui considérait le cas juif comme archétypal pour construire, à partir de lui, d'autres catégories comme la « diaspora prolétaire ». Les travaux de Safran (1991), de Cohen (1997) ou encore de Van Hear (1998) sont également à situer dans cet ensemble « objectiviste ». Ils indiquent bien la mise en œuvre d'un « modèle conceptuel fermé » comme le désigne S. Dufoix (2002, p. 9), ce dernier allant même jusqu'à évoquer des « conceptions positivistes » pour ce type d'approche.

Le second ensemble comprend les théoriciens postmodernes les plus connus, comme Clifford (1994), Hall (1994) ou Gilroy (1993). Leur démarche est radicalement différente dans le sens où elle ne s'appuie plus sur aucune procédure de vérification revendiquée comme telle. Elle propose d'accéder à des expressions identitaires dont Gilroy (1993, p. 198) nous dit « qu'elles ne peuvent pas être appréhendées à travers la logique manichéenne de l'encodage binaire ». Fait remarquable et incontournable dans le cadre du présent ouvrage : ces théoriciens, les plus connus de la « diaspora postmoderne », Stuart Hall et Paul Gilroy, sont l'un antillais et l'autre anglo-guyanais. C'est au travers du monde noir des Amériques, érigé en exemple emblématique, qu'ils trouvent matière à proposer une nouvelle approche de l'identité diasporique.

En France, les études sur les diasporas restent à l'écart de cette logique de partage du champ, du fait que le postmodernisme, malgré ses racines françaises dans la philosophie de Foucault, de Derrida ou de Deleuze, n'a pas eu un développement comparable à celui de la sphère anglophone. Certes, l'influence se fait de plus en plus manifeste, comme en témoigne la préface de Marc Abélès à la traduction française de l'ouvrage d'Arjun Appadurai (2001) ou encore un numéro assez récent de la revue *L'Homme* consacré « aux théories nomades à l'ère dite de la mondialisation » (Assayag et Bénéï, 2000, p. 16). Mais elle n'est pas source de rupture ou de changement paradigmatique comme du côté anglo-américain. Les conceptions développées sur la diaspora y restent proches de la tendance « classique » avec le développement d'un modèle assez bien typé.

Dans tous les cas, c'est la définition donnée à la diaspora elle-même qui vient cristalliser la dissociation entre les postures moderne et postmoderne en s'articulant essentiellement sur le thème de l'identité : que celle-ci soit vue comme l'expression d'une conscience communautaire ou qu'elle corresponde à une formation « hybride ».

Deux conceptions de l'identité : « communautaire » et « hybride »

• La diaspora « communautaire »

Il n'est pas très utile de reprendre dans le détail les diverses définitions de la diaspora fournies par les auteurs de l'approche classique. Elles présentent généralement une liste plus ou moins longue de « caractéristiques » (*features*) – de trois chez Van Hear (1998, p. 6) à neuf chez Cohen (1997, p. 26) – qui permettent de déterminer si, oui ou non, nous sommes en présence d'une diaspora. Il existe cependant un dénominateur commun à ces listes qui tient à trois éléments clés : la dispersion volontaire ou forcée depuis un point d'origine vers une ou plusieurs destinations ; le maintien de liens avec le pays d'origine ; l'existence d'un réseau reliant les différents établissements de la diaspora. Ce contenu minimal se décline bien évidemment et n'en reste pas à cet aspect sommaire. La liste des critères retenus, si elle peut s'allonger, ne s'institue pas vraiment en un outil discriminant, les auteurs ne mentionnant guère s'il faut remplir toutes les conditions ou seulement quelques-unes pour entrer dans le groupe des « diasporas ». La liste de R. Cohen (1997) fournit une illustration de ce type d'outils. Elle est une version aménagée de celle que Safran (1991, p. 83-84) avait proposée dans le premier numéro de la revue américaine *Diaspora* en s'appuyant sur l'« idéal type » incarné par la diaspora juive. L'aménagement de Cohen (1997, p. 21) souhaite cependant « transcender la tradition juive », car il n'est pas sûr qu'au sein même du monde juif, la dispersion résulte toujours d'un mouvement forcé issu d'une catastrophe comme le suppose le recours à l'« idéal type ».

Résumés, les critères de Cohen (1997, p. 26 et 180) sont les suivants : 1) la dispersion depuis une patrie d'origine, souvent de manière traumatique ou éventuellement ; 2) l'expansion depuis cette patrie pour une recherche de travail, des activités commerciales ou des ambitions coloniales ; 3) une mémoire collective et un mythe à propos de la patrie d'origine ; 4) une idéalisation de l'origine ancestrale supposée ; 5) un mouvement de retour ; 6) une forte conscience de groupe ethnique maintenue à travers le temps ; 7) une relation ambiguë ou difficile avec les sociétés d'accueil ; 8) un sens de la solidarité vis-à-vis des membres du groupe dans d'autres pays ; 9) la possibilité d'une vie distinctive, créative et enrichissante au sein des sociétés pluralistes.

À partir de cette liste, Robin Cohen construit une typologie qui valorise plutôt les critères 1 et 2 (le motif de la dispersion). Il distingue ainsi des « diasporas victimes » issues de catastrophes (Africains, Arméniens) ; des « diasporas de travail » (Indiens) ; des « diasporas impériales » (Britanniques) ; des « diasporas de commerce » (Chinois, Libanais) ; et enfin des « diasporas culturelles » (Antillais). Cette dernière catégorie est bien évidemment très intéressante, au même titre que la première, d'ailleurs, puisqu'elle concerne le monde noir des Amériques, ce sur quoi nous reviendrons plus loin. Notons cependant qu'à l'inverse des autres diasporas, la « culturelle » n'est plus distinguée par le motif de la dispersion, mais par référence aux « vues postmodernes de la diaspora » (Cohen, 1997, p. 130).

Qu'elles étendent ou non leurs critères, qu'elles les présentent ou non sous forme de liste rigoureuse, ces études associées à l'approche classique impliquent de repérer une communauté ou un « groupe ethnique ». Préservation de « l'identité ethnique ou ethnico-religieuse » chez Sheffer (1986) ; « conscience ethno-communautaire » chez Safran (1991) ; « forte conscience de groupe ethnique » chez Cohen (1997) : il ne peut donc être question de comprendre la diaspora autrement que par l'affirmation d'une présence collective distincte au sein de sociétés où ces groupes dispersés forment des minorités culturelles. La notion de « mémoire collective » est souvent mise en avant pour traduire le travail symbolique dont le territoire d'origine fait l'objet en perpétuant de cette manière le sentiment d'une destinée commune tirée de son enracinement dans un lieu quasi sacré ou sacralisé. En dépit du phénomène de dispersion, la diaspora s'affirme bien comme une formation maintenue autour du triptyque « territoire-communauté-mémoire ». Même si ces approches indiquent parfois que la constitution de tels groupes résultent de « stratégies » (Sheffer, 1993), elles donnent plutôt l'impression que la notion de diaspora « est figée, en particulier parce qu'elle n'est jamais définie en référence à ses membres eux-mêmes. Elle reste une entité qui les dépasse, à laquelle ils semblent voués à appartenir dès lors qu'ils sont dispersés à partir de leur territoire d'origine » (Dufoix, 1999, p. 159).

On est bien en présence de présupposés non explicités selon lesquels la diaspora est une « communauté naturelle organique » dont les membres, tous unis, « sans division, ni différence », se consacrent « au même projet politique » (Anthias, 1998, p. 563). Le recours à la célèbre conception de la communauté solidaire (*Gemeinschaft*) élaborée par l'historien allemand Ferdinand Tönnies, et que l'on retrouve au détour de certains écrits (par exemple, chez Faist, 1999, p. 10), montre bien le caractère latent au sein des écrits classiques d'une approche où la communauté est vue comme allant de soi, une disposition à une sociabilité fusionnelle acquise durablement, non négociée, quasi innée, et qui transite par ces piliers de la vie communautaire que sont la langue, la religion, la mémoire et les traditions.

La prise en compte du maintien de la conscience « ethnique » ou « communautaire » comme critère de définition implique pourtant que soient examinées les principales questions qui articulent une problématique de l'« ethnicité » et qu'ont très bien mises en valeur P. Poutignat et J. Streiff-Feinart (1999, p. 154), à savoir « les processus par lesquels les acteurs s'identifient et sont identifiés par les autres sur la base de dichotomisations Nous/Eux, établies à partir de traits culturels supposés dérivés d'une origine commune et mis en relief dans les interactions sociales ». En l'absence d'un travail destiné en particulier à montrer comment s'opère « la fixation des symboles identitaires qui fondent la croyance en l'origine commune » (*ibid.*, p. 154), le risque de l'approche classique de la diaspora est de tendre effectivement, sans pour autant le souhaiter, vers une approche primordialiste ou essentialiste qui supposerait la culture communautaire comme un « en soi », déjà là et acquis, une « substance immuable » (*ibid.*, p. 180) que rien, pas même la dispersion, ne pourrait venir altérer.

Les approches françaises diffèrent quelque peu de la tendance anglo-américaine dans la mesure où les formulations à base de critères y sont moins présentes et font place à un propos plus enclin à discuter et nuancer les fondements de la réalité communautaire. De telles formulations se retrouvent néanmoins dans certains travaux, comme dans l'*Atlas* de Chaliand et Rageau (1991, p. XXI) où sont retenus quatre critères : le désastre impliquant une dispersion collective forcée ; la mémoire collective qui transmet à la fois le souvenir de l'événement traumatique et un héritage culturel ; la volonté de durer en tant que groupe minoritaire transmettant un héritage ; et enfin le « facteur temps » qui vient confirmer la durée et donc l'existence de la diaspora. Cette perspective rejoint celle de Marienstras (1985, p. 225) pour qui la réalité de la diaspora « se prouve dans le temps et s'éprouve par le temps ». On retrouve chez ce dernier auteur les prémisses d'une conception « à la française » dont Chantal Bordes-Benayoun (2002, p. 29) dit qu'elle plaide en faveur d'une vision comme « mode d'être légitime et positif ». Pour Marienstras (1985, p. 225), en effet, « le maintien du sentiment d'appartenance et de la certitude de l'identité est, dans les situations minoritaires, une affaire de volonté, de décision consciente ». De fait, les études françaises sur les diasporas, comme l'ont très bien noté Dorai, Hily et Ma Mung, (1998, p. 4), insistent sur le maintien de l'unité du groupe et son mode de fonctionnement. La typologie proposée par M. Bruneau (1995) s'appuie par exemple sur l'élément moteur de la construction de cette unité : un pôle entrepreneurial, la religion, ou encore un pôle politique. Chez Ma Mung (1995), la diaspora est une « organisation de type communautaire » qui s'édifie sans le recours à l'expérience physique ou charnelle du territoire, dans un rapport à l'« exterritorialité ».

Cette constance du lien communautaire posée comme condition à l'existence diasporique évite cependant la dérive primordialiste. C'est au moins vrai pour certains écrits sensibles à la construction du lien communautaire comme redevable de pratiques situées. Celles-ci initient de nouveaux « modes d'être ensemble », formulent une « communauté imaginée » et traduisent un récit collectif sous des « formes réinventées » (Hovanessian, 1998, p. 22). De son côté, Chantal Bordes-Benayoun (2002, p. 31-32), consciente de l'écueil essentialiste, envisage la diaspora non pas par rapport à sa fidélité à une tradition communautaire, mais par rapport aux compétences de ses membres pour mettre « en présence des mondes culturellement différents » et déplacer ainsi « les frontières de l'altérité ». Ces conceptions pourraient en définitive se révéler assez proches de la diaspora « hybride » si la rhétorique postmoderne anglophone ne venait brouiller les pistes en imposant la posture de la « déconstruction ». D'un autre côté, la continuité reste, en France, y compris pour ces interprétations bien moins « classiques », une modalité de la diaspora, car l'enjeu pour ces communautés extraterritoriales, nous dit Martine Hovanessian (1998, p. 23), est le « maintien d'une culture de la durée, d'une idéologie de la non-dilution identitaire ». C'est sans doute ce qui fait la différence avec la diaspora « hybride » qui supporte d'envisager la dilution identitaire.

• La diaspora « hybride »

Cette conception, on l'a vu, prend le contre-pied de toute interprétation inspirée de près ou de loin par le modèle de la communauté solidaire et reproductible. Dans le texte qu'il a consacré à la diaspora, l'anthropologue James Clifford (1994) se désolidarise du modèle classique de William Safran (1991) qu'il qualifie de « modèle centré ». La diaspora ne peut pas être définie par « des liens de continuité culturelle à une source et par une téléologie du retour » (Clifford, 1994, p. 306). L'anthropologue préfère s'appuyer sur l'ouvrage que Paul Gilroy (1993) vient de consacrer au cours de cette même période à la diaspora qu'il nomme la « Black Atlantic », à savoir la diaspora noire du Nouveau Monde. Il faut dire que James Clifford y trouve matière à conforter la conception qu'il avait mise en œuvre dans un texte resté une référence pour les *cultural studies*, celui où il introduisait la notion de « cultures voyageuses » (*travelling cultures*) comme alternative aux visions localistes et indigénistes de l'anthropologie traditionnelle (Clifford, 1992). La perspective de Gilroy entre en adéquation avec cette préoccupation et permet de confirmer la fin du paradigme communautaire : « Il est désormais largement admis que les vieilles stratégies de localisation – par limite communautaire, par culture organique, par région, par centre et périphérie – peuvent plus obscurcir que révéler » (Clifford, 1994, p. 303). La diaspora, telle que conceptualisée par Gilroy, ouvre sur un univers culturel définitivement arraché aux cultures « tribales » et « nationales ». Elle montre une capacité à conjuguer les deux marqueurs topologiques apparemment antithétiques de la construction communautaire que sont les « racines » (permanence) et les « routes » (mobilité) et réussit cette sorte de performance qui consiste à « maintenir des identifications extérieures aux espaces-temps nationaux tout en vivant à l'intérieur d'eux, avec une différence » (*ibid.*, p. 308).

La mise en valeur des principes de la diaspora « hybride » revient véritablement à Stuart Hall et à son texte incontournable publié pour la première fois en 1990 (Hall, 1994). D'origine jamaïcaine et immigré en Angleterre, Stuart Hall est aussi le père incontesté des *cultural studies*, courant qu'il a contribué à fonder depuis le « Centre pour les études culturelles contemporaines » (Center for Contemporary Cultural Studies) à Birmingham (Mattelard et Neveu, 1996). La participation de Paul Gilroy, appartenant lui aussi à la communauté d'origine antillo-guyanaise installée en Grande-Bretagne, aux travaux les plus marquants de ce centre d'études (*The Empire Strikes Back : Race and Racism in 70s Britain*, 1982) confirme la constitution d'un groupe d'universitaires noirs très engagés sur le plan politique. Marqué par l'origine de son promoteur, le modèle de la diaspora « hybride » ne s'en est pas moins constitué en repère essentiel dans le champ général des études diasporiques, effet redoublé par le succès des écrits de P. Gilroy à peine trois années plus tard.

Étant donné que cette conception « hybride » est exemplifiée à travers l'expérience du monde noir des Amériques, son contenu sera exposé plus en détail dans le corps du texte de cet ouvrage. À ce stade, il est seulement utile d'en retenir le schéma général qui tient à l'affirmation d'une culture fondée sur le principe de la fusion des contraires : la continuité et la rupture chez Hall ; le même et le changeant chez Gilroy. L'*hybridité* est le moteur de ce processus culturel qui ne peut produire que des formations variables, étrangères à toute forme de fixation des termes de l'identité. Les notions de pureté, d'authenticité, d'héritage, de traditions n'ont plus aucune signification, à moins d'être revues au prisme de la logique de métissage. En toute logique (postmoderne), la métaphore de la racine est bien sûr abandonnée au profit de celle du rhizome inspirée de Deleuze et

Guattari (1980) pour exprimer deux manières de configurer le monde par filiation/héritage ou par dissémination/métissage. Alors que le modèle de Hall tend à prendre la diaspora classique, et surtout archétypale – celle du peuple juif –, comme l'antithèse de l'hybridité, celui de Gilroy se construit plutôt par opposition à toute prétention nationaliste. Dans les deux cas, cependant, le chercheur est comme placé face à un choix exclusif : ou la diaspora est hybride ou elle n'est pas diaspora, car il semble impossible d'appliquer le terme à des formations culturelles autres que celles qui s'offrent véritablement comme une alternative à tout ethnicisme, ce qui, on le verra, n'est pas exempt de contradictions.

Rappelons-nous enfin que la diaspora hybride vient répondre à la double exigence postmoderne dont il était question plus haut. Sans doute assez conscient que son modèle pouvait être redevable à une opposition binaire (racine/rhizome), Paul Gilroy a situé son approche à la fois contre les primordialistes et les relativistes postmodernes. D'où son insistance à démontrer la présence simultanée de principes contraires à l'œuvre au sein même de la diaspora noire, allant jusqu'à forger des notions comme « l'anti-anti-essentialisme » (Gilroy, 1993, p. X) ou la « tradition non-traditionnelle » *(non-traditional tradition, ibid.*, p. 198). Exercice de style ? Concession aux normes de la déconstruction ? Toujours est-il que le modèle est là et qu'il demande à être appréhendé en rapport avec celui de la « diaspora communautaire », sans ignorer, comme le formule très bien Martine Hovanessian (1998, p. 12), que la diaspora « est une nouvelle catégorie de l'altérité nécessitant de mettre en évidence les enjeux de l'autodésignation [...] et les modes de légitimation de la recherche en sciences sociales ». En ce sens, il ne pourra guère être ignoré que la catégorie conceptuelle de l'univers scientifique est aussi le lieu des enjeux de l'identification sociale des membres de la « diaspora ».

Diaspora, nation et transnationalisme

Ce troisième domaine d'oppositions s'appuie plus imparfaitement sur les clivages qui viennent d'être décrits. Il est évident que, pour les tenants du modèle hybride, la diaspora ne peut qu'être située dans une relation antagonique avec les cultures nationales. Elle est forcément « transnationale ». James Clifford (1994, p. 328) l'envisage d'ailleurs comme un moyen de comprendre au sein des sociétés cosmopolites actuelles « des transnationalités non alignées ». Sur ce point, l'approche classique ne se développe pourtant pas en une interprétation diamétralement opposée, comme voudrait le penser Stuart Hall (1994) qui rejette apparemment le modèle archétypal de la diaspora pour sa congruence avec les formes du nationalisme. L'approche classique apparaît en fait beaucoup plus partagée dans la manière qu'elle a d'envisager le rapport au territoire d'origine, qu'il soit ou non constitué en État-nation.

Les clivages qui se précisent au sein de l'approche classique sont intéressants en ce qu'ils montrent combien le concept est incertain et implique au bout du compte, sinon des choix, au moins une approche informée des divers enjeux qui se nouent à travers la construction de la notion. Il n'est sans doute pas fortuit que la traduction même du mot hébreu *galût* puisse avoir donné lieu à l'usage de deux termes différents au sein du monde juif, ce qui avait été signalé plus haut avec Marienstras (1985). Certains auteurs réservent en effet le terme « diaspora » aux communautés éloignées d'« Eretz Israël » aux époques où ce centre existait, c'est-à-dire pendant les périodes du premier Temple et du second Temple et depuis la création de l'État d'Israël. Pour désigner la dispersion pendant la longue période allant de la destruction du second Temple jusqu'à la création d'Israël, c'est au terme *galût* que ces auteurs se réfèrent, pour signifier l'exil. « La diaspora implique des migrations volontaires et libres. La "*galût*" implique que le territoire d'origine est passé sous domination étrangère » (*ibid.*, p. 15). Ce bref détour par l'histoire de l'emploi juif du terme est éclairant et concentre les interrogations qui vont, là encore, partager le champ des études diasporiques. Car la diaspora doit-elle être vue comme le prolongement d'un État auquel elle reste liée ? Ou bien se constitue-t-elle en une population privée de la forme politique territorialisée ? Et, là encore, son projet collectif doit-il être pensé comme voué à fonder une souveraineté territoriale ou bien éloigné de toutes prétentions nationalistes ?

Ces différentes questions reçoivent des réponses très diverses qui font apparaître différentes conceptions apparemment inconciliables. En France, domine plutôt une interprétation qui fait de la diaspora « un principe d'anti-État » (Marienstras, cité par Hovanessian, 1998, p. 15). Bon nombre d'auteurs s'accordent pour voir ces peuples dispersés remettre « en question le principe de l'organisation politique moderne » (Schnapper, 2001, p. 11) et comme « s'installant en profondeur dans l'idée de séparation d'avec le pays d'origine » (Centlivres, 2000, p. 9). Mais le rapport à la communauté politique hante cependant le débat et conduit même à voir les diasporas comme « la conséquence d'une question nationale non résolue » (Hovanessian, 1998, p. 25). Dans la vision de la diaspora grecque de Prévélakis (1995), il s'agit de voir un pouvoir politique disséminé (galactique) qui pourrait très bien en venir, comme au temps de l'hellénisme, à s'imposer et être une alternative à l'État moderne. Une telle analyse suggère un peu, à l'insu de son auteur, que la remise en cause de la centralité politique occasionnée par le fait diasporique concernerait plus l'organisation spatiale caractéristique des États-nations que leurs modèles d'identification culturelle. Ceux-là semblent toujours mus, dans la diaspora comme dans l'État, par la croyance en une spécificité culturelle indéniable redevable d'un « sentiment de supériorité culturelle par rapport aux peuples environnants » (Prévélakis, 1995, p. 104).

Ce trouble autour du rapport à la nation finit par circonscrire des positions assez tranchées, à commencer par celle de W. Safran (1991) dont la définition « centrée » indique que la diaspora doit remplir quatre critères (sur six) qui impliquent une relation d'allégeance forte au territoire d'origine, notamment le critère selon lequel les membres de la diaspora se représentent comme engagés pour le maintien ou la restauration de leur patrie. Au bout du compte, il n'est donc pas étonnant que la diaspora finisse par être vue par certains comme une façon de théoriser des « formations ethno-culturelles » par « extension du modèle de l'État-nation » (Soysal, 2000, p. 3). Une telle approche se retrouve en France chez Fibbi et Meyer (2002, p. 19) pour qui les diasporas ne sont ni plus ni moins que des « extensions » des nations dont elles se réclament.

Voilà donc un large spectre qui se dessine depuis la diaspora conçue comme la véritable antithèse des idéologies ethnicistes jusqu'à celle qui se définit comme un appendice de nations. Il n'est guère difficile de trouver d'autres arguments pour rajouter à cette incertitude déjà bien encombrante. Il suffit d'aborder des notions voisines comme la récente « communauté transnationale » et le sens de la diaspora en sera d'autant plus dilué. Là encore, il est possible de trouver tout et son contraire. En se limitant à la perspective de L. Basch, N. Glick Schiller et C. Szanton Blanc (2000 [1994]) dont l'autorité est acquise en ce domaine, le transnationalisme fait référence à des populations migrantes dont « l'identité continue d'être enracinée dans les États-nations » dont elles viennent (*ibid.*, p. 8-9). Dans les contextes actuels marqués par la mondialisation grandissante, les États-nations n'en continuent pas moins de produire des représentations hégémoniques de l'identité. Les communautés transnationales sont l'expression des nouvelles formes déterritorialisée prises par les États-nations. La diaspora se définit par sa différence d'avec ce type de communauté :

> Le concept de diaspora est étroitement lié à celui de nation qui imagine un peuple avec un passé commun et un lien biologique de solidarité qui peut ou non, à un moment ou à un autre, avoir son propre État. À l'opposé se situe l'État-nation déterritorialisé [transnationalisme] dans lequel les nationaux peuvent vivre n'importe où dans le monde [...]. Par cette logique, ce n'est plus une diaspora, parce que là où le peuple va, l'État part avec (*ibid.*, p. 269).

Ces dernières propositions sont mot à mot l'inverse de celles de Soysal (2000, p. 3) pour qui la diaspora est justement « une extension du lieu laissé derrière soi, la *patrie* ». Elles contredisent aussi celles de Van Hear (1998, p. 6) qui inclut la diaspora dans le type englobant que serait la communauté transnationale. Mais la définition de Van Hear n'est pas pour autant identique à celle Soysal, ni même à celle de Faist (1999, p. 10) qui fait correspondre la diaspora à un type transnational seulement si les liens avec le pays d'origine sont concrets. Et la conception de Faist contredit celle de Soysal qui contredit elle-même celle de Van Hear qui s'oppose à celle... Bref, on l'aura compris, le recours au transnationalisme est loin d'être un moyen d'écarter les incertitudes, si ce n'est qu'il confirme la nécessité d'en passer nécessairement par le rapport au territoire d'origine, y compris dans ses acceptions nationalistes, pour aborder le phénomène diasporique. Mais surtout, là encore, il nous indique combien le monde noir des Amériques se prête à toutes les formes de conceptualisation possibles. Le modèle de la communauté transnationale et de l'État déterritorialisé – en tant qu'appendice de nation et donc comme configuration opposée à la diaspora – est en effet démontré par L. Basch *et alii* (2000) à partir de l'exemple d'Haïti, les migrants haïtiens, où qu'ils se trouvent, à New York, Miami ou à Québec, étant vus au travers de la volonté du gouvernement de ce petit État de la Caraïbe d'inclure dans ses limites sa population ressortissante répartie à travers le monde.

Incertitudes cumulées : diaspora et monde noir des Amériques

Une fois ce tableau théorique brossé, il est bien légitime de se demander en quoi une telle notion – compliquée à l'envi par les divers enjeux intellectuels dont elle est le lieu – peut être utile pour l'étude d'une formation culturelle particulière qui serait parvenue de surcroît à se passer du terme jusque-là.

Ce n'est pourtant que dans notre « tradition » académique francophone que le recours au terme de « diaspora » est si rare pour qualifier le monde noir des Amériques. Dans la tradition française, la notion paraît en effet réservée aux exemples archétypaux (Juifs, Grecs, Arméniens, Chinois), certes étendue à d'autres cas de populations (Assyro-Chaldéens, Libanais, Palestiniens... pour n'envisager que quelques-unes de ces extensions), mais très peu au cas des populations déportées depuis l'Afrique aux Amériques. Côté anglophone, à l'opposé, le monde noir semble avoir bénéficié, dès les années 1960, des toutes premières extensions « scientifiques » du terme à d'autres populations que celles retenues par le langage commun. L'article de Shepperson (1966) inaugure ce début de l'application à la « diaspora africaine ». L'étude de Stéphane Dufoix (2002, p. 6) montre par ailleurs, à partir des travaux universitaires nord-américains, que le monde noir l'emporte largement sur les autres populations, y compris juives, en termes de fréquence des occurrences du mot « diaspora » dans le titre.

Parcimonie d'un côté, abondance de l'autre : autant le dire d'emblée, cette situation n'est pas étrangère à l'adoption d'une posture qui a été un peu le point de départ de cet ouvrage. N'est-il pas effectivement troublant que des peuples, dont la trajectoire rappelle à bien des égards celle d'autres populations dispersées à la suite d'événements traumatiques, se trouvent tenus à distance, en France, des problématiques formulées sur ces populations ? Cette rareté française de l'usage de « diaspora » pour le monde noir peut faire penser à une application redevable de « préconstruits » ou de valeurs implicites (Chivallon, 1997) et qui opèrerait, comme le craint Dominique Schnapper (2001, p. 31), par « distribution de "bons points" en accordant ou en refusant le label de diaspora à tel ou tel peuple ». Il y a là matière à redouter un usage restrictif, peut-être même discriminant – pour ne pas dire discriminatoire –, nous répercutant une manière plus générale et certainement inconsciente d'envisager le monde noir des Amériques. Car l'histoire de celui-ci est plutôt brouillée par bon nombre de représentations pas très éloignées de l'exotisme paradisiaque ou encore tributaires d'un imaginaire colonial non révolu qui associe volontiers ces régions de conquête radicale à une douceur de vivre créole et en élimine la charge éminemment douloureuse. Il n'est pas exclu non plus de penser que la parcimonie du recours au terme de diaspora porte la trace des procédures par lesquelles des peuples se trouvent anoblis quand d'autres ne le sont pas, cette distribution entre « petits » et « Grands » étant vraisemblablement le résultat d'héritages culturels lourds qui laissent nos catégories et les représentations qui les accompagnent à l'état d'impensé.

Pour avoir motivé cet ouvrage, cette préoccupation n'est pourtant pas la seule qui occasionne le recours systématique à la notion de diaspora pour tenter d'interpréter l'expérience noire du Nouveau Monde. L'exposé des divers courants qui structurent le champ des études diasporiques a suggéré combien les populations noires du Nouveau Monde se prêtaient à toutes les exemplifications de modèles tenus pourtant pour opposés ou antithétiques. La « diaspora africaine » ou la « diaspora noire » se trouve ainsi être l'archétype des diasporas communautaires (chez Cohen, par exemple, qui en fait un modèle type des « diasporas victimes ») comme elle est la figure centrale et quasi exclusive de la diaspora « hybride ». Nous avons vu que les populations des Antilles étaient également présentées comme l'exemple caractéristique des « communautés transnationales » quand celles-ci sont définies par leur opposition au type diasporique. Le champ des études sur le monde noir conduites à partir du concept de diaspora reproduit en fait de manière assez fidèle les clivages décrits plus haut. Cette affirmation, est bien sûr, seulement valable pour le contexte anglophone puisque le paysage français, on l'aura compris, reste marqué par une sorte de double absence qui concerne à la fois le débat postmoderne et le recours au terme de diaspora pour désigner les Africains déportés en Amérique et leurs descendants.

L'usage de la notion dans les travaux de langue anglaise est à ce point admis que bon nombre de travaux l'adoptent sans trouver nécessaire une mise au point conceptuelle. C'est le cas par exemple pour des études comme celles de Thompson (1987) ou encore de Segal (1995) qui retracent l'histoire des peuples noirs des Amériques à partir de la description des composantes majeures qui en forment le socle : traite, esclavage, caractéristiques des plantations esclavagistes, résistance des esclaves, abolitions, héritages sociaux et idéologiques… Le terme choisi pour être accolé à celui de diaspora peut se constituer en indicateur de l'approche adoptée. Quand elle est qualifiée d'« africaine », il y a de fortes chances que la diaspora corresponde au modèle classique envisagé en termes d'héritages depuis l'Afrique ancestrale, elle-même conçue comme mère patrie. Le terme « noir » suppose quant à lui un ancrage dans une réalité plus contemporaine, postérieure à l'Afrique, ce que tend à prouver le choix fait par Gilroy

(1993) au travers de la dénomination « Black Atlantic ». Mais les choses ne sont certainement pas toujours aussi clairement distribuées dans un camp ou dans un autre, d'autant que la symbolique de l'identité par référence à l'Afrique englobe souvent l'idée de l'appartenance raciale et s'associe donc au modèle classique.

L'apparition du débat autour de la notion – avec l'affirmation des lignes de clivage qu'il suppose – est récente, redevable au succès académique de la conception « hybride ». On trouve les traces d'un tel débat dans des ouvrages collectifs compilant des textes sur la diaspora avec des introductions souvent averties des enjeux de la notion et à partir desquelles il est tentant de dessiner une cartographie des positions : les « pour » l'hybridité (Lemelle et Kelley, 1994), les « contre » ou pour le moins sceptiques (Okpewho *et alii*, 1999) et les « partagés », c'est-à-dire ceux réunissant la palette des positions (Hine et McLeod, 1999, avec les textes assez divergents de E. P. Skinner et D. E. Williams), sans oublier, bien sûr, les tenants quasi inconditionnels de l'approche classique (Harris, 1996).

Cette capacité du monde noir à se conformer à tous les dispositifs conceptuels a de quoi surprendre. Elle est le signe d'une réalité sociale fuyante que les recherches en sciences humaines spécialisées sur cette aire culturelle ont bien du mal à stabiliser autour de repères acquis. Nous verrons même que cette capacité « caméléonesque » ne s'arrête pas à ces seules alternatives et qu'elle s'applique encore à d'autres possibilités. Aucune autre population diasporique ne semble pouvoir se prêter à autant de visions différentes et contradictoires, même si les polémiques et controverses d'écoles sont le lieu commun de tout objet scientifique. Là où la diaspora, en tant que concept, devient intéressante, c'est dans cette manière qu'elle a de condenser toutes les alternatives possibles de la construction identitaire alors qu'elle se destine paradoxalement à délimiter une « unité ». Car les divergences sur le concept sont l'écho d'autant de manières de concevoir, au sein de cette formation culturelle des Amériques noires, les identités qui s'y sont forgées. Ce concept bien incertain se révèle en définitive chargé d'une grande valeur heuristique car il va permettre d'interroger ce thème lancinant de la recherche afro-américaine qu'est l'*identité* en donnant l'occasion d'investir complètement la diversité des thèses en présence.

Cette fameuse notion de « diaspora » semble donc apte à mettre en présence une pluralité d'interprétations connectées à diverses visions de la vie sociale et de la « communauté ». Il est attendu des paradoxes qu'elle présente qu'ils aident à affronter une série d'antinomies à propos du monde noir des Amériques, à commencer par celle que recèle le concept lui-même autour du couple unité/diversité. À partir d'elle, ce n'est plus tellement la perspective d'un choix raisonné entre plusieurs théories qui est recherché, mais la possibilité d'appréhender la diversité elle-même et de comprendre pourquoi elle est en mesure de s'exprimer avec autant de force au sein de cet univers culturel.

L'objectif de cet ouvrage consiste ainsi à saisir en un même ensemble la pluralité des conceptions nourries sur le monde noir des Amériques – grâce à la notion de diaspora qui la répercute magistralement – et les manifestations empiriques dans lesquelles elles puisent leur logique. Le prochain paragraphe insistera sur le caractère à double entrée de ce dispositif, avec d'un côté le recours à une notion théorique à vocation large et généralisante et de l'autre une investigation empirique portant sur des aspects plus circonscrits appartenant à cet ensemble ainsi théorisé. Il importe plutôt d'insister ici sur cette approche qui veut opérer par un va-et-vient entre les théories et les faits qui les confortent et qui vise à questionner et interpréter la diversité, que celle-ci soit présente au cœur du discours scientifique ou dans la réalité sociale elle-même. Malgré cette démarche, qui n'implique pas de choisir d'emblée un modèle identitaire entre ceux qui se présentent, il faut néanmoins poser deux préalables qui concernent le positionnement adopté et qui ont précisément pour but de dégager ces modèles d'identité de certains brouillages qui les encombrent :

> *Sur la posture scientifique* : à l'écart du faux-semblant postmoderne, la posture adoptée ici continue de se réclamer du principe d'objectivation. Le modèle identitaire associé au discours postmoderne n'en est pas pour autant rejeté, au contraire, mais si son existence est « là », venue à forme, c'est qu'il doit bien en exister des signes tangibles ou matérialisés et dès lors repérables et descriptibles.
>
> *Sur le phénomène diasporique* : le développement qui précède tend à montrer que pour aborder le phénomène diasporique, la question de l'identité est centrale. Celle-ci ne peut être confondue avec les conditions historiques qui produisent le phénomène. Il y a d'un côté un contexte et des conditions, de l'autre les processus de formation identitaire. S'agissant de la diaspora qui intéresse cet ouvrage, les conditions sont celles de la dispersion forcée dans un contexte d'extrême coercition. Dans une perspective constructiviste, les identités sont conçues comme des agencements collectifs fabriqués en fonction de ce contexte et pourvoyeurs d'attributs et valeurs considérés comme propres à un groupe. Il nous faut chercher à comprendre les choix qui les animent comme les contraintes qui les limitent dans la mise en œuvre de tel ou tel modèle d'identification.

Précisions sur l'ouvrage : l'exemplification à travers la Caraïbe

Plusieurs fois déjà, l'accent a été mis sur la manière dont l'ouvrage compte procéder, avec la recherche de prolongements empiriques portant plutôt sur une « partie » que sur le « tout » de la diaspora. En effet, la majorité des exemples sur lesquels le développement de cet ouvrage s'appuiera seront puisés dans la Caraïbe. Néanmoins, pour certains aspects, la situation des États-Unis fournira un éclairage sollicité régulièrement.

Cet ensemble géographique – la Caraïbe – forme, avec le Brésil et les États-Unis, la clé de voûte des Amériques noires, en tant que lieu où ont été acheminés le plus d'esclaves africains et où vivent actuellement le plus grand nombre de leurs descendants. Cette « géographie démographique » de la diaspora nous apparaîtra plus en détail au cours de l'exposé. Il nous faut pour l'instant garder à l'esprit qu'elle signale la Caraïbe comme l'un des principaux foyers de peuplement des Amériques noires. Le terme « caraïbe » à proprement parler – quand il désigne une région – a un référent géographique variable pouvant ou non inclure les pays de la façade continentale bordée par la mer des Caraïbes. Précisons que l'origine du terme serait attribuable au mot indigène *karib* propre aux populations amérindiennes du groupe Carib installées dans les îles antillaises à l'arrivée des colons, bien qu'il existe un débat actuel signalé par Ferguson (1999, p. VII) pour savoir si le mot appartient bien au lexique de cette population originelle ou s'il n'est pas une pure invention européenne. Selon les sources, la « Caraïbe » peut donc comprendre, outre l'archipel des Antilles, les pays du continent – Venezuela, Colombie, Panama, Costa Rica, Nicaragua, Honduras, Belize (ex-Honduras britannique) « et même une portion de la côte orientale du Yucatan » (Adélaïde-Merlande, *in* Corzani, 1992, vol. 2, p. 482). Elle peut aussi ne retenir que certains pays du continent américain comme dans la définition qu'en donne l'anthropologue Richard Price (1991, p. 125) selon laquelle « le monde caraïbe [...] comprend près d'une centaine d'îles habitées, des Bahamas à Trinidad, plus les Guyanes et Belize ». En général, cependant – et c'est surtout vrai pour la littérature scientifique anglophone –, la « Caraïbe » désigne l'archipel des Antilles lui-même et se limite à lui. C'est selon cette dernière acception que le terme sera utilisé tout au long de cet ouvrage.

Cette région est ainsi formée par un chapelet d'îles tropicales s'organisant sur plus de 4 500 kilomètres en une sorte de croissant dédoublé le long des deux arcs volcaniques antillais, au large des côtes de l'Amérique centrale. Au sein de l'archipel, il est d'usage de distinguer les « Grandes Antilles » qui réunissent les pays insulaires dont la superficie excède ou avoisine les 10 000 kilomètres carrés : Cuba ; la Jamaïque ; Haïti et la République Dominicaine qui cohabitent sur l'île d'Hispaniola ; Porto Rico. Les « Petites Antilles » recouvrent de minuscules entités de quelques kilomètres carrés à peine. La Barbade, Grenade, Saint-Vincent et les Grenadines, par exemple, n'atteignent pas les 500 kilomètres carrés. Il est un lieu commun de dire de l'ensemble de ces territoires qu'il constitue une véritable mosaïque, une région éclatée, morcelée en autant de poussières d'îles. La physionomie de l'archipel n'est pourtant que l'un des aspects qui concourt à un tel éclatement. La géopolitique de cette région montre la surimposition d'un cadre structurel lié aux stratégies que les puissances extérieures n'ont cessé d'exercer dans cette zone (Girault *et alii*, 1982 ; Taglioni, 1995). La Caraïbe est le condensé de l'histoire de la conquête du Nouveau Monde et de ses prolongements si intenses, une conquête dont elle a été symboliquement le premier palier, quand Christophe Colomb foulait pour la première fois les terres au-delà de l'Atlantique dans l'une des îles des Bahamas. Le « puzzle antillais » (Girault *et alii*, 1982 , p. 97) résulte des enjeux que cette région a toujours représentés au regard de la mainmise occidentale, celle de la « Vieille Europe » relayée plus tard par les États-Unis. Complètement créé par l'histoire coloniale, socialement modelé par le système des plantations qui a longtemps dominé la région, ce puzzle offre aujourd'hui une incroyable diversité réunissant une palette de statuts politiques possibles. États indépendants comme la République d'Haïti, la première « république noire », ou comme Cuba, le bastion castriste à la longévité étonnante ; États indépendants, membres du Commonwealth, comme la plupart des îles anglophones restées ainsi liées à leur ancienne métropole coloniale (Jamaïque, Sainte-Lucie, Barbade, Saint-Kitts-et-Nevis...) ; État libre associé aux États-Unis (Porto Rico) ; territoire américain non incorporé (îles Vierges américaines) ; territoires restés dépendants du Royaume-Uni (Anguilla, îles Vierges britanniques) ou des Pays-Bas (Antilles néerlandaises et Aruba) ; territoires complètement assimilés à un cadre national extérieur (départements français d'Outre-mer ou départements français d'Amérique) : autant de situations qui attestent du morcellement politique de cette région et en reflètent le caractère éminemment dépendant des processus historiques débutés avec la découverte et la colonisation des Amériques.

À la différence des deux autres grands blocs des Amériques noires que seraient les États-Unis et le Brésil, la Caraïbe ne se présente donc pas sous l'uniformité d'un cadre national unique, mais réunit une variété de cas laissant la possibilité d'entrevoir des trajectoires sociales et politiques bien différenciées, en fonction notamment de l'influence majeure de dispositifs coloniaux eux-mêmes différents. La Caraïbe se distingue également des deux autres grands ensembles du fait que certaines des sociétés insulaires qui la composent (Haïti, la Jamaïque ; la Guadeloupe ; la Barbade...) sont constituées par une population dont la grande majorité, pour ne pas dire la quasi-totalité, est descendante des esclaves amenés depuis l'Afrique. Il est difficile d'évaluer la portée d'une telle caractéristique. Elle demande de faire écho à la remarque que formule Livio Sansone (2002, p. 143) à propos des communautés noires du Brésil, à savoir « qu'il n'existe pas de lien naturel entre la démographie, c'est-à-dire le pourcentage de personnes d'ascendance africaine dans le total de la population [...] et la force ou l'intensité de l'identité ethnique noire ou africaine ». Ce risque de l'essentialisme repoussé, il reste néanmoins à prendre en charge les contextes historiques dans lesquels les identités se construisent. Quand ces contextes produisent les conditions de la discrimination raciale, quand ils montrent la pleine utilisation de la symbolique de la couleur, quand le référent matérialisé des idéologies dominantes devient exclusivement un phénotype physique, il y a de fortes chances de rencontrer la résonance de telles élaborations auprès de ceux qui en sont l'objet, là où ils se trouvent. Les identifications, si elles sont tributaires et variables selon les imaginaires, n'échappent pas – et particulièrement dans ce cas – à l'assignation du code qui pèse sur elles. Ceci étant posé, cette prédominance des descendants d'esclaves dans la Caraïbe n'est pourtant pas tenue pour faire de cette région un lieu où la « conscience diasporique noire » – si tant est que ce soit elle qui finisse par émerger – serait rendue plus manifeste qu'ailleurs. Elle incite seulement à considérer cet ensemble comme suffisamment illustratif ou consistant, et non pas marginal, pour nous aider à conduire notre approche sur la diaspora noire des Amériques.

Dans le bilan très utile qu'il a dressé de la recherche française sur les Amériques noires, Denys Cuche (1996) signalait combien celle-ci était marquée par ses « difficultés à sortir du cadre des frontières nationales » (Cuche, 1996, p. 142). Il rejoignait d'une certaine manière l'anthropologue américain Richard Price (1991, p. 63) qui présentait les travaux français dans ce domaine à partir de leur tendance à se « concentrer sur les trois départements français de l'outre-mer ». Amorcée par Roger Bastide et ses travaux sur le Brésil, la recherche sur les Amériques noires se caractérise, en France, par son faible effectif de chercheurs. Ces derniers, déjà peu nombreux, le sont encore moins à se consacrer à des régions non francophones. Les travaux sur le Brésil sont jugés rares comparés à ceux concernant les Antilles françaises, qui apparaissent prépondérants. Quant aux « Amériques noires hispanophones et anglophones », elles sont vues comme « pratiquement délaissées » (Cuche, 1996, p. 135). Prenant appui sur la Caraïbe, cet ouvrage voudrait cependant échapper à un tel déterminisme. Si la spécialisation de recherche qui en est à la base concerne des travaux sur les Antilles françaises (notamment Chivallon, 1998), ceux-ci ne formeront que l'un des repères de cette progression. L'approche cherchera le plus possible à sortir du cadre francophone, à la fois du point de vue de la réflexion théorique, qui voudrait être alimentée par les écrits en langue anglaise, et des données empiriques mobilisées qui s'alimenteront à partir des terrains britanniques explorés lors de l'étude de la migration antillaise (notamment Chivallon, 2000b) et puiseront surtout dans les travaux fournis par d'autres auteurs sur certaines îles anglophones, principalement la Jamaïque.

Ces dernières remarques permettent de mieux clarifier l'intention de cet ouvrage. Que l'exemplification provienne le plus souvent de la région Caraïbe ne doit pas laisser penser à une approche consacrée à ce seul ensemble. L'armature de cet ouvrage reste guidée par la notion de diaspora et sa vocation à englober en un « tout » l'expérience des peuples noirs dispersés dans le Nouveau Monde. Mais pourquoi, dans ce cas, ne pas avoir repris la désignation « diaspora antillaise » ou « diaspora caribéenne » que l'on retrouve utilisée par certains auteurs ? Simplement parce que cette dénomination apparaît insatisfaisante dans la mesure où elle ne parvient pas à extraire le minimum commun à la population nommée. Si la « diaspora noire » ou la « diaspora africaine » fait l'objet d'une grande variabilité de contenu quant aux construits identitaires qu'elle suggère, elle a au moins le mérite de désigner avec précision la population qu'elle concerne : les descendants d'esclaves ou d'Africains aux Amériques. Du même coup, elle clarifie la problématique de l'identité dont il va être question en désignant tout aussi clairement le socle historique commun, à savoir le transbordement depuis l'Afrique aux Amériques. Les populations désignées par la « diaspora caribéenne » sont plus incertaines. Il peut s'agir, comme chez Cohen, des populations liées aux migrations récentes depuis les Antilles vers l'Europe et les États-Unis. Leurs identifications seraient liées à l'investissement symbolique dans les territoires insulaires conçus comme origine commune. Dans d'autres cas, la « diaspora caribéenne » finit par n'être qu'une autre appellation de la « diaspora noire » ou « africaine », comme chez Harry Goulbourne (2002). Les difficultés rencontrées par ce sociologue pour définir ce qu'il appelle la « diaspora caribéenne » montrent toute la nécessité d'opérer des distinctions entre les populations réunies dans le creuset antillais, sur la base de leur trajectoire historique respective (Goulbourne, 2002, p. 16-17). Le qualificatif « caraïbe », ou « caribéen », ne recouvre pas exactement la situation des descendants d'esclaves. En privilégiant ceux qui ont en commun « l'héritage transatlantique », c'est-à-dire ceux d'ascendance africaine, dont il repère en outre les affinités avec leurs homologues noirs américains, Harry Goulbourne (*ibid.*, p. 24) sait qu'il sélectionne un pan des sociétés caribéennes, certes vaste, mais pas toujours équivalent à ces sociétés qui se trouveraient alors amputées des apports européens, indiens, chinois...

Parler de « diaspora noire », c'est inévitablement prendre comme base la traite transatlantique et l'esclavage. Ce livre ne se consacre donc pas à l'espace « caraïbe » et aux sociétés créoles, mais cherche, au travers des segments sociaux de cet espace formés par les populations des descendants d'esclaves, à connaître et comprendre l'existence possible d'une expérience diasporique noire. L'élargissement aux États-Unis est par ailleurs à prendre en compte, comme contrepoint destiné à rappeler des situations contrastées au sein même des systèmes fondés sur l'esclavage. Il sera particulièrement utile pour aborder l'idéologie nationaliste attribuable à la diaspora noire. Dans tous les cas, l'interprétation que l'on formulera depuis les situations caribéennes sera à envisager comme une proposition du contenu auquel pourrait correspondre la notion de « diaspora noire des Amériques ». En d'autres mots, il s'agira d'une version possible de l'expérience diasporique dont il faudra toujours chercher le niveau de généralité pour l'ensemble des Amériques noires. Un niveau de généralité qui, sur le plan empirique, semble encore faire défaut au sein de la littérature pourtant abondante consacrée à cette diaspora noire. La plupart des écrits, dans ce champ, donnent comme l'impression de « picorer » ou de compiler des exemples dans l'un ou l'autre des contextes concernés par la présence des descendants d'esclaves, sans pour autant permettre de dégager une trame constitutive qui pourrait être commune, la notion de diaspora apparaissant dès lors comme presque performative, chargée à elle seule de faire exister le « tout » par la puissance de l'énonciation. Quand le niveau théorique laisse envisager la formulation d'un modèle, comme chez Gilroy (1993), c'est la rareté du recours aux matériaux empiriques qui est déconcertante, toute la démonstration, néanmoins brillante, de cet auteur s'appuyant en définitive sur le parcours littéraire de trois auteurs de la « Black Atlantic » et sur des exemples puisés dans le domaine musical, l'ensemble étant nourri, il est vrai, par une connaissance fine des environnements concernés. Autant dire, donc, que le présent ouvrage, qui s'apparente plutôt à une synthèse de travaux existants, ne peut prétendre à atteindre ce que cette littérature hyper-spécialisée est encore en train d'élaborer.

Ces préliminaires exposés, quatre précisions sont encore nécessaires avant d'entrer dans le cœur du sujet :

Sur l'objectif « d'une synthèse argumentée » : comme l'avant-propos l'a déjà signalé, cette progression est à la fois conçue comme une synthèse qui réunit les éléments nécessaires à une connaissance générale des Amériques noires centrée sur la Caraïbe, et comme l'argumentation d'une interprétation précise. Se superposent ainsi deux types d'écriture, l'une plus « généraliste », l'autre plus « spécialiste ». Il va de soi que le volet « généraliste » implique, de par sa nature même, des choix, des coupes, des raccourcis, des imprécisions et même des lacunes. Presque chaque ligne se rapportant à ce vaste ensemble culturel des Amériques noires, y compris quand il est réduit à la dimension insulaire de quelques îles de la Caraïbe, pourrait faire l'objet d'au moins un livre. La révolution d'Haïti, les mouvements abolitionnistes, la lutte pour les droits civiques, le « Black Power », la pensée de Du Bois, le culte vaudou, la langue créole… autant d'éléments et bien d'autres qui seront à peine évoqués, sans compter ceux qui n'auront pas même été mentionnés. Pour ce qui concerne les parties de « synthèse » à proprement parler, un effort particulier a cependant été fait pour tenter de signaler le maximum d'évènements et de phénomènes qui jalonnent l'histoire du domaine abordé, quitte à ce que ce soit sous la forme d'une très rapide mention, l'essentiel étant que le lecteur sache y voir des repères à approfondir, et non cet approfondissement lui-même. L'exercice de synthèse – dont il faut bien dire qu'il n'a pas très bonne réputation dans le paysage académique français, à l'inverse des habitudes anglo-américaines où les outils de « vulgarisation » sont très prisés – demande à assumer une démarche « allégée » par rapport à l'écriture scientifique habituelle, ce qui ne veut pas dire qu'elle ne soit pas rigoureuse. Elle doit dans tous les cas être reçue et lue comme telle. Cette première justification, qui s'adresse plutôt au public de spécialistes, demande à être accompagnée d'une seconde en direction, cette fois, des non-spécialistes. Car il n'est pas sûr que l'argumentation scientifique de cet ouvrage échappe à la lourdeur du langage spécialisé, même si le but était d'éviter ce cloisonnement. C'est un peu le revers de cette entreprise qui a voulu associer deux types d'écriture impliquant des modalités, des ressources et peut-être des publics différents et, dès lors, des exigences elles-mêmes différentes.

Sur les sources utilisées : directement imputable à l'écriture de synthèse, la localisation des références utilisées dans cet ouvrage ne mobilise pas l'appareil habituel des notes de bas de page, qui permet de surcroît d'entrer dans la discussion plus technique des sources. Certaines parties relèvent en outre de l'exposé de généralités bien connues, développées dans des ouvrages majeurs. La synthèse, ou ce que les collègues anglo-américains appellent de la « seconde main », est le résultat de la compilation de plusieurs lectures ayant sélectionné une trame généralement admise. L'exposé, même s'il signale systématiquement les références, ne fait pas forcément apparaître toutes ces lectures ou du moins ne les répète pas chaque fois qu'elles ont été sollicitées. Dans tous les cas, les sources utilisées sont signalées de manière exhaustive dans la bibliographie. Cet aspect est surtout valable pour les parties historiques qui reposent sur des études incontournables – par exemple celle d'Éric Williams (1975) sur l'histoire de la Caraïbe ou celle d'Immanuel Geiss (1974) sur le panafricanisme et le nationalisme noir –, lesquelles ont été accompagnées d'autres contributions permettant de dégager les éléments communs. Parmi ces contributions, il faut signaler les outils parfois très utiles que sont les encyclopédies et les dictionnaires – par exemple Collier *et alii* (1992) ou encore Corzani (1992). Une mention spéciale doit cependant être faite pour *Africana. The Encyclopedia of the African and the African American Experience*, coordonnée par Anthony Appiah et Henry Louis Gates (1999). Il s'agit d'un véritable monument aux articles précis et de grande qualité, le seul travail peut-être actuellement en mesure de donner une vue complète – certes, sous forme encyclopédique – des réalités sociales que se destine à nommer la « diaspora noire ».

Sur l'utilisation du terme « afro-américain » : tout au long de cet ouvrage, le qualificatif « afro-américain » est employé dans le sens que lui donnent les anthropologues Sidney Mintz et Richard Price ([1976], 1992, p. XI) pour nommer les « populations d'ascendance africaine aux Amériques ». Quant à la dénomination « Noirs américains », elle s'applique à ces mêmes populations vivant aux États-Unis. Le glissement sémantique depuis « Afro-Américain » jusqu'à « Africain-Américain », que respectent Mintz et Price dans l'édition revue de leur ouvrage en 1992, n'a pas été retenu. Pour le contexte français, il a semblé que le recours au qualificatif « afro-américain » était plus répandu, la terminologie apparaissant moins sensible à ce type de variations. Le terme a donc été conservé, même si un tel choix n'exclut pas, tant s'en faut, les imperfections que soulève l'emploi de toute désignation à visée catégorisante.

Sur l'organisation de l'ouvrage : ce livre propose donc une progression qui ambitionne, le plus souvent depuis la Caraïbe, de mettre en rapport les expressions culturelles produites par les populations noires du Nouveau Monde avec les diverses théories qui en proposent une interprétation et de comprendre – *via* la notion de diaspora – la diversité qui se présente comme partie intégrante de cette expérience. Cette progression est organisée en trois grandes étapes.

La *première* décrit le phénomène diasporique depuis le contexte historique qui préside à sa formation. Elle s'intéresse aux conditions de formation de l'univers culturel noir des Amériques. Elle envisage tour à tour le trafic négrier, l'univers des plantations esclavagistes, la période post-abolitionniste, de même que les mouvements migratoires récents depuis la Caraïbe vers l'Europe ou l'Amérique du Nord et qui contribuent à la formation d'une deuxième strate de la diaspora.

La *seconde* étape opère un détour théorique. Elle présente les thèses majeures disponibles pour interpréter les formations culturelles élaborées dans ce contexte historique très particulier de l'univers esclavagiste. Elle revient sur un objet empirique précis – l'institution familiale antillaise – pour s'attacher à comprendre comment la cohérence de thèses très diverses est encore possible une fois transposée à la réalité sociale. Enfin, elle se tourne à nouveau vers les théories pour, cette fois-ci, rétablir les connexions entre les thèses sur les cultures afro-américaines et les modèles de diaspora élaborées pour les populations noires des Amériques.

La *troisième* étape est celle qui s'attache à comprendre à la fois la diversité des thèses en présence et les identités culturelles au sein des Amériques noires qui leur correspondent. Elle tente de montrer que le choix entre ces thèses ne s'impose pas et que la diversité en question demande à être prise en considération en tant que telle. C'est pour cette raison que cette partie propose une autre voie de compréhension que traduit la notion de « communauté a-centrée » – là encore, exemplifiée au travers de matériaux empiriques – en tant que principe de « cumul » (et non d'exclusion) d'orientations collectives diverses et opposées. Cette diversité est interprétée comme le résultat d'une construction sociale dont le principe est de contrevenir à l'imposition d'un modèle sociétal. L'ouvrage est alors en mesure de faire un retour sur la notion de diaspora et de proposer l'interprétation selon laquelle, en écho à l'enseignement offert par la Caraïbe, l'unité ou la singularité des Amériques noires tiendrait à ces types de construits communautaires « démultipliés », élaborés en réponse à des contextes historiques particulièrement contraignants marqués par la longévité de rapports sociaux défavorables aux intégrations égalitaires.

Première partie

Traite, esclavage et migrations contemporaines : l'expérience diasporique en question

Laissant provisoirement de côté le débat théorique sur l'adéquation d'un modèle spécifique de diaspora à l'univers noir des Amériques, cette partie s'intéresse avant tout à l'expérience humaine concernée par ce débat. Quelle que soit la diversité des termes utilisés, « diaspora noire », « diaspora africaine », « diaspora afro-antillaise », « Black Atlantic », « diaspora hybride »…, les populations qu'il s'agit de désigner offrent une unité liée à une origine identique : la traite transatlantique. La diaspora en question est celle formée par les descendants des millions d'Africains déportés aux Amériques à partir du XVIe siècle.

Cette première partie se concentre sur l'histoire de la diaspora noire et souhaite fournir les repères empiriques nécessaires à notre progression. Elle envisage d'abord la traite et décrit ce qui est au fondement de l'expérience noire du Nouveau Monde : l'arrachement violent et la soumission de l'Africain à des conditions inhumaines commandées par le seul impératif de l'enrichissement économique. Le caractère violent de cette expérience primordiale ne s'arrête pourtant pas à un moment « fondateur », mais se prolonge dans l'exil, quand les terres d'installation se révèlent impossibles à la mise en œuvre d'une destinée maîtrisée. L'objet du deuxième chapitre est de s'intéresser à cet univers « plantationnaire » où les populations dispersées se doivent de recomposer leur existence. La matrice des sociétés de plantation fondées sur l'institution esclavagiste y est décrite de manière à comprendre dans quelles conditions ont pu s'élaborer les formations culturelles noires des Amériques, tout particulièrement celles de la Caraïbe. Les héritages de ces formations historiques lourdes sont ensuite abordés au travers d'un rapide panorama sur la trajectoire de ces sociétés depuis les abolitions jusqu'aux périodes les plus récentes. La longévité du trait constitutif des sociétés esclavagistes – le clivage racial – peut paraître surprenante. Pourtant, l'examen des caractéristiques de la migration contemporaine depuis la Caraïbe vers les espaces urbains des grandes villes occidentales montre la réactualisation d'un tel schème au travers des processus de ségrégation qui répercutent cette manière ancienne, archaïque, de construire le rapport social sur la base du phénotype de couleur. Cette migration contemporaine, dont le chapitre III se consacre à décrire les principales caractéristiques, est à l'origine de la formation de la « deuxième strate » de la diaspora noire des Amériques qui, déplaçant la localisation de l'origine, n'en continue pas moins d'être historiquement liée à la première dispersion forcée depuis l'Afrique.

CHAPITRE PREMIER

La traite comme événement fondateur

Parler de la traite comme d'un événement fondateur pourra d'emblée surprendre, ou même paraître un non-sens. Fondateur de quoi ? Certains auteurs joueraient d'ailleurs sans doute du mot pour dire que la traite est plutôt un événement non fondateur, puisque que, procédant de l'éradication la plus totale, il ne participe à l'édification de rien et s'associe à une dépossession qui se prolongera sur les plantations esclavagistes. Parler de la traite comme d'un événement fondateur, c'est d'ores et déjà prendre position dans le débat théorique que l'on voudrait pour le moment tenir à distance. On se limitera pour l'instant à dire que l'association de ces deux termes, que certains envisageraient comme antithétiques (« traite » et « fondateur »), est une manière de tenir ensemble des choses que l'esprit est trop souvent amené à distinguer, ici l'anéantissement des peuples dans l'horreur de l'entreprise esclavagiste en même temps que le maintien créatif de ces peuples.

La traite et l'esclavage sont évidemment liés, l'une étant la condition de l'autre dans le cadre de la formation des sociétés de plantation des Amériques. Il s'agit néanmoins de deux aspects distincts de l'institution esclavagiste. La traite désigne l'organisation des circuits par lesquels s'opère le commerce des êtres humains captifs, tandis que l'esclavage constitue la finalité de ce trafic, à savoir, l'utilisation de la main-d'œuvre captive. Ce chapitre décrit l'épisode de la traite pour montrer combien l'histoire de la diaspora qui commence dans le « ventre du bateau négrier » est définitivement inscrite dans la violence d'un arrachement perpétré à des fins strictement économiques. Il veut mettre en avant le faisceau de relations constitutives de l'univers noir des Amériques dans ce qu'elles témoignent d'un pouvoir exercé sans limite sur l'Autre, selon cette terrible contradiction qui voit la modernité occidentale se développer à partir de la barbarie esclavagiste.

Histoire obscurcie d'un crime contre l'humanité

Il y a peu de temps que la traite des Noirs et l'esclavage font l'objet d'une reconnaissance officielle en tant que drame de l'humanité. L'Organisation des Nations unies pour l'éducation, les sciences et la culture a lancé en 1994 un programme interculturel, « La Route de l'esclave », destiné à rompre le silence qui entoure l'épisode de la traite et à construire une mémoire universelle autour de cet événement. Dans l'exposé de son programme, l'UNESCO (2000) présente la traite comme le « plus grand mouvement organisé de déportation de l'histoire » et la qualifie à la suite de l'historien français Michel Deveau de « la plus gigantesque tragédie de l'histoire humaine par l'ampleur et la durée ». Au Royaume-Uni, le député Bernie Grant, d'origine guyanaise, a milité activement au cours des années 1990 avec le Mouvement de réparations pour l'Afrique (Africa Reparations Movement) pour que les puissances occidentales formulent des excuses vis-à-vis des descendants des esclaves africains et envisagent les moyens d'une réparation. Ce débat a été porté devant le Parlement britannique. Des initiatives similaires sont en cours aux États-Unis, notamment dans la ville de Chicago dont le maire s'est prononcé en faveur d'actions de réparation. En France, la loi reconnaissant la traite et l'esclavage perpétrés à partir du XVe siècle en tant que « crime contre l'humanité » a été adoptée le 10 mai 2001. La conférence de Durban en Afrique du Sud, en août 2001, a en outre montré combien la prise en compte de l'épisode esclavagiste et de ses conséquences pouvait être un sujet d'actualité brûlant.

Ces différentes initiatives, même si elles n'en sont encore qu'à leur début, contrastent avec l'indifférence que les pays du Nord affichaient jusqu'à présent. Dans tous les cas, elles ne laissent que peu d'incertitudes sur la nature de l'événement fondateur de la diaspora noire, celle traumatique et inhumaine d'une dispersion forcée. Ethnocide ou génocide ? Certains, comme Christian Delacampagne (2000), posent la question pour affirmer que la traite et l'esclavage ont été un génocide dans la mesure où l'exploitation de l'autre pouvait s'effectuer sans limite, « c'est-à-dire jusqu'à ce que mort s'ensuive ». Mais si le drame de la traite doit être qualifié ainsi, il est cependant différent des autres génocides qui restent mus par la seule haine raciale, religieuse, ethnique ou nationale et la volonté d'extermination. Delacampagne (2000, p. 138) affirme lui-même que, dans le cas de la traite, le moteur se loge dans « un féroce appât du gain », dans « la logique du profit maximum ». C'est ce qui fait le paradoxe de l'entreprise esclavagiste européenne au regard du comportement vis-à-vis des populations capturées et asservies. À la fois renié dans son humanité et rendu nécessaire à l'accumulation de profits, l'esclave des Amériques est celui dont la qualité humaine et sociale n'existe plus pour l'asservisseur alors que son existence en tant que valeur marchande et producteur de valeur doit être maintenue. Ce paradoxe est celui qui nourrit les marges de manœuvre des populations d'esclaves.

Dans cet anéantissement qui ne peut, malgré tout, être total, la résistance s'accomplit pour parvenir à recomposer un univers détruit.

Les débuts du trafic négrier

D'après la monumentale étude de Hugh Thomas (1997), le premier transport d'esclaves noirs organisé par les Européens est daté de 1444, lorsqu'un navigateur portugais ramène depuis les côtes africaines 235 esclaves au Portugal. Dès 1448, le trafic s'intensifie et un millier d'esclaves africains sont acheminés vers les plantations des îles portugaises de Madère et des Açores. Pas plus dans l'Antiquité qu'au Moyen Âge, l'esclavage n'avait été fondé sur une stricte division raciale. L'esclavage des Noirs existait cependant depuis fort longtemps, déjà attesté dans l'Égypte pharaonique, au VIe siècle avant J.-C. où la Nubie constituait un réservoir de main-d'œuvre. Mais les Nubiens n'étaient pas cantonnés au groupe des esclaves et l'on pense même que certains ont pu être pharaons. La présence d'esclaves noirs dans le pourtour méditerranéen dès le haut Moyen Âge, mais également en Asie (Inde, Chine, Indonésie), résulte de l'influence musulmane. Des circuits de traite des Africains existent avec la fameuse filière transsaharienne où les caravanes s'approvisionnent au sud de l'Afrique et alimentent les marchés du Nord et les pays du Moyen-Orient. Les Européens se fournissent sur ces marchés. Des esclaves noirs vivent en Espagne, en France, en Italie dès le Xe siècle. Mais l'institution demeure encore fondue dans celle de l'esclavage médiéval où l'esclave n'est pas asservi en fonction de sa couleur de peau : esclaves noirs et blancs se mêlent encore. Pour certains historiens (Harris, 1982), la présence très ancienne d'esclaves noirs en Asie permet de situer l'origine de la diaspora africaine comme antérieure à la grande déportation vers l'Amérique. En Afrique sub-saharienne, avant l'arrivée des Européens, les circuits de commerce des esclaves sous influence musulmane se doublent d'une « traite intérieure », celle liée aux systèmes sociaux africains où l'esclavage est pratiqué. Dans ces sociétés, l'esclave sert généralement de monnaie d'échange. L'origine des esclaves est diverse, soit que l'asservissement résulte de guerres, de razzias ; soit qu'il corresponde à l'acquittement d'une dette ou s'intègre dans un système pénal.

La présence de ces différents circuits de traite préexistant à l'établissement du trafic transatlantique explique en partie la complicité de certaines élites africaines aux côtés des Européens. Une fois le trafic entamé, il s'effectue depuis les côtes où les Européens installent des forts sur des territoires concédés par les souverains africains. Ces derniers contrôlent des réseaux d'approvisionnement en esclaves dans l'intérieur des terres. Avec l'amplification du commerce, les recompositions politiques locales s'opèrent et président à l'émergence de nouveaux États dont la prospérité est liée directement ou indirectement au commerce négrier. La traite bouleverse la démographie des régions africaines où elle s'exerce, comme elle conduit à des mutations socio-économiques considérables (Coquery-Vidrovitch, 1988). Reconnaître l'implication des élites africaines dans ce trafic ne doit pas servir à minimiser la responsabilité des puissances européennes. C'est bien depuis l'Europe que la traite est programmée, institutionnalisée, organisée. Elle trouve ses relais auprès de dignitaires locaux dont l'intérêt réside dans la consolidation de leur pouvoir, acquis notamment par l'obtention d'armes comme monnaie d'échange. De même, la résistance africaine au trafic doit-elle être affirmée. Elle se traduit par des soulèvements populaires, des révoltes contre les razzias, des mutineries, des évasions.

Découverte et colonisation

C'est lors de son second voyage vers les Amériques, en 1493, que Christophe Colomb apporte la plante qui allait présider à la destinée des régions découvertes par l'Ancien Monde : la canne à sucre. L'île d'Hispaniola (la future Saint-Domingue, puis Haïti et République Dominicaine) sert de laboratoire pour l'introduction de la plante. Les premiers moulins à sucre (les *ingenios* hydrauliques ou les *trapiches* à énergie humaine ou animale) sont implantés au début du XVIe siècle. Le procédé se propage dans la région : dès 1523, on compte 30 *ingenios* à la Jamaïque. Le besoin de main-d'œuvre suit cette évolution qui reste cependant lente tout au long de ce siècle d'installation dans les Amériques (Williams, 1975 ; Ferguson, 1999). Dans un premier temps, les Espagnols ont recours à une immigration blanche, mais très vite celle-ci se révèle insuffisante, d'autant que la motivation est d'abord l'or et non le sucre. Les maigres ressources aurifères des îles favorisent l'exode vers le continent, plus prometteur. Reste alors la population autochtone, celle que la conquête n'épargne pas, les Amérindiens. C'est ici qu'intervient l'épisode sans doute le plus dramatique de l'histoire de la conquête, quand la cause des Indiens va se voir ardemment défendue contre le barbarisme des colons tout en ouvrant la voie à une autre exploitation tout aussi terrible, celle générée à travers la traite transatlantique. Cet épisode est rendu manifeste au travers du débat que cristallisent les interventions du père dominicain Bartholomé de Las Casas auprès de la Couronne d'Espagne.

Originaire de Séville, Las Casas entreprend plusieurs voyages dans les îles de la Caraïbe et s'installe notamment à Cuba en 1512 où il reçoit une *encomienda*, c'est-à-dire une concession à laquelle est attachée une main-d'œuvre indienne, ce système s'apparentant aux structures féodales espagnoles. Réalisant la condition inhumaine réservée aux populations locales, l'extermination violente dont elles sont les victimes, Las Casas renonce très vite à son privilège et plaide la cause des Indiens auprès du roi Ferdinand. Il est nommé « protecteur des

Indiens ». Le débat sera porté sur la scène publique au cours de la fameuse controverse de Valladolid, en 1550, où Las Casas s'oppose au classiciste Sepulveda pour statuer sur la qualité d'âme des Indiens (ont-ils une âme, potentiellement chrétienne, ou non ?). La question rejoint le sort des Africains, puisque Las Casas lui-même suggère qu'il est possible de substituer à la main-d'œuvre indienne celle des Africains, à condition que le roi autorise une telle importation vers les Amériques. Certes, le père dominicain ne peut être tenu pour seul responsable de l'initiative de la traite. Celle-ci avait déjà débuté vers le Portugal une cinquantaine d'années plus tôt. Il est même dit que Colomb aurait embarqué des esclaves dès son deuxième voyage. « Mais ce qui est vrai, c'est que comme il était très introduit à la cour de Valladolid, Las Casas contribua à faire lever l'interdiction qui limitait l'envoi des nègres dans son souci passionné de protéger les Indiens » (Quénum, 1993, p. 89). À la fin de sa vie, Las Casas a reconnu son erreur, mais il n'eut pas le temps de nourrir la cause des Noirs d'une ardeur comparable à celle qu'il avait réservée au sort des Indiens. Peu de voix, du reste, s'élèveront après lui pour dénoncer l'ignoble trafic qui se met en place. Comme l'affirme brutalement l'historien trinidadien Éric Williams (1975, p. 44), « à la différence de celle des Indiens, la mortalité des Noirs n'eut qu'un résultat : on s'en procura un plus grand nombre ».

L'épisode long et douloureux de la traite transatlantique commence depuis l'Espagne avec les autorisations successives délivrées par le roi, dès 1505, pour expédier les esclaves noirs vers les Amériques. Le transport s'effectue d'abord depuis l'Espagne avec des esclaves déjà installés sur le sol du royaume. Peu importe qu'ils soient baptisés, leur qualité de chrétien ne les protège pas de l'asservissement. Ici, l'Église se montre constamment sourde à la revendication qu'elle formule pour d'autres chrétiens, celle qu'ils ne soient pas réduits en esclavage. Très vite, l'apport depuis l'Espagne se révèle insuffisant. Charles Quint instaure alors, en 1518, le système de l'*asiento*, contrat qui accorde à une compagnie, pour une durée déterminée, le monopole de la fourniture en esclaves pour les colonies. Le Portugal, auquel le traité de Tordesillas (1494) avait accordé l'avantage du commerce sur les côtes ouest-africaines, va ainsi devenir le principal fournisseur jusqu'à ce que les autres grandes puissances européennes, l'Angleterre en tête, intègrent le trafic.

Au cours des XVIe et XVIIe siècles, le Nouveau Monde devient le théâtre de luttes farouches entre les nations européennes. La mainmise espagnole sur les Caraïbes en vertu du partage instauré par le traité de 1494 est mise à mal par les assauts des Français et des Anglais au cours des opérations conduites par des corsaires commandités. La colonisation par les diverses puissances européennes précipite le déclin espagnol dans la zone. Des compagnies sont fondées, telle la Compagnie des Îles d'Amérique créée par Richelieu en 1635. Elle annexe la Martinique et la Guadeloupe la même année. Les Anglais prennent possession de la Barbade à partir de 1627, puis de la Jamaïque en 1655. Le processus est partout le même. Les populations amérindiennes ne résistent pas à l'envahisseur et sont massacrées. L'immigration blanche, envisagée dans un premier temps sous la forme de contrats et parfois assimilée à un esclavage blanc, n'est plus adaptée à l'essor des îles.

Sucre, esclavage et déportation

Sur les territoires colonisés, tout tend désormais à consacrer le règne du sucre et son corollaire historique qu'est l'esclavage. De 5 350 tonnes en 1674, la production de sucre des îles françaises passe à 13 500 tonnes en 1698. Une main-d'œuvre abondante est plus que jamais nécessaire. La traite transatlantique s'intensifie au fur et à mesure que le capitalisme marchand introduit en Europe les denrées tropicales prisées. La tendance est à la spécialisation au sein d'unités vouées à la monoculture. La Caraïbe se consacre d'abord au sucre, même si les cultures secondaires comme le café, le cacao, l'indigo ou encore le coton ne sont jamais absentes. Aux États-Unis – où les premiers esclaves ont été débarqués d'un bateau hollandais à Jamestown en Virginie, en 1619, soit un an avant l'arrivée du *Mayflower* et des puritains qui allaient fonder la Nouvelle-Angleterre –, c'est le tabac qui l'emporte dans le haut Sud et le riz dans les bas pays côtiers de la Caroline du Sud. Le sucre et le coton caractérisent la Louisiane plus tardivement, à la fin du XVIIIe siècle. Quant au développement plus général du coton dans les économies du Sud américain, il s'accomplit également plus tard, dans le courant du XIXe siècle, à la faveur des progrès industriels. Aux Antilles, les esclaves sont de plus en plus nombreux, bouleversant le rapport démographique jusque-là favorable aux Blancs. À la Jamaïque, leur nombre passe de 1 400 en 1658 à 40 000 en 1698. D'après Éric Willliams (1975, p. 142), il était estimé dans cette même île, en 1688, un besoin de 10 000 esclaves par an. À la même époque, de 1680 à 1688, la seule Royal African Company importait 46 396 esclaves dans les îles anglaises. Durant le XVIIIe siècle, plus de 6 millions d'Africains traversent l'Atlantique au cours de ce qu'il est convenu d'appeler le *middle passage*, le tristement célèbre « passage du milieu ». Si les flux s'intensifient, c'est d'abord parce que les esclaves ne survivent pas. À Saint-Domingue, un esclave sur trois meurt au cours des trois premières années d'arrivée. À la Barbade, en 1770-1771, la mortalité est si élevée que les importations ne suffisent pas à la compenser, ce qui permet sans retenue d'affirmer avec Éric Williams (1975, p. 152) que « jamais développement économique n'a été payé aussi cher ».

Les conditions morales du trafic

La traite n'est pas une affaire morale. Elle s'accomplit dans un silence consternant tout au long de sa période d'apogée jusqu'à la fin du XVIIIe siècle, au moment où les mouvements abolitionnistes la dénoncent. Quelques contestations se font bien entendre de la part de certains ecclésiastiques, comme ces missionnaires capucins espagnols partis en Guinée à la fin du XVIIe siècle et qui s'adressèrent au roi de Portugal pour faire prohiber la traite. C'est aussi le cas du missionnaire français J.-B. Dutertre, qui, toutes proportions gardées, fut comparé à un « Las Casas des Nègres » pour avoir, dans son *Histoire générale des Antilles,* écrite en 1671, qualifié la traite de « honteux commerce » et défendu la cause des Noirs au nom de la fraternité chrétienne. Mais, dans l'ensemble, il s'agit d'une ère du « grand silence » comme la qualifie Alphonse Quénum (1993) dans l'étude qu'il a consacrée à l'attitude des Églises chrétiennes face à la traite. Car, si la morale doit condamner un tel commerce humain, c'est bien de la part de ceux qui en détiennent l'autorité – à savoir, pour l'époque, les deux grandes formations religieuses catholique et protestante – que l'on est en droit d'attendre les plus vives protestations. Or, aucune condamnation officielle sérieuse n'a tenté d'arrêter le trafic honteux. Les prêtres propriétaires d'esclaves sont monnaie courante. Ceux qui trafiquent dans la traite ne sont pas non plus absents, tel l'abbé Demanet que mentionne A. Quénum (1993, p. 175-176) pour avoir fait fortune à Gorée à partir d'une société de commerce qu'il avait lui-même fondée.

Par l'Église transitent en fait les arguments de légitimation du commerce négrier. L'œuvre d'évangélisation des âmes noires justifie la soumission des Africains. Quand Louis XIII autorise la traite en 1642, il le fait au nom du salut des âmes païennes. Cette immense contradiction visant à « sauver » les âmes par l'esclavage trouve sa résolution dans une interprétation particulière de la Bible sans laquelle n'aurait pu être envisagée une telle tournure. De la fameuse « malédiction de Cham » découle la logique fallacieuse qui peut tenir le tout en un ensemble cohérent. Il est dit dans la Genèse (IX, 18-25) que Cham, l'un des trois fils de Noé, serait maudit pour avoir vu la nudité de son père pendant son sommeil. À son réveil, Noé prononce la condamnation de Cham : lui et sa descendance seront, pour les deux frères de Cham, leurs esclaves à tout jamais. Les lignées de Noé sont celles à partir desquelles les peuples se dispersèrent sur la terre (Genèse, X, 5-32) avec d'un côté la descendance bénie, de l'autre celle maudite, réduite en esclavage pour servir la première. Peu importe s'il n'est mentionné nulle part la couleur de peau de Cham et de son fils Canaan. L'interprétation chrétienne fait de Cham l'ancêtre des peuples noirs et assigne au mythe de la malédiction « une fonction légitimatrice » de l'esclavage des Noirs, particulièrement manifeste à partir du XVIIe siècle (Quénum, 1993, p. 35). C'est à partir d'elle que se construit ce qui fait la spécificité de l'institution de l'esclavage des Amériques, à savoir la structuration sociale par la race.

Si les Églises se taisent, que dire des philosophes en plein siècle des Lumières, au moment où le trafic atteint son apogée ? La plupart des spécialistes dressent un bilan assez déplorable où se perd l'idéal du progrès et de la raison universelle. Qui voit en Kant un père du rationalisme moderne se doit aussi de connaître son opinion sur les races selon laquelle la supériorité blanche est indéniable. Se ralliant à David Hume, il renie toute capacité aux Noirs de « produire quelque chose de grand dans les arts, dans les sciences ou dans quelque autre noble discipline » pour finalement ne leur attribuer que le « goût des sornettes » (cité par Coquery-Vidrovitch, 2003, p. 663). Toute pensée, diront les historiens, doit être replacée dans son contexte. Mais si un Las Casas avait été capable de s'insurger dès les années 1510 pour défendre les Indiens, si d'autres avaient pris position isolément contre la traite, il était possible pour les philosophes européens de démontrer bien plus d'audace, et beaucoup moins de racisme. Or, de trop lourdes ambiguïtés ne manquent pas de jaillir tout au long du XVIIIe siècle.

Outre les suspicions qui pèsent sur lui quant à ses intérêts financiers dans la traite, Voltaire, censé inaugurer un nouvel humanisme, est celui qui affirme qu'il faut être aveugle pour douter du fait que les Noirs sont « des animaux » (Delacampagne, 2000, p. 153). On lui doit à leur propos cette description éloquente et pour le moins rédhibitoire :

> Leurs yeux ronds, leur nez épaté, leurs lèvres toujours grosses, leurs oreilles différemment figurées, la laine de leur tête, la mesure même de leur intelligence, mettent entre eux et les autres espèces d'hommes des différences prodigieuses. Et ce qui démontre qu'ils ne doivent pas cette différence à leur climat, c'est que des Nègres et des négresses transportés dans les pays les plus froids y produisent toujours des animaux de leur espèce, et les mulâtres ne sont qu'une race bâtarde (cité par Coquery-Vidrovitch, 2003, p. 661).

Montesquieu, dont on ne peut douter qu'il ait dénoncé l'esclavage dans son pamphlet contenu dans *L'Esprit des lois* (chapitre V du livre XV), laisse par ailleurs s'exprimer des justifications sur la pratique de l'esclavage des Noirs, avec l'argument sur la « théorie des climats » (comment parvenir à travailler sous la chaleur, si ce n'est contraint par l'esclavage ?). Épris des lois, Montesquieu passe d'ailleurs sous silence celle, monumentale d'injustice, qui légifère sur la condition des esclaves dans les possessions de la Couronne de France, le fameux « Code Noir » (Sala-Molins, 1998). Quant à Rousseau, il semble être comme au-dessus de la cause des Noirs, ne laissant aucune place, dans sa dénonciation pourtant si juste de la servitude, au cas des Africains esclaves dans les colonies françaises d'Amérique qui lui était pourtant contemporain (*ibid.*).

D'un autre côté, l'émergence de la science moderne au cours du XVIIIe siècle est ce qui va ouvrir la voie à un racisme scientifique épris de classification et de hiérarchisation. Le point culminant en sera incontestablement atteint plus tard, au XIXe siècle, avec Gobineau, un diplomate français qui séjourna entre autres pays au Brésil, lequel va consacrer son *Essai sur l'inégalité des races humaines* (1853-1855) à l'exposé d'une théorie prônant la supériorité de la race blanche – « la race aryenne » – dont le type pur est incarné par les Germains. Une théorie qui vaut à son auteur d'être resté tristement célèbre auprès des historiens et des philosophes comme le « plus virulent des racistes » et celui à partir duquel les théories eugénistes basées sur le « modèle absolu » aryen vont être en mesure de s'édifier (Coquery-Vidrovitch, 2003, p. 666 ; Delacampagne, 2000, p. 169). Cet essai s'inscrit dans la filiation des écrits des naturalistes du XVIIIe siècle, dont le Suédois Carl von Linné ou le Français Georges Buffon, qui alimentaient ce « grand siècle » de théories relatives à l'existence d'espèces humaines bien différenciées, le Noir étant, on s'en doute, une espèce proche de l'animal (Delacampagne, 2000, p. 150-151). S'appuyant sur les écrits de l'anthropologie physique de l'Allemand Blumenbach, le zoologiste Georges Cuvier – celui-là même qui conserva à Paris les organes disséqués de la « Vénus hottentote » – entérine au cours de cette période (1797) une classification de trois races humaines où la noire est caractérisée par son état barbare par contraste avec la blanche, toujours supérieure (Coquery-Vidrovitch, 2003, p. 664).

Ne se trouve-t-il donc personne pour prendre le contre-pied de telles conceptions en ce siècle d'émergence d'une pensée censée être arrachée aux croyances ? On trouve bien dans l'*Encyclopédie* des articles dénonçant la traite, comme celui de Jaucourt qui parle d'un « négoce qui viole la religion, la morale, les lois naturelles et tous les droits de la nature humaine » (cité par Erhard, 1995, p. 146). L'œuvre des Lumières reste pourtant marquée par l'esprit général qui domine ce XVIIIe siècle. Selon Erhard (1995, p. 146), qui a analysé « la petite cinquantaine d'articles » dont le thème pouvait faire mention de l'esclavage des Noirs, la majorité évoquent l'institution esclavagiste de façon neutre ou la passent sous silence, alors qu'une minorité l'approuvent directement et qu'une dizaine à peine la condamnent « avec plus ou moins de vigueur ». Certains articles de ce monument de la « pensée éclairée » laissent ainsi s'exprimer un racisme abrupt où l'on parle de « vie animale », d'espèce « vicieuse », « rusée » ou « paresseuse » à propos des Noirs (*ibid.*, p. 146), l'entrée sous le mot « Nègre » se révélant à elle seule suffisante pour juger de ce que les grands esprits pouvaient se permettre de dire sur « l'ailleurs de la blanchitude » en ce siècle de fondation de la Raison (Sala-Molins, 1998, p. 255).

Il faut bel et bien attendre la fin du XVIIIe siècle pour que des positions deviennent plus claires et exigeantes, comme celles portées par la voix de l'abbé Raynal dans son *Histoire politique et philosophique dans les deux Indes* (1772) à laquelle Diderot participera dans les éditions successives. Mais, même là, la dénonciation de l'institution esclavagiste, qui semble pourtant absolue, laisse voir les traces d'un racisme décidément tenace où le Noir ne parvient pas à être réellement dégagé d'une vision dépréciative mêlant paresse, carences intellectuelles et débordements sexuels (Sala-Molins, 1998, p. 258 ; Coquery-Vidrovitch, 2003, p. 661). Avec la fondation des sociétés abolitionnistes (1787 en Angleterre, 1788 en France) et l'émergence de figures engagées à l'image de l'abbé Grégoire, farouche défenseur de la cause noire, le combat moral contre l'esclavage semble véritablement entamé. Il n'est pas sûr cependant que ce combat contre l'institution elle-même ne laisse pas s'épanouir ailleurs – dans l'expansion coloniale qui s'annonce en Afrique ou en Asie – l'idéologie raciale et raciste qu'elle a contribué à produire, y compris chez ceux qui se positionnent contre l'esclavage. Les abolitions, nous le verrons, conservent elles aussi leur part d'ambiguïté au regard de ce qui en légitime le sens pour les abolitionnistes. Dans tous les cas, le XVIIIe siècle, dans sa plus grande partie, laisse entendre, même de la part de ceux dont on attendait tant – les philosophes –, que la traite reste une stricte affaire de profits, sourde à toute humanité.

Une affaire de commerce triangulaire

On estime à 54 000 le nombre d'expéditions négrières vers l'Amérique depuis 1505 jusqu'aux années 1870 où la traite s'achève dans l'illégalité après son abolition intervenue dès 1815. Au cours du XVIIIe siècle, ce siècle phare, trois puissances européennes dominent la traite transatlantique en totalisant 90 % des expéditions : l'Angleterre (pour 41 %), le Portugal (29 %) et la France (19 %). Le reste revient à des nations plus marginales dans le trafic comme la Hollande ou le Danemark. L'Espagne, bien qu'active dans le commerce depuis ses débuts, a recours au système de l'*asiento* auprès des autres compagnies européennes (Saugera, 1998, p. 16-17). Les Anglais en obtiennent le privilège en 1713.

Quand les Français et les Anglais finissent par intégrer le trafic, à partir de la seconde moitié du XVIIe siècle, ils calquent leurs pratiques sur celles des Espagnols, déjà éprouvées, et créent des compagnies dotées d'un monopole exclusif les autorisant à commercer avec l'Afrique. Colbert fonde la Compagnie des Indes occidentales en 1664, remplacée plus tard par la Compagnie du Sénégal chargée d'organiser la traite négrière française. La Royal African Company, créée en 1672, est son équivalent anglais. Mais ce système de monopole ne se révèle pas suffisamment lucratif, les planteurs des colonies se plaignent des prix élevés des esclaves, de leur nombre insuffisant. Le libre-échange ne serait-il pas plus avantageux ? Le marché négrier s'ouvre aux armateurs privés en Angleterre avec la promulgation d'une loi abrogeant le monopole de la Royal African Compagny, en 1698. En France, Colbert avait déjà libéré les échanges moyennant des droits versés à la Compagnie des Indes augurant des futures Lettres Patentes de 1716-1717 autorisant les principaux ports français à faire librement le commerce des « Nègres ».

C'est la marche vers l'apogée du trafic. Les villes portuaires ouvertes sur l'Atlantique se spécialisent dans le négoce triangulaire. Liverpool, Bristol, Nantes, Bordeaux, Le Havre... La prospérité de ces villes et, bien au-delà, des pays impliqués dans le circuit se bâtit à partir du développement des échanges croisés entre les continents. La traite en est le rouage essentiel, mais pas l'unique. Certains échanges, d'ailleurs, se font en « droiture », tels ceux depuis Bordeaux qui concernent plus le commerce entre la France et les Antilles que le fameux circuit à trois côtés. Mais qu'il s'effectue en droiture ou qu'il suive le périple triangulaire, le commerce n'en est pas moins strictement dépendant et complice des économies esclavagistes d'Amérique où sont produites les denrées dont s'alimente le marché européen. Du port bordelais, dont on persiste encore aujourd'hui à affirmer le caractère marginal dans la traite pour ne retenir que sa spécialisation « en droiture », partent néanmoins, sur une centaine d'années (de 1729 à 1826), plus de 500 expéditions négrières ayant déporté 150 000 Africains (Saugera, 1995). De Nantes, il en partira 1 744 ; de Bristol, 2 100 ; de Liverpool, 5 300... La logique du circuit triangulaire est bien connue. Les bateaux négriers, spécialement conçus pour être convertis au cours du voyage, transportent en Afrique les marchandises d'échange. Il ne s'agit pas seulement de pacotilles (miroirs, verroterie, cadenas, ciseaux...) réputées avoir financé à peu de frais les fournisseurs africains, mais surtout d'armes à feu, d'alcools, de métaux (fer, plomb, cuivre...), de textiles... Une fois en Afrique, le navire est chargé de captifs. Aux Amériques, il reçoit de nouveau une cargaison « normale » et achemine les denrées tropicales vers l'Europe.

Les zones de traite des côtes ouest-africaines s'étendent sur des milliers de kilomètres depuis la Sénégambie jusqu'à l'Angola. Les Portugais opèrent aussi sur la côte est, au Mozambique, particulièrement au XIXe siècle, alors que le commerce négrier est officiellement aboli. Sur la bande littorale, les Européens occupent des points fixes, les fameux forts dont celui de l'île de Gorée, devenu le véritable symbole du départ sans retour. Les razzias s'opèrent aussi bien dans les zones côtières que dans l'arrière-pays et restent sous le contrôle africain. Des régions sont plus ponctionnées que d'autres et forment les centres de la traite. C'est le cas de la Côte de l'Or (« Gold Coast », actuel Ghana) où toutes les nations européennes s'approvisionnent et, plus vers l'est, de la baie du Bénin où les Français font la plus grande part de leur trafic. La côte équatoriale, depuis le Gabon jusqu'au nord de l'Angola, s'affirme aussi comme une zone de traite par excellence tout au long de la période. Pour les Antilles sous domination française, il est généralement admis que le centre de la traite se situe sur les côtes nord du golfe de Guinée (États actuels du Bénin et du Togo). Mais le contrôle de certaines zones par l'une ou l'autre nation européenne n'implique pas forcément que les captifs soient délivrés dans les colonies de ces mêmes nations. Le trafic négrier s'organise selon les lois de l'offre et de la demande et participe au brassage des asservis. Des îles antillaises comme la Jamaïque sont des plaques tournantes du marché à esclaves, en particulier quand les Anglais obtiennent l'*asiento*. Depuis elles, les captifs sont acheminés vers d'autres régions. L'instabilité est au cœur de la destinée des asservis en fonction des développements des économies esclavagistes et rend difficile la localisation originelle des Africains. Aux États-Unis, la percée du coton au XIXe siècle en Alabama, Mississippi et Louisiane occasionne non seulement l'afflux de nouveaux Africains, mais aussi des migrations internes de grande envergure rappelant le drame de la traite et démontrant les immenses obstacles rencontrés par les esclaves pour parvenir aux formes de stabilisation de la vie sociale.

Une économie déjà mondialisée se met ainsi en place. Elle relie les nombreux rouages d'une machine commerciale où chaque continent se spécialise. À l'organisation d'une Afrique négrière sur la côte ouest répond l'univers des plantations d'Amérique. En Europe, l'enrichissement se produit à partir d'effets « boule de neige ». L'activité portuaire suscite de nombreuses activités maritimes annexes, mais le négoce entraîne surtout le développement de secteurs manufacturiers, ceux concernés par les matières exportées vers l'Afrique et les Amériques et ceux issus du traitement des produits tropicaux importés (raffineries, fabriques de cacao, manufactures de tabac…). À Bordeaux, entre 1749 et 1771, les valeurs du commerce avec les Antilles sont multipliées par 6, celles que représente la seule importation du sucre par 10. On compte 26 raffineries bordelaises en 1789. La ville exporte à son tour vers les îles de la morue, du vin, de la farine. Liverpool se dote à la même époque de fonderies, de raffineries, de corderies… Les fortunes se bâtissent et les villes des ports européens portent encore les marques de cette prospérité au travers des somptueux quartiers construits pendant l'âge d'or de la traite, telle la riche enclave Clifton à Bristol.

Dire que le commerce triangulaire est à l'origine de l'essor moderne des pays de l'Ouest et de leur actuelle position dominante dans les relations internationales n'est sûrement pas un raccourci historique. En 1773, les importations britanniques depuis les Antilles représentaient le quart du total des importations. En France, le commerce avec les îles indiquait une proportion de l'ordre du tiers du commerce d'importation français pour l'année 1776. On comprend pourquoi l'UNESCO (1998), dans la présentation de son programme « La Route de l'esclave », comparait la traite à la « matière invisible des astrophysiciens » qui occupe selon eux la plus grande partie de l'univers et dont la présence imperceptible explique le mouvement de tous les objets. La traite est certainement cette face cachée apte à dévoiler en grande partie l'origine de l'articulation des rapports sociaux contemporains.

Abolitions et fin de la traite

La traite est abolie graduellement au début du XIXe siècle. Les Anglais inaugurent cette série de décisions en promulguant l'arrêt du commerce en 1807. L'« Act of Parliament » de 1811 renforce cette loi en faisant de la traite un crime soumis à des sanctions pénales. En France, le processus est plus lent. Dans la période révolutionnaire, l'abolition de l'esclavage avait bien été promulguée par la Convention (février 1794). La Guadeloupe a pu bénéficier de cette décision tandis que la Martinique était occupée la même année par les Anglais, la plantocratie locale s'associant aux occupants pour échapper à la vague abolitionniste. À Saint-Domingue, la révolution qui devait donner naissance à la première république noire avait commencé dès 1791. L'un des représentants de la Législative et du roi, parvenu dans l'île avant l'exécution de Louis XVI, le commissaire Sonthonax, avait fini par se rallier, pour des raisons plus stratégiques qu'humanistes, à la cause révolutionnaire conduite par les Noirs et par déclarer, le 29 août 1793, l'esclavage aboli à Saint-Domingue, dans sa partie nord (la province du sud recevant le même traitement quelques semaines plus tard), devançant ainsi les décisions qui allaient être prises par les révolutionnaires parisiens.

Le XVIIIe siècle s'achève donc sur un ferment favorable à la mutation des systèmes esclavagistes. Mais il faut encore attendre et, pire, revenir en arrière avant une abolition définitive. Car Napoléon, alors Premier consul, rétablit l'esclavage dans les colonies en 1802, sans doute sous l'influence de Joséphine de Beauharnais, née dans les îles, mais surtout sous celle des lobbies de planteurs et négociants. Il s'agit surtout de maintenir l'esclavage dans les territoires qui viennent juste d'être restitués à la France par la paix d'Amiens, en particulier la Martinique. Pour les colonies ayant bénéficié de ce qu'il est convenu d'appeler « la première abolition », celle de 1794, la loi de 1802, fort courte, n'est pas explicite quant au « rétablissement » de l'esclavage, mais le sous-entend. C'est sur le terrain que les généraux napoléoniens font la démonstration de ce qui est attendu du texte de loi. Richepanse, arrivé en redresseur d'ordre à la Guadeloupe, désarme les bataillons noirs qui s'étaient formés. La révolte pathétique conduite par le mulâtre Delgrès s'achève par la fin héroïque de celui-ci, lorsqu'il préfère se donner la mort avec une centaine de ses compagnons, plutôt que de se rendre aux esclavagistes. À Saint-Domingue, l'issue des stratégies napoléoniennes prend une tout autre tournure. Si le héros de la révolution, Toussaint Louverture, est vaincu par le général Leclerc, son successeur Dessalines parvient à faire reculer les troupes françaises et à déclarer l'indépendance d'Haïti. C'est la première défaite cuisante des colons blancs face aux Noirs insurgés : un symbole pour toute l'aire des Amériques noires, et l'on ne peut s'empêcher de penser que l'actuel pays le plus pauvre du monde est encore en train de payer les conséquences de cette grande audace héroïque.

L'abolition définitive de la traite intervient dans ce climat d'incertitude fait d'allers et retours entre décisions contraires. Le congrès de Vienne, en 1815, après la défaite ultime de Napoléon contre les Anglais, montre la suprématie de ces derniers dans les relations internationales : la traite est abolie par toutes les grandes puissances. L'Angleterre renforce à partir de là son rôle de chef de file dans la lutte abolitionniste en exerçant, avec les navires de la Royal Navy, un rôle de « contrôleur des mers », veillant à la légalité des cargaisons, contrôles auxquels refusent de se soumettre les Américains et les Français. Car, officiellement abolie, la traite n'en continue pas moins à se pratiquer dans l'illégalité, et ce jusqu'en 1870. En France, il faut renouveler les lois (1817 et 1831) pour parvenir à asseoir la décision molle prise à la suite du congrès de Vienne. L'esclavage étant encore de rigueur, il n'est pas étonnant que la traite se prolonge dans la clandestinité. Et ce sont en définitive les abolitions de l'esclavage elles-mêmes qui finissent par endiguer le terrible trafic. Elles s'échelonnent sur tout le siècle : 1834 dans les colonies anglaises (vote au Parlement en 1833), 1848 dans les colonies françaises, 1865 aux États-Unis, 1888 au Brésil…

Ambiguës, les abolitions le sont sûrement au regard du message qu'elles portent et dont on souhaiterait qu'il soit la claire expression d'un élan de solidarité humaine. Or les abolitions, si elles correspondent à des visées humanistes, ne sont pas que cela. Il faut en effet comprendre les raisons de la possibilité de ce changement qui s'opère à la fin du XVIIIe siècle, alors que l'enrichissement tiré du circuit triangulaire ne semble pas faire de doute. Une autre étape du développement capitaliste est pourtant en train d'être franchie. La révolution industrielle ébranle les équilibres mercantilistes. Le sucre de canne se révèle concurrencé par le sucre de betterave européen. Son coût apparaît trop élevé alors que la main-d'œuvre qui le produit ne peut avoir de prix de revient plus bas. Le développement de nouvelles entités sucrières, comme à Cuba où ont été introduits certains principes du machinisme industriel, menace aussi les vieilles économies de plantation de la Caraïbe. L'essoufflement du système esclavagiste en est à ses débuts. Les intérêts économiques ne vont pas tarder à se confondre avec les objectifs humanistes.

Cette thèse, qui voit l'abolition de la traite et de l'esclavage comme le résultat d'une convergence de plusieurs facteurs avec, en premier lieu, la nécessité pour le système capitaliste de s'adapter à un nouveau stade, a été proposée par l'historien trinidadien Éric Williams (1975) et rencontre aujourd'hui une large audience parmi les spécialistes. L'abolition de l'esclavage répond au besoin de créer un marché libre de main-d'œuvre dans un contexte que tout prépare à la mutation industrielle. Que l'on s'attarde sur la situation française et l'on retrouve assez vite ce creuset où se mêlent visées économiques et arguments éthiques. La Société française pour l'abolition de l'esclavage est fondée en 1834, sur un terrain resté pratiquement désert après la disparition de la Société des Amis des Noirs créée à Paris en 1788, qui réunissait entre autres Condorcet, Brissot et

Grégoire. La nouvelle Société est présidée par le duc de Broglie. C'est aussi lui qui est à la tête de la commission formée sous Louis-Philippe, en 1840, pour étudier la question de l'émancipation. Dans ses conclusions, la commission reprend les études d'experts pour préconiser l'« industrialisation » du secteur sucrier à laquelle répond… le passage de l'esclavage au « travail libre » !

Les modalités selon lesquelles s'est effectué le passage à la liberté permettent de confirmer cet ample ajustement économique que constitue l'abolition de l'esclavage. L'émancipation britannique consiste en une libération immédiate des esclaves âgés de moins de 6 ans. Les autres devront, avant d'être définitivement libres, effectuer une période d'apprentissage : six ans pour les esclaves des champs (période initialement portée à douze ans !) ; quatre ans pour les autres. En 1838, le Parlement britannique finit par accorder la pleine liberté à tous les « apprentis ». L'émancipation, on le voit, est placée sous haute surveillance. Elle vient répondre aux exigences requises qui sont celles de l'adaptation à un nouveau régime du travail. Les anciens esclaves sont enjoints de devenir des travailleurs libres sur les anciennes plantations esclavagistes auxquelles il doivent rester attachés. Dans les colonies françaises, l'abolition, plus tardive, est immédiate pour tous, le projet d'apprentissage n'ayant pas été retenu. Cependant, de la même manière que dans les îles anglophones, il est mis en place un système de compensation des maîtres. Les sommes versées aux anciens propriétaires d'esclaves au titre de l'indemnisation des préjudices causés par l'abolition s'élèvent à 126 millions de francs dans les colonies françaises (20 millions de livres dans les Antilles anglophones). Ces sommes servent à organiser le système bancaire local, ce dernier étant le principal agent des restructurations foncières et industrielles au cours de la seconde moitié du XIXe siècle.

Certes, l'humanisme ne peut être ignoré. L'engagement de Victor Schoelcher, auteur du décret d'abolition de 1848 en France, n'est guère à remettre en doute. Le célèbre abolitionniste français souhaitait d'ailleurs que des compensations soient versées aux anciens esclaves, les « victimes », et non pas seulement aux anciens maîtres (Schmidt, 1994, p. 109 et 120). La lutte conduite en Angleterre par Wilberforce et Clarkson au sein de la « Society of the Abolition of the Slave Trade » (1787), puis relayée par l'activisme d'une seconde génération (Buxton et le quaker Joseph Sturge), témoigne de l'importance décisive des mouvements humanistes. Mais l'histoire renvoie cependant au trouble de positions ambiguës, même lorsqu'elles se trouvent animées des idéaux les plus en pointe. C'est ainsi que la Déclaration de l'indépendance, aux États-Unis, en 1776, ne mentionne pas l'esclavage, le seul passage traitant de ce sujet et rédigé par Thomas Jefferson ayant été supprimé. Comment croire alors à ce formidable élan universaliste qui tient pour « vérité » que « les hommes sont créés égaux » ? La Constitution de 1787 entretient cette sorte de même faux-semblant en se montrant favorable à l'abolition de la traite… mais pas avant vingt ans, le Congrès ayant interdiction de légiférer en la matière jusqu'en 1807. Et lorsqu'à cette dernière date la traite fut enfin abolie, il était entré aux États-Unis en vingt ans un plus grand nombre d'esclaves que sur n'importe quelle autre période équivalente. Les pères de la Constitution, il ne faut pas l'oublier, étaient aussi des propriétaires d'esclaves : George Washington, Thomas Jefferson, James Madison, Edmund Randolph... Pris dans les contradictions d'un républicanisme à la fois novateur et conservateur, ils ont choisi la voie du compromis, ce qui se traduit en particulier par l'absence du mot « esclave » dans la Constitution. Le « problème américain » ne tient-il pas encore aujourd'hui à ce formidable refus d'affronter directement la réalité des rapports socio-raciaux ?

Autour du dilemme entre abolitions conquises et données

L'historiographie est-elle vraiment fiable quand elle s'appuie exclusivement sur la reconstitution d'événements consignés dans les archives des puissances de la vieille Europe ? Il est vrai que l'histoire de la traite et de l'esclavage est celle d'un rapport de domination total et qu'il n'est pas dès lors étonnant que l'essentiel qui puisse en être reconstitué recoure pour une large part aux groupes détenteurs du pouvoir, ceux en mesure de stocker, archiver et transmettre des traces de leur passé. Mais le groupe des acteurs subissant cette relation en a-t-il été pour autant passif, absent des rouages de sa propre histoire ? On touche là à la question sans doute la plus fondamentale de l'expérience de la diaspora noire et que l'on ne va cesser de retrouver au cours des développements qui suivent : en quoi les peuples noirs des Amériques montrent-ils la pleine prise en charge de leur destin collectif ? Pour les diasporas archétypales, la question semble être réglée d'avance. Les diasporas sont par définition les peuples dispersés qui se montrent actifs dans la perpétuation de leur identité communautaire... Pour les peuples noirs dans le Nouveau Monde, la chronique des abolitions renvoie au point où se densifie le débat crucial qui pourrait être ramené à un seul terme, celui de *résistance*. Jusqu'où les peuples noirs ont-ils été capables de résister, pour à la fois reconduire les repères qui leur sont propres et pour prendre part à la définition de leur histoire ?

Les abolitions montrent l'enchevêtrement de ce double rapport inhérent au monde noir des Amériques, tendu entre domination et résistance. La situation à la Martinique a provoqué de vives discussions autour de l'idée d'une abolition « donnée » et d'une abolition « conquise ». Dans l'île, les esclaves se sont révoltés au cours des journées des 22 et 23 mai 1848, forçant le gouverneur Rostoland à proclamer l'abolition. Mais le décret avait déjà été adopté par la République le 27 avril précédent et n'avait pas encore eu le temps de parvenir dans les colonies. Ces dates cristallisent bien le dilemme que fait naître l'impossibilité d'articuler le cours des événements à une seule et unique tendance. Les sociétés issues de l'esclavage obligent à adopter une double vue. D'un côté, celle qui permet de mesurer l'ampleur des processus de domination dans le Nouveau Monde, où toute évolution est liée aux intérêts stratégiques des métropoles coloniales, y compris quand l'humanisme sincère occupe le terrain. De l'autre, celle qui donne accès à la résistance déployée par les esclaves et leurs descendants pour contrer les effets dévastateurs de l'entreprise coloniale.

Le problème est que le volet des résistances est encore mal connu, principalement en raison du fait qu'il est rendu peu accessible par les sources écrites. Et quand il l'est, il n'est pas sûr qu'une juste place lui soit accordée. Le rôle des révoltes d'esclaves ayant précédé les abolitions n'a-t-il pas été sous-estimé ? N'y aurait-il pas matière, comme le suggère Jacky Dahomay (1995), à parler de « révolutions anti-esclavagistes » qui impliquent un trajet du bas (le peuple) vers le haut, plutôt que d'« abolition », qui emprunte le trajet inverse en étant une loi imposée ? Autant les événements de Saint-Domingue – autour de la lutte pour l'indépendance conduite par le peuple noir – que ceux de la Jamaïque – où l'esclave Sam Sharpe conduit une révolte en 1831 – montrent combien les abolitions sont dépendantes des actes révolutionnaires qui les précèdent. Le processus est identique à la Guadeloupe pour la « première abolition » (1794), à la Martinique pour la deuxième (1848). C'est là l'aspect le plus radical de la résistance que l'on retrouve tout au long de la période qu'inaugure dramatiquement la traite. Les révoltes d'esclaves n'ont cessé de tarauder le système. Aux États-Unis, on en dénombre pas moins de 250 du XVIIe au XIXe siècle, dont celle spectaculaire, bien qu'avortée, de Gabriel Prosser qui enrôla en 1800 un millier d'esclaves et celle, dramatique, de Nat Turner qui tua, en 1831 à la tête d'un petit groupe de 6 insurgés, une soixantaine de Blancs au cours d'une nuit, épopée sanglante suivie d'un massacre de 250 esclaves… Si l'histoire en tant que discipline ne veut pas reproduire et même fabriquer le rapport qu'elle décrit (« dominant/dominé »), elle doit impérativement introduire cette double lecture et adopter résolument une interprétation sous l'angle des « résistances », ce vers quoi tendent de nombreux efforts de recherche aujourd'hui, en particulier ceux conduits sous l'égide de l'UNESCO.

Tout commence dans le ventre du bateau négrier

L'horreur des bateaux négriers a été maintes fois décrite et illustrée, notamment au travers de la fameuse gravure du navire *Brooks*, ce plan où sont figurées les capacités d'entassement des captifs. Les abolitionnistes ont largement diffusé ce plan tant il détenait, par son réalisme impitoyable, une force de conviction que n'avaient sans doute pas les discours. Mirabeau, pour gagner en véracité, en fera même faire une maquette circulant au sein de la Société des Amis des Noirs. Tout commence ainsi dans des conditions terrifiantes au cours de voyages longs de plusieurs semaines où le pire est à imaginer dans le déni de la condition humaine. Un médecin de bateaux négriers témoigne en 1788 qu'il ne pouvait rester dans les quartiers des captifs « en raison de l'extrême chaleur qui régnait [...]. Le sol ressemblait à celui d'un abattoir, tant il était couvert de sang et du mucus de leurs fièvres » (cité par Kolchin, 1998, p. 28). Des échos du *middle passage* de la part des captifs nous reviennent grâce à de très rares témoignages, dont celui écrit par l'esclave Olaudah Equiano, capturé au Bénin et envoyé en Virginie en 1756 :

> L'étroitesse du lieu et la chaleur du climat ajoutées au nombre dans le bateau où tous étaient si entassés que chacun avait à peine de place pour se tourner, nous étouffaient presque. Tout cela produisait une abondante sueur, une variété d'odeurs répugnantes et provoquait les maladies parmi les esclaves dont plusieurs mouraient [...]. Les hurlements des femmes et les gémissements des mourants ramenaient le tout à une scène d'horreur quasi inconcevable (cité par Patterson, 1967, p. 149).

La résistance commence déjà sur les bateaux dans la forme la plus dramatique qu'on lui connaît, le suicide. Il peut faire suite à ce que les marins finissent par nommer « la mélancolie », cet état où le captif ne s'alimente plus et semble avoir rejoint un autre monde. La résistance se radicalise aussi dans les révoltes, dont celle bien connue de l'*Amistad*, popularisée par le cinéaste Steven Spielberg. Sur les navires se créent aussi les liens entre ceux que les désordres de la déportation regroupent. Des études ont montré que les captifs créaient des liens d'attachement forts entre eux, en dépit de la diversité des ethnies et des langages, au point de former, une fois à destination, des groupes dont les liens étaient comparables à ceux de parents, « frères » ou « sœurs », allant jusqu'à considérer les relations sexuelles entre eux comme incestueuses. Ces groupes étaient connus par exemple à la Jamaïque sous le nom de *shipmate* (« compagnons d'équipage ») et, sur les plantations, si jamais les captifs se retrouvaient, les uns veillaient sur les autres.

Le navire est donc ce lieu où tout commence, de l'horreur à la résistance, de la séparation irréversible aux solidarités perpétuées. C'est sans doute avec raison que des auteurs comme Edouard Glissant (1981, p. 134) ou Paul Gilroy (1993, p. 4) ont pris comme marqueurs symboliques de la diaspora, soit l'océan, soit le bateau. Ce topos en mouvement renvoie à la trame constitutive de l'expérience diasporique noire. Il en contient tout à la fois la part éminemment douloureuse, avec l'arrachement et l'extrême violence qu'il impose, mais aussi la part instituante de l'identité, celle issue de la relation que font naître de telles conditions. Mise en rapport physique des continents et mise en rapport symbolique des univers de sens, telles sont les logiques qui prévalent dès l'origine dans la naissance de la diaspora noire, y compris pour rassembler des termes antithétiques comme ceux qui font naître l'idéal de la modernité dans l'impensable atrocité du projet de la traite. Le bateau figure la mise en place d'une cohérence qui n'est plus celle liée à des héritages et des continuités, enracinées, mais à une transversalité entre éléments hétérogènes et chaotiques.

Estimation de la diaspora noire des Amériques

La formation de la diaspora découle ainsi des conditions qui viennent d'être décrites. Quant à l'effectif des Africains déportés, les spécialistes parviennent à estimer des valeurs comprises entre 10 millions, 11,7 millions et 15,4 millions (données respectivement associées aux travaux des historiens Philip Curtin, Paul Lovejoy et Joseph Inikori). D'après Hugh Thomas (1997), qui fait le point sur ces données, la valeur la plus juste en fonction des connaissances actuelles est de l'ordre de 11,3 millions. Cet effectif ne prend pas en compte l'aval de la déportation, c'est-à-dire les morts survenues lors des raids et dont il y a tout lieu de penser qu'elles ont été très importantes.

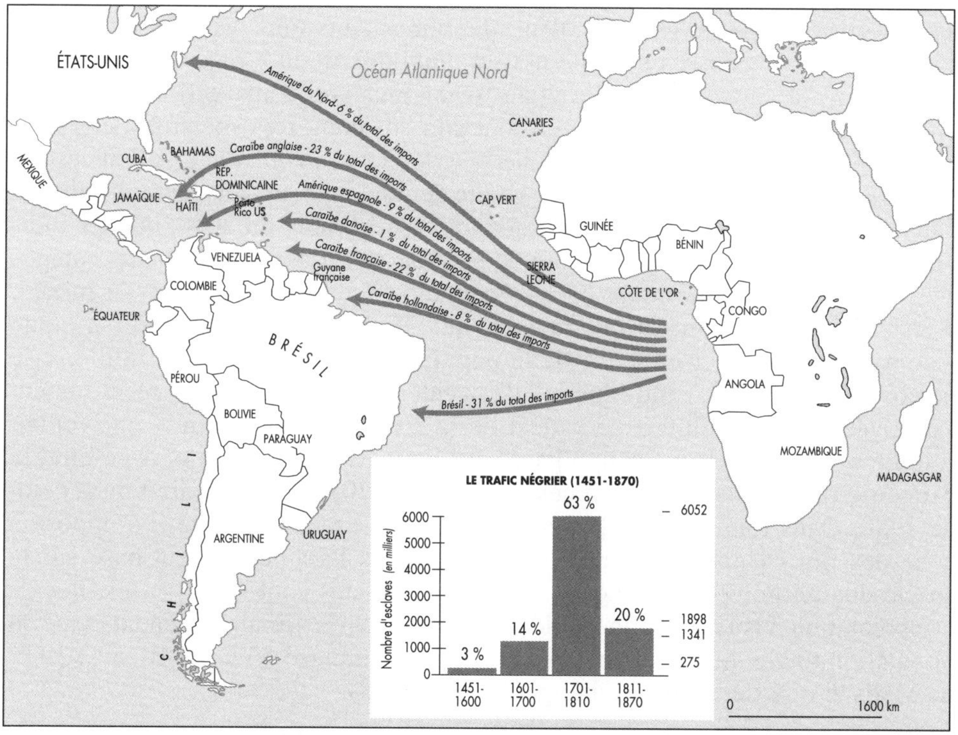

Note : Cette carte exploite les données de l'historien P. D. Curtin qui diffèrent légèrement de celles récapitulées par H. Thomas (1997, p. 804) fournies ci-après dans le corps du texte.

Source : D'après A. McFarlane, « African slave migration », *in* S. Collier, T. E. Skidmore, H. Blakemore, *The Cambridge Encyclopedia of Latin America and the Caribbean*, Cambridge, Cambridge University Press, 1992, p. 139.

Sources et destinations de la traite transatlantique aux Amériques

De manière synthétique, on peut dire à la suite de Thomas (1997, p. 804) que :

– 54 200 expéditions négrières ont déporté 11 millions d'Africains sur toute la période de la traite transatlantique.

– 42 % (4,6 millions) des captifs ont été déportés aux Amériques par les Portugais ; 24 % (2,6 millions) par les Anglais, 11 % (1,25 million) par les Français.

– 36,5 % des captifs ont été acheminés vers les Antilles (sauf Cuba), 35 % vers le Brésil, 22 % vers l'Empire espagnol (incluant Cuba), 4,4 % vers les États-Unis.

– Sur un nombre de captifs au départ estimé à 13 millions (2 millions de morts pendant la traversée), 44 % provenaient des côtes nord du golfe de Guinée (depuis la Côte d'Ivoire jusqu'à Calabar au Nigeria), 29 % des côtes équatoriales (Loango, Congo, Angola) 15 % de Sénégambie et Sierra Leone.

Il est difficile de connaître avec exactitude le poids démographique actuel des populations noires des Amériques. Une telle estimation demanderait que les catégories de recensement soient identiques dans tous les pays et qu'elles soient de surcroît basées sur une notion univoque de la « race », ce qui n'est pas le cas : la catégorie raciale étant avant tout une construction sociale du phénotype de couleur, elle varie en fonction des contextes sociaux. Les États-Unis appliquent une catégorisation héritée de la *one drop rule* des États esclavagistes du Sud qui fait qu'une seule goutte de sang noir suffit à classer l'individu dans la catégorie « noir ». Ce n'est que tout récemment, en 2000, que les individus se sont vu offrir la possibilité de pouvoir se rattacher à plusieurs catégories, ce qui marque le début de la reconnaissance du phénomène de mixité. Ainsi, la stricte séparation raciale aux États-Unis débouche sur une « comptabilité » précise : 12 % de la population est noire, soit 30 millions de personnes. Au Brésil, l'introduction de la catégorie raciale dans le recensement est vouée aux vicissitudes de l'idéal de la « démocratie raciale » qui voulait rompre avec toute identification basée sur l'appartenance raciale. À ce titre, la catégorie raciale disparaît du recensement de 1970, mais réapparaît dans celui de 1980. Dans tous les cas, la perception de la « race » au Brésil s'oppose à celle des États-Unis et diffère d'un traitement « à l'américaine » basé sur la stricte dualité noir/blanc, car les catégories raciales sont nombreuses, liées à l'appréciation visuelle de la couleur de peau. On estimait cependant que la population totale du Brésil en 1980 se répartissait entre 55 % de Blancs, 39 % de Métis et 6 % de Noirs (Munanga, 1998, p. 398).

Pour l'ensemble des Amériques, on estime à 120 millions la population noire (Chaliand et Rageau, 1991). De son côté, R. Monge Oviedo (repris par K. A. Yelvington, 2001, p. 246) a proposé des valeurs maximales (124 millions) et minimales (65 millions) pour quantifier la présence des descendants d'Africains dans les Amériques (se reporter au tableau en fin de chapitre). Bien qu'incomplètes (il manque pour les Antilles la Martinique, Porto Rico, la Dominique…), les statistiques de Monge Oviedo permettent au moins d'approcher une réalité qui reste difficile à appréhender avec rigueur. L'importance du Brésil varie considérablement de l'une à l'autre des estimations (de 43 à 15 %), en fonction vraisemblablement de la place accordée à la population métisse. En revanche, la taille de la population antillaise en valeur absolue ne fluctue que très peu entre ces deux estimations, suggérant le fait qu'il est généralement admis aux Antilles que la population de couleur est descendante des anciens esclaves africains. Dans tous les cas, le Brésil, les États-Unis et la Caraïbe forment le cœur de ces « Amériques noires » avec respectivement 43 %, 24 % et 22 % (valeurs maximales) du total de la population d'origine africaine aux Amériques, ou 15 %, 46 % et 19 % (valeurs minimales). Mais la prudence est bien sûr de mise eu égard à l'écart très important enregistré par certains pays entre les deux types d'estimation. Dans les statistiques que fournissait Roger Bastide en 1967 (p. 23), en s'appuyant sur le travail de Frank Tannenbaum, l'effectif des Noirs aux Antilles était donné comme équivalent à celui des Noirs au Brésil. Notons également que les établissements de la diaspora concernent aussi ceux, moins connus, de Colombie (dont le poids démographique est comparable à celui d'Haïti), du Pérou ou encore de l'Équateur, pour ne citer que ceux des pays dont on a peu l'habitude de les penser par référence à leur population noire.

Au sein des Antilles, Roger Bastide (1967, p. 25) distinguait les îles « blanches » (Cuba, Porto Rico), celles où la colonisation de type espagnol, plus urbaine qu'ailleurs, n'a été relayée par l'économie de plantation que tardivement et les îles « quasi entièrement noires » : Haïti, la Jamaïque auxquelles il convient d'ajouter la Barbade, la Dominique et en général les îles anglophones... L'estimation reprise par K. A. Yelvington (cf. tableau ci-après) confirme la présence de petits pays insulaires entièrement constitués par les descendants des esclaves. Même dans le cas des estimations maximales, une telle situation ne se produit dans aucun des pays continentaux, à l'exception du Panama qui montre cependant un tout autre profil dans le cas des valeurs minimales. Cette perspective doit être prise en compte pour relativiser le poids que l'on serait tenter d'accorder au premier abord au Brésil et aux États-Unis. Si ces deux pays comptent aujourd'hui en Amérique le plus de population dont l'origine est en Afrique, ils restent néanmoins caractérisés par le fait que les Noirs ne constituent pas, y compris dans l'hypothèse maximale, une majorité. L'étude comparée de ces situations reste à conduire pour saisir, s'il y a lieu, les effets contrastés – au sein des sociétés multiculturelles issues de l'esclavage – de la plus ou moins forte présence des descendants d'esclaves, ce qui n'est pas, on le sait, l'objectif de cet ouvrage. Mais il faudra peut-être sur ce point conserver à l'esprit la mise en garde formulée par Sansone (2002), et que nous avions déjà entrevue en introduction, contre une vision en termes d'« ethnicité démographique » qui serait tentée de postuler un lien entre poids démographique de la population d'ascendance africaine et force de l'identité ethnique noire ou africaine. Enfin, mentionnons que dans certaines îles antillaises, et bien que les Noirs y forment la majorité de la population, le métissage est réputé pour avoir été plus intense qu'ailleurs, comme à la

Martinique. La spécificité de cette dernière île tient aussi au maintien du groupe des Békés, les Blancs descendant des premiers colons.

Cette strate première de la diaspora issue de la traite transatlantique se double au cours du XXe siècle d'une seconde liée aux mouvements migratoires contemporains, particulièrement intenses depuis la Caraïbe. Ils seront examinés plus loin. En les prenant en compte, la diaspora peut être définie à partir de ces deux sources : la traite transatlantique décidant de la localisation dans les Amériques ; les migrations récentes occasionnant l'établissement durable dans les pays d'Amérique du Nord et en Europe.

Populations d'ascendance africaine dans les Amériques

Pays	Population (en milliers)				Pourcentage par rapport à la population du pays	
	Minimum		Maximum		Minimum	Maximum
	Valeurs absolues	%	Valeurs absolues	%		
Brésil	9 477	*14,61*	53 097	*42,7*	5,9	33
États-Unis	29 986	*46,23*	29 986	*24,11*	12,1	12,1
Colombie	4 886	*7,53*	7 329	*5,89*	14	21
Haïti	6 500	*10,02*	6 900	*5,54*	94	100
Cuba	3 559	*5,48*	6 510	*5,23*	33,9	62
République Dominicaine	847	*1,3*	6 468	*5,2*	11	84
Jamaïque	1 976	*3,04*	2 376	*1,91*	76	91,4
Pérou	1 356	*2,09*	2 192	*1,76*	6	9,7
Venezuela	1 935	*2,98*	2 150	*1,72*	9	10
Panama	35	*0,05*	1 837	*1,47*	14	73,5
Équateur	573	*0,88*	1 147	*0,92*	5	10
Nicaragua	387	*0,59*	559	*0,44*	9	13
Trinidad et Tobago	480	*0,74*	516	*0,41*	40	43
Mexique	474	*0,73*	474	*0,38*	0,5	0,5
Guyana	222	*0,34*	321	*0,25*	29,4	42,6
Guadeloupe	292	*0,45*	292	*0,23*	87	87
Honduras	112	*0,17*	280	*0,22*	2	5

Populations d'ascendance africaine dans les Amériques *(suite)*

Pays	Population (en milliers)				Pourcentage par rapport à la population du pays	
	Minimum		Maximum		Minimum	Maximum
	Valeurs absolues	%	Valeurs absolues	%		
Canada	260	*0,40*	260	*0,20*	1	1
Barbade	205	*0,31*	245	*0,19*	80	95,8
Bahamas	194	*0,29*	223	*0,17*	72	85
Bolivie	158	*0,24*	158	*0,12*	2	2
Paraguay	156	*0,24*	156	*0,12*	3,5	3,5
Suriname	146	*0,22*	151	*0,12*	39,8	41
Sainte-Lucie	121	*0,18*	121	0,09	90,3	90,3
Belize	92	*0,14*	112	0,09	46,9	57
St-Vincent et Grenadines	94	*0,14*	105	*0,08*	84,5	95
Antigua et Barbuda	85	*0,13*	85	*0,06*	97,9	97,9
Grenade	72	*0,11*	81	*0,06*	75	84
Costa Rica	66	*0,10*	66	*0,05*	2	2
Guyane	37	*0,05*	58	*0,04*	42,4	66
Bermudes	38	*0,05*	39	*0,03*	61	61,3
Uruguay	38	*0,05*	38	*0,03*	1,2	1,2
Guatemala	*	*	*	*	*	*
Chili	*	*	*	*	*	*
Salvador	**	**	**	**	**	**
Argentine	0	*0*	**	**	0	0
Total (dont total Caraïbe)	**64 859 (14 463)**	***100 (22,29)***	**124 332 (23961)**	***100 (19,27)***	**9**	**17,2**

* présence de population noire reconnue, sans données officielles.
** aucune donnée disponible.

Source : Yelvington K. A., 2001, *The Anthropology of Afro-Latin-America and the Caribbean : Diasporic Dimensions*, p. 246, d'après R. Monge Oviedo, « Are we or aren't we ? », *Rep. Am.*, 1992, 25 (4), p. 19.

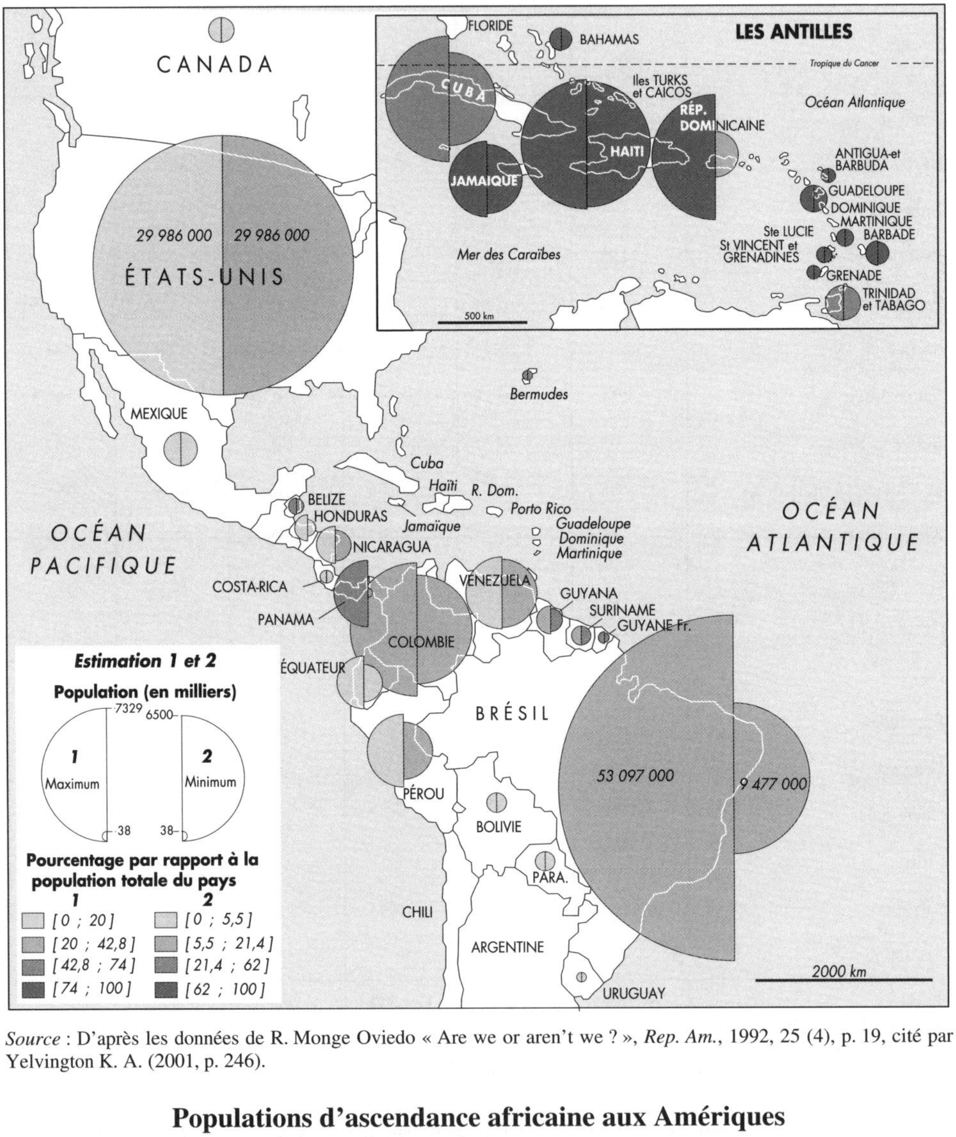

Source : D'après les données de R. Monge Oviedo « Are we or aren't we ? », *Rep. Am.*, 1992, 25 (4), p. 19, cité par Yelvington K. A. (2001, p. 246).

Populations d'ascendance africaine aux Amériques

CHAPITRE II

La dispersion dans un ailleurs impossible

De l'esclavage et de ses héritages

Les prochains chapitres examineront avec plus d'attention les fondements culturels de la diaspora noire. Il importe à ce stade de comprendre le contexte social très particulier dans lequel l'univers culturel des esclaves amenés d'Afrique doit se recomposer. À travers ce chapitre centré le plus souvent sur les sociétés insulaires de la Caraïbe, nous examinerons d'abord l'univers des plantations, pour le comprendre comme le lieu très particulier où se forment les cultures des peuples noirs transbordés. Nous envisagerons ensuite la période post-esclavagiste en ce qu'elle traduit de continuités et de ruptures au regard des logiques sociales mises en place durant l'esclavage.

La matrice des sociétés de plantation

Les plantations forment bien la matrice des cultures noires des Amériques. Quelle que soit l'interprétation que les chercheurs seront amenés à formuler quant à ces formes culturelles – interprétation que le chapitre suivant se destine à présenter –, il ne fait aucun doute que c'est au cœur de cet univers clos « plantationnaire » que s'élaborent les cadres sociaux qui structurent durablement l'expérience de la diaspora noire. Que l'on envisage les cultures noires du Nouveau Monde à partir de leur continuité africaine ou comme des recompositions nouvelles, il faut revenir à l'enfermement esclavagiste pour comprendre les conditions de possibilité de ces cultures et les retentissements sur elles d'une telle connaissance de l'oppression.

Les plantations : une logique sociale de domination totale commandée de l'extérieur

• L'univers « plantationnaire »

Les sociétés de plantation incarnent un modèle tout à fait particulier de société dans la mesure où elles s'organisent strictement autour de la finalité économique. Aucun secteur de la vie sociale ne semble s'autonomiser par rapport à la fonction de production ou en être dépendant de manière secondaire. C'est pourquoi les unités sociales qui forment le soubassement de ces sociétés sont avant tout économiques. L'anthropologue Jean Benoist (1968, p. 137) a fourni une excellente définition de l'« habitation » (nom donné à la plantation aux Antilles françaises) qui indique parfaitement cette entière sujétion de la vie sociale au système de production. Par « habitation », il s'agit de désigner une « unité autonome de production et de traitement de la canne, ce fut autour d'elle que, tout au long du XVIIIe siècle, s'organisa l'importation des esclaves et leur intégration dans l'activité économique de l'île. C'est également autour de l'habitation que se structura la société créole ».

L'organisation de la société s'inscrit fortement dans les paysages colonisés. Aux Antilles françaises, on retrouve encore aujourd'hui les traces inaltérées du découpage ancien, en bandes parallèles depuis le rivage, des premières concessions. Directement hérités des vieilles « habitations », ces grands domaines (notamment dans la commune de Basse-Pointe à la Martinique) conservent aussi la structure spatiale caractéristique de la plantation, avec la maison de maître dans les hauteurs et, non loin de là, celle des contremaîtres. Les alignements de cases, plus bas, sont maintenus à la distance suffisante pour incarner la séparation des univers. Le site comprend bien sûr les champs de culture et les bâtiments agricoles où les hangars à bananes d'aujourd'hui voisinent avec les ruines de l'antique sucrerie. Que s'ajoute à de telles traces le fait que les propriétaires de ces sites appartiennent au groupe des Békés ou des « Grands Blancs » (descendants directs des colons et propriétaires d'esclaves à la Martinique ou à la Guadeloupe) et que les ouvriers agricoles sont noirs ou indiens, et l'on réalise avec acuité que le « malaise créole », si malaise il y a, a de quoi s'alimenter autrement que par le fantasme.

Toutes les plantations de la période esclavagiste n'ont pas la même dimension. Celles qui se consacrent aux cultures secondaires, situées dans les régions marginales des hauteurs des îles, peuvent avoir un nombre réduit d'esclaves, n'atteignant pas la dizaine. En revanche, dans les zones favorables à la culture de la canne à sucre, les domaines atteignent des tailles plus considérables, l'« atelier » des esclaves dépassant fréquemment la centaine d'individus. À la Jamaïque, à la veille de l'abolition, un tiers des esclaves se trouvaient sur des plantations de 200 esclaves ou plus. Cette dimension des ateliers dans les îles à sucre fournit l'une des différences fondamentales avec l'esclavage aux États-

Unis. Là, la majorité des plantations sont de taille modeste et seules 2,7 % des propriétés possèdent plus de 50 esclaves. Ces petites structures sont favorables à l'institution paternaliste caractéristique du système américain où despotisme et clémence affective font bon ménage pour maintenir l'autorité du maître. Deux autres éléments s'ajoutent pour spécifier la situation des esclaves aux États-Unis. D'abord, l'effectif des esclaves par rapport à la population blanche. Dans l'ensemble du Sud esclavagiste, les Noirs forment une minorité (35 % en 1790). Seule la colonie de Caroline du Sud atteint des effectifs majoritaires : 60 % en 1770 (Kolchin, 1998, p. 36). Le contraste est donc total avec la Caraïbe où les esclaves constituent une écrasante majorité. En 1805, à la Jamaïque, la population noire est de l'ordre de 91 % (Brathwaite, 1971, p. 152). Ensuite, l'importance de la population créole par rapport à l'apport africain. À la Jamaïque, la population esclave est maintenue par une immigration continuelle d'Africains. Même si le rapport entre esclaves créoles (nés sur place) et esclaves africains finit par être à l'avantage des Créoles (67 % des esclaves sont créoles en 1817 – Patterson, 1967, p. 17), la population servile atteint au moment de l'émancipation une valeur équivalente à la moitié du nombre d'esclaves entrés à la Jamaïque tout au long de la période de la traite (311 000 esclaves en 1834 et 750 000 Africains au total entrés dans l'île). L'accroissement de la population importée a donc été très faible. Aux États-Unis, au contraire, l'effectif d'esclaves amenés pendant la traite (500 000) a donné lieu à la formation d'une population de 4 millions d'individus en 1860 (Kolchin, 1998, p. 29). Ces données laissent présager d'une « présence africaine » en mesure de se maintenir plus solidement là où l'apport culturel de l'Afrique a été le plus souvent renouvelé, comme à la Jamaïque, dans un contexte de surcroît favorable, par le nombre, à une menace vis-à-vis du pouvoir blanc.

• Des sociétés extérieures à elles-mêmes, finalisées à distance

L'une des caractéristiques fondamentales des sociétés de plantation, particulièrement celles de la Caraïbe, est celle de leur cycle économique qui répond à une double sollicitation extérieure, à savoir produire pour des marchés extérieurs selon des décisions émanant elles aussi d'un cadre extérieur, celui de la lointaine métropole. Le système de l'« exclusif » appliqué dans les colonies françaises d'Amérique est la transcription parfaite de cette logique. Inauguré par Colbert dans les années 1660, ce système, connu aussi sous le nom de « pacte colonial » ou encore de « colbertisme », réglemente les relations commerciales entre la France et ses colonies selon des visées protectionnistes. Il se résume à quatre directives essentielles : les colonies ne peuvent avoir d'autres échanges que ceux établis avec la métropole ; les colonies doivent adapter leur production à celle de la métropole qui se réserve le secteur de la transformation des produits coloniaux ; la métropole conserve le monopole du transport ; le marché métropolitain est réservé aux produits coloniaux. Affirmé et réactualisé aux cours de mesures successives (dont les Lettres Patentes de 1717), ce dispositif commercial marque la subordination totale des colonies à leur métropole. En vigueur jusqu'à l'abolition, il a cependant continué par la suite d'imprégner, sous des formes plus adaptées à l'économie industrielle, les rapports entre la France et les îles à sucre. Quant aux tentatives de sortir de l'« exclusif », à savoir les quelques périodes de libre-échange (de 1860 à 1892, par exemple), elles résultent toujours de décisions métropolitaines. Les colonies anglaises connaissent des principes commerciaux similaires dont rendent compte les « Navigation Acts » de 1650. Ces lois sur la navigation imposent le transport des denrées produites dans les colonies anglaises par des bateaux dont le capitaine et au moins les trois quarts de l'équipage sont des Anglais ! Ces denrées doivent bien sûr être acheminées vers les ports anglais et les colonies sont tenues de s'approvisionner en produits manufacturés sur le marché anglais.

De tels préceptes ont des conséquences sur la destinée des sociétés en train de s'élaborer. Ils organisent d'abord les univers insulaires autour d'une logique très particulière qui est de produire ce que l'on ne consomme pas et de consommer ce que l'on ne produit pas. Les colonies vivent ainsi au rythme d'exigences qui leur sont extérieures et qui les placent comme à côté de leur propre réalité. Il en découle un niveau de spécialisation économique poussé, sans rapport avec les besoins internes de ces sociétés, ce qui se traduit au travers des systèmes de production voués à la monoculture de la canne à sucre que le recours à quelques cultures secondaires ne suffit pas à diversifier réellement. Cette extériorité économique se prolonge jusqu'au domaine politique, puisque tout se décide autre part que dans le cadre insulaire. Les relais locaux du pouvoir métropolitain sont la classe des planteurs, en lien avec les mandataires du négoce métropolitain. Certes, les conflits d'intérêt entre la métropole et la plantocratie jalonnent l'histoire des colonies antillaises, mais ils ne remettent pas en cause cette architecture monolithique d'un système économique hyper-spécialisé et articulé à distance. Les unités de base du système, les habitations, peuvent avoir plus de liens avec la métropole qu'elles n'en ont entre elles. L'extériorité à elles-mêmes de ces sociétés prend d'ailleurs des tournures caricaturales dans le cas des îles anglaises, et surtout à la Jamaïque où l'absentéisme des propriétaires est une constante. Déléguant la gestion de leur domaine (*estate*) à des contremaîtres ou administrateurs (*overseers*), ces planteurs, résidant en Angleterre, visitent leurs propriétés occasionnellement et se préoccupent peu de l'organisation des sociétés insulaires. Il n'y a pas de volonté réelle de structurer un ensemble social : seul l'impératif économique prime. Cette caractéristique de l'univers jamaïcain fait dire à Patterson (1967, p. 70 et 86) qu'il s'agit d'une « société faiblement intégrée » ou « fragmentée » pour laquelle on peut même se demander si le terme de « société » convient encore tant tout est polarisé sur l'économie dont il n'est pas attendu ici qu'elle organise la société locale. Le bénéfice de l'entreprise économique est avant tout conçu pour servir l'intérêt de la lointaine métropole.

• La hiérarchisation socio-raciale et ses conséquences

L'organisation des sociétés de plantation découle bien évidemment du mode d'exploitation esclavagiste de la main-d'œuvre, lequel génère une stratification socio-raciale rigide. Cette hiérarchie est à la fois institutionnalisée et diffuse. Elle est d'abord un système de classements et d'assignation de statuts cautionné par l'appareil juridique. C'est le fameux « Code Noir » mis en place par Colbert en 1685, intitulé « édit du roi concernant la discipline de l'Église et l'état et la qualité des nègres esclaves aux îles de l'Amérique ». En soixante articles, il fixe ce qui fait la condition de l'esclave et la suprématie du maître, avec pour pivot ces deux articles (28 et 44) desquels découle toute la logique esclavagiste : « Déclarons les esclaves ne pouvoir rien avoir… » ; « Déclarons les esclaves être meubles… ». Comme l'analyse fort justement L. Sala-Molins (1987), le « Code Noir » réalise ce paradoxe qui est de procéder au dénuement total de l'esclave, d'aller jusqu'à le déposséder de sa propre personne pour faire intervenir le maître comme doté de bonté en obligeant celui-ci à subvenir aux besoins de ses esclaves. Car la loi fait aussi obligation au maître de nourrir, habiller et faire baptiser ses esclaves.

Le « Code Noir » a ses équivalents dans les colonies anglaises. La Virginie promulgue le même type de législation en 1705. À la Jamaïque, le comportement vis-à-vis des esclaves relève plus de la coutume que de la loi. Les règles, quand elles existent, se préoccupent surtout des sanctions encourues par les esclaves ayant commis des délits, jusqu'à ce que l'influence abolitionniste se fasse sentir et oblige à introduire, juridiquement, des « améliorations » dans le traitement des esclaves. Mais que l'on ne s'y trompe pas, le « Code Noir » et ses équivalents que sont les *slave codes* ne peuvent paraître humains qu'au titre du formidable paradoxe énoncé plus haut. Car ces lois sont d'abord les outils légalisant la totale domination du maître et sa pratique coercitive au travers d'un régime disciplinaire barbare autorisant le fouet, les amputations, la mort. « L'esclave fugitif aura les oreilles coupées et sera marqué d'une fleur de lis sur une épaule » et « s'il récidive [… aura] le jarret coupé et une fleur de lis sur l'autre épaule » (article 38). Les maîtres, « lorsqu'ils croiront que leurs esclaves l'auront mérité », pourront « les faire enchaîner et les faire battre » (article 42). Et si les abus du maître sont censés pouvoir être punis par la loi, l'esclave qui pourrait s'en plaindre n'est doté d'aucune reconnaissance juridique lui permettant d'intervenir auprès des représentants de la loi. Dans la pratique, qu'en est-il de ces lois ? Antoine Gisler (1963), qui a étudié l'esclavage aux Antilles françaises, décrit les conditions matérielles de la population asservie et lève toute incertitude sur une vision « doudouïsante » de type *Autant en emporte le vent*. Si le « Code Noir » est déjà en soi un corpus de règles infâmes, il est appliqué, sur le terrain, bien en deçà de ce qu'il « alloue » à l'esclave. Et A. Gisler (1963, p. 51) de conclure : « Pour ce qui est de l'abus du fouet, des excès de travail, de l'incurie relativement au devoir d'entretien, plus de doute : les maîtres corrects sont isolés. »

La hiérarchisation des sociétés de plantation s'opère donc par ce partage dual sanctionné par la loi entre les Blancs et les Noirs, les possédants et les possédés. À cette structuration bipolaire s'adjoignent d'autres lignes de clivage qui donnent une forme pyramidale à une société où domine la minorité blanche. Le rôle joué par le groupe des Noirs libres est sur ce point très important. L'affranchissement des esclaves rendu possible par le « Code Noir », il se constitue assez vite une minorité de couleur libre. Elle forme dans la majorité des îles une classe intermédiaire, véritable tampon entre l'élite blanche et la masse servile noire. À la Martinique, on compte 14 % de Blancs, 5 % d'affranchis et 81 % d'esclaves en 1788 (puis 27 % d'affranchis en 1842). À la même date, ces proportions sont respectivement de 10 %, 8 % et 82 % à Sainte-Lucie. À la Jamaïque, le phénomène est identique. Cette constance se double d'une autre caractéristique, et non la moindre, celle relative à la couleur de peau. Les affranchis sont le plus souvent issus de concubinages entre maîtres et esclaves. Partout dans les îles existe une hiérarchisation basée sur les gradations de la pigmentation de peau et liée à cette mixité raciale. Moreau de Saint-Méry, juriste et politicien né à la Martinique, avait recensé lors d'un voyage à Saint-Domingue, en 1780, l'existence de 110 catégories de couleur ! On imagine aisément les subtilités à la base d'un tel classement, lequel, par son existence même, ne manque pas de traduire la polarisation obsessionnelle sur le phénotype de couleur. Dans la pratique, la hiérarchie se simplifie, comme à la Jamaïque où il existe communément 7 principales catégories intermédiaires entre Noirs et Blancs. La plus claire (*octoroon*) est associée légalement au Blanc et à ce titre fait bénéficier de la liberté la personne née ainsi (Brathwaite, 1971, p. 168). Cette « frénésie des nuances » a été décrite par J.-L. Bonniol (1992, p. 66) dans un ouvrage où, s'appuyant sur l'étude précise de deux petites îles dépendantes de la Guadeloupe (La Désirade et Terre-de-Haut des Saintes), l'auteur montre comment le contraste phénotypique en vient à se constituer en outil de légitimation de l'ordre social et de fondement hiérarchique de ces « sociétés de la *couleur* » (*ibid.*, p. 13).

Toute l'autorité de la plantocratie blanche puise en effet à l'existence de cette hiérarchie où se confondent positions sociales et couleur de peau. Car la classe des libres de couleur ne tarde pas à s'affirmer comme une élite exerçant des professions qualifiées ou intellectuelles, et se constituant elle-même en une classe de propriétaires terriens détenteurs d'esclaves. Elle vient ainsi confirmer l'idéologie coloniale selon laquelle plus la peau est claire et plus est légitime la position au sommet de la hiérarchie sociale. Il en découle ce que de nombreux auteurs désignent comme une intériorisation du préjugé de couleur, entraînant la dépréciation de soi et de tout ce qui se rapporte à l'univers de références noires africaines. Cette affirmation sera discutée dans le prochain chapitre. Il importe pour le moment de bien situer la cohésion de l'édifice des sociétés de plantation comme redevable à la force de cette idéologie portée par la catégorisation raciale. En effet :

> L'exploitation esclavagiste ne pouvait être durablement assurée [...] par le seul exercice de la violence [...]. Il fallait bien que ces classes fassent passer pour légitime

> l'ordre social inégalitaire qu'elles avaient créé à leur profit [...]. Il s'agissait donc d'inculquer aux colonisés qu'ils étaient irrémédiablement inférieurs à leurs colonisateurs, qu'ils étaient à leur juste place dans la société (Giraud, 1989, p. 89).

On voit ici se préciser les conséquences directes du rapport démographique défavorable aux Noirs aux États-Unis. La situation des Noirs libres n'a pas donné lieu dans ce cas à une instrumentalisation comparable à celle que l'on trouve dans la Caraïbe : les Blancs n'ont pas eu besoin d'asseoir leur pouvoir sur de telles spéculations. Si quelques libres de couleur incarnent une élite dans certaines villes du Sud profond, la grande majorité, qui vit dans le haut Sud, continuent d'endurer des conditions matérielles difficiles aggravées par des menaces physiques et une persécution permanente. L'héritage social de cette situation historique se retrouve dans le clivage racial, franchement bipolaire, aux États-Unis. Il reste que la situation des Noirs libres aux Antilles n'est pas exempte des formes du racisme, tant s'en faut. Même si la stratification sociale en question relève de principes plutôt informels qui articulent le corps social, un ensemble de règlements et le « Code Noir » lui-même interviennent néanmoins pour discriminer et imposer des devoirs aux affranchis. L'article 58 les enjoint « de porter un respect singulier à leurs anciens maîtres ». À Saint-Domingue, un règlement datant de 1779 élargit la catégorie de « l'ancien maître » à « tous les Blancs en général », montrant par là que le statut des « gens de couleur » ne peut être identique à celui du Blanc, même s'il est dit par ailleurs que « les affranchis ont les mêmes droits et privilèges » que les « personnes nées libres » (article 59).

L'univers des esclaves

• Le démantèlement violent de l'univers culturel des Africains

La plantation forme un univers clos où les esclaves sont confrontés à un régime autoritaire d'une rare violence, tant matérielle que symbolique. La réalité de ce régime peut être pire, nous l'avons vu, que celle légalisée par le « Code Noir ». A. Gisler (1963, p. 45) rapporte des extraits de la correspondance d'administrateurs de Saint-Domingue établie en 1788 où il est dit :

> Beaucoup d'habitants suivent aujourd'hui un régime modéré, et généralement parlant, les rigueurs de l'esclavage sont moins grandes dans cette colonie qu'elles ne l'étaient il y a une vingtaine d'années ; mais il y a des quartiers entiers où l'entière barbarie subsiste dans toute sa force, et les détails en font frémir d'horreur.

Si les administrateurs sont capables de parler de « barbarie », même pour en dire qu'elle finit par accéder à un « régime modéré », il est aisé de mesurer l'ampleur de la coercition esclavagiste. Celle-ci s'exerce tout autant sur la personne que sur le corps social que pourraient former les esclaves. Car l'esclavage est une éradication des institutions sociales dans lesquelles s'intégraient les captifs africains, comme il est un obstacle permanent à l'édification d'institutions nouvelles. Le « Code Noir » interdit les regroupements d'esclaves. À Saint-Domingue, un arrêt du conseil du Cap de 1758 défend à tous les propriétaires de « souffrir les assemblées et cérémonies superstitieuses que certains esclaves ont coutume de faire à la mort de l'un d'entre eux » Aucune autonomie n'est voulue être concédée à la masse servile, et surtout pas celle qui pourrait montrer la cohérence d'un groupe social organisé.

Ce démantèlement social commence avec la traite et s'achève sur les plantations selon un même principe : celui de la dispersion des ethnies et de leur brassage. Jusqu'à quel point les « nations » africaines étaient-elles dispersées ? Il est difficile de répondre avec exactitude à une telle question. Les études d'historiens font état des origines africaines des esclaves selon les registres tenus sur les plantations. Il en ressort d'abord la prépondérance des « Créoles », les esclaves nés aux Amériques. Cette catégorie, comme telle, empêche déjà de connaître la filiation africaine de ceux qui la composent. Dans le cas précis de Saint-Domingue, étudié par Debien (1967), on constate des dominantes. Les Aradas de la côte des Esclaves (Dahomey et Nigeria) forment le deuxième groupe le plus nombreux après les Congos. Si ces derniers l'emportent dans la composition ethnique des ateliers de Saint-Domingue, il n'est pas sûr que cette désignation soit univoque. Elle pourrait correspondre à un terme générique des colons utilisé pour regrouper plusieurs peuples originaires des pays Congo et de l'Angola. Dans tous les cas, d'autres ethnies (Ibos, Bambaras, Nagos…) composent la population esclave selon des proportions variables, certaines étant représentées par un seul individu sur la période allant de 1756 à 1797 (les Bobos, par exemple). Pour la Jamaïque, Patterson (1967) parvient à des conclusions similaires où des constantes sont repérables sans pour autant permettre une vision rigoureuse dont l'absence est imputable en premier lieu aux catégories bien peu précises des colons qui ignoraient la diversité ethnique des Africains. Il ressort néanmoins que le peuplement de la Jamaïque, selon les périodes, fut dominé par les groupes Ewe, et surtout Akan (incluant les Kromenti ou Ashanti), par d'autres groupes d'Angola et des pays Congo dont l'origine tribale est moins identifiable, et encore par bien d'autres ethnies qui montrent, comme à Saint-Domingue, le véritable creuset qui se forme.

Mélanger les ethnies relève d'une volonté du colon. Il faut éviter la formation d'un esprit de groupe. Dès 1694, un témoin de la situation dans les îles anglaises observait que la sécurité des plantations était dépendante de la diversité de la composition des ateliers d'esclaves, affirmant que plus les esclaves parlent de langues, moins ils sont capables de se comprendre et de s'accorder pour se révolter (Cummins, 1994, p. 51). Certains historiens ont néanmoins à cœur de revoir cet argument du brassage des groupes. En fonction des arrivages des bateaux, de leur cargaison, les colons n'auraient pas été en mesure de procéder à une telle dispersion ethnique. En conséquence, sur les grandes plantations, « les esclaves n'auraient pas eu de difficultés à trouver des membres de leur propre nation avec qui communiquer, et encore moins des membres d'autres nations avec qui ils étaient liés, en Afrique, par le commerce et toute autre interaction » (Thornton, 1998, p. 199). Mais on entre là dans le domaine de la controverse scientifique où, comme nous le verrons mieux plus loin, s'affrontent deux visions principales : celle d'un héritage africain compromis, et donc entièrement recomposé dans le Nouveau Monde, et celle du maintien de ce même héritage par-delà l'esclavage.

• Le mode de vie des esclaves soumis aux volontés du maître

La volonté de maintenir une sorte de dispersion sociale et culturelle touche aussi aux nouvelles compositions qui s'accomplissent dans l'univers servile. La famille formée par les esclaves est une de ces organisations nouvelles soumises à l'autorité des maîtres. L'institution familiale chez les esclaves est un sujet de désaccord de la part des historiens, soit qu'il est admis que l'instabilité a prédominé, soit que l'on insiste sur les stabilités possibles autour d'un noyau formé par la mère et son compagnon. Cette appréciation est sans nul doute liée aux contextes géographiques et historiques où l'esclavage s'exerce. Aux Antilles françaises, le « Code Noir » préconise le mariage des esclaves et le soumet à la seule volonté du maître. Il est cependant difficile de savoir dans quelle mesure cette règle a été suivie d'effets. Des reconstitutions généalogiques montrent que des familles stables existaient dans les années précédant l'abolition (Chivallon, 1998). Mais il n'est pas exclu que la situation des Antilles françaises ait pu être comparable à celle de la Jamaïque où le système comptait d'abord sur le renouvellement de la population servile. Ce n'est qu'avec la montée des courants abolitionnistes que les colons ont favorisé la « reproduction » de leurs esclaves de peur de voir se tarir les flux de la traite (Patterson, 1967).

Les esclaves eux-mêmes pouvaient se refuser à fonder des familles. Les pratiques abortives étaient largement répandues. Le cas dramatique de femmes ayant préféré supprimer leur enfant plutôt que de le voir soumis à l'esclavage est connu, tel celui de l'esclave fugitive Margaret Garner, aux États-Unis, qui inspira l'admirable roman de Toni Morrison (*Beloved*). Elle tua sa fillette lors de sa capture par son ancien maître. Le refus de perpétuer le système du côté des esclaves, l'intérêt lié à l'utilisation des femmes valides non diminuées par les grossesses et les allaitements de l'autre, compromettent l'établissement des familles. À cela s'ajoute l'exploitation sexuelle des femmes noires, pas seulement de la part des Blancs. Dans la hiérarchie qui s'instaure entre les esclaves, le prestige de l'homme se gagne par le nombre de femmes conquises. Celui qui est reconnu comme *head Negroe* (esclave « de tête », chef d'une équipe de travail dans les champs) affiche plusieurs favorites. Les unions se nouent et se dénouent. Autant pour les hommes que pour les femmes, les stratégies pour accéder à des conditions privilégiées passent par les comportements sexuels. Pourtant, aussi sombre que soit le tableau des bases familiales des esclaves que dresse Patterson (1967) pour la Jamaïque, certains éléments plaident en faveur d'une interprétation bien plus nuancée. Le statut des unions semble intégrer un cycle de développement où l'instabilité et la multiplicité des unions correspondent à la période de vie des jeunes adultes. La stabilité et le passage d'unions multiples (polygamie et polyandrie) à des unions monogames succèdent plus tardivement à cette période. Par ailleurs, le lien fort de la mère à l'enfant rapporté par les observateurs de l'époque implique bien de voir le recours aux méthodes abortives comme un refus de l'esclavage, mais non de la maternité. Le désir d'une famille, quelle qu'elle soit, est là et trouve matière à se concrétiser. Aux États-Unis, les considérations sur l'univers familial des esclaves conduisent de plus en plus à envisager la constitution assez largement répandue de foyers d'esclaves. Une étude a permis d'estimer qu'en Louisiane, entre 1810 et 1864, 73 % des esclaves vivaient dans des familles soit monoparentales, soit nucléaires, le foyer typique comprenant de 4 à 7 personnes (Kolchin, 1998, p. 149). On sait cependant que l'esclavage aux États-Unis était précisément orienté vers la croissance de la population esclave.

Dans l'un ou l'autre cas – à savoir le système esclavagiste où les unions des esclaves sont encouragées et celui où elles ne le sont pas –, la situation est soumise aux orientations déterminées par les colons. Si des stabilités en résultent, elles restent éminemment dépendantes des conditions mêmes de l'esclavage où les séparations peuvent intervenir à tout moment. Aux États-Unis, le développement du coton occasionne un trafic interne des esclaves. On estime à un million le nombre d'esclaves ayant migré de 1790 à 1860 vers l'ouest, depuis les Carolines, la Virginie, le Maryland, jusqu'aux États du Kentucky, du Tennessee, de la Géorgie, de l'Alabama, du Mississippi, de la Louisiane et du Texas. Ce commerce des esclaves entre régions, que l'abolition de la traite intensifie, signifie pour ceux qui le subissent l'impossibilité de conserver les cadres fragiles de l'institution familiale.

• Les réponses à la contrainte : entre assimilation (apparente ?) et résistance

La difficulté à cerner rigoureusement les modes de vie des esclaves, entrevue à travers la situation familiale, provient avant tout des sources qui permettent d'y avoir accès. La majorité des informations passent par le filtre colonial et la mentalité européenne. Ce sont les traces écrites laissées par les récits de voyageurs, les chroniques des planteurs, les gazettes locales… et toutes les archives institutionnelles qui fournissent les principales traces pour comprendre ces modes de vie. Inutile de dire que la transcription n'en est pas neutre. L'appréciation des relations conjugales entre esclaves, par exemple, souvent décrites comme débauchées, mobilise les valeurs morales et religieuses des colons, quand bien même elle n'est pas destinée à dévaloriser systématiquement l'univers noir. Il existe bien des témoignages d'esclaves. Ce sont les fameuses *slave narratives*, ces récits autobiographiques d'esclaves qui ont notamment servi à soutenir les campagnes abolitionnistes (Robinson, *in* Appiah et Gates, 1999, p. 1719). Mais ces récits sont très localisés dans le temps et dans l'espace.

Ils concernent principalement les États-Unis – il n'en existe pas, par exemple, aux Antilles françaises – où les historiens les estiment à 6 000 environ, en comptabilisant les ouvrages autobiographiques, les transcriptions de témoignages, les récits fournis par la presse. La période de production de la plupart de ces récits concerne de surcroît les années post-abolitionnistes, quand les anciens esclaves en viennent à témoigner de leur passé servile. Les plus célèbres de ces récits sont sans doute ceux fournis avant les abolitions, comme celui de Olaudah Equiano, esclave amené d'Afrique aux Antilles et devenu libre en Angleterre où son autobiographie est publiée à Londres en 1789 (*The Interesting Narrative of the Life of Olaudah Equiano, or Gustavus Vassa, the African, Written by Himself*), ou comme l'ouvrage de Frederick Douglass, esclave américain en fuite, resté l'un des plus remarquables défenseurs de la cause abolitionniste (*The Narrative of the Life of Frederick Douglass, an American Slave, Written by Himself*, 1845). Ces échos irremplaçables venus de l'univers esclavagiste laissent cependant silencieuses les périodes de constitution des cultures noires dans le Nouveau Monde, périodes dominées par les archives coloniales. Il faut donc tenter d'adopter à nouveau une double vue consistant à déceler ce qui relève de la force coercitive de l'idéologie des sociétés de plantation et ce qui lui est opposé en termes de résistances et de formation d'un complexe culturel propre aux esclaves. De ce point de vue, les études sur le monde des esclaves semblent bien montrer, à travers l'ambivalence qui en ressort et malgré la fragilité des sources, que deux processus ont été à l'œuvre. Le premier traduit l'emprise de la société coloniale sur les comportements collectifs et individuels des esclaves alors que le second renvoie à la ténacité de ces mêmes esclaves à répondre aux contraintes qu'ils enduraient.

Ce n'est pas tant à partir de l'idée d'une désorganisation sociale dans l'univers servile que se mesure l'impact de la violence coloniale, mais plutôt à partir de l'assimilation de certaines valeurs de la société de plantation qui ne tarde pas à transparaître dans l'univers culturel qui se forme. L'univers des esclaves finit par se hiérarchiser selon les positions acquises dans le fonctionnement des plantations. Tant aux États-Unis que dans la Caraïbe, une ligne de clivage existe entre les esclaves attachés à la domesticité et ceux assignés au travail agricole. Dans les équipes des champs, certains jouissent aussi de statuts différents, le chef d'une équipe ou d'une bande étant celui qui répercute l'autorité des contremaîtres et des maîtres. La spécialisation des tâches introduit également des échelles de différenciation, l'esclave chargé de la cuisson du sucre bénéficiant par exemple d'un prestige particulier. Le clivage entre domestiques évoluant dans la maison des maîtres et travailleurs des champs est certainement le plus prégnant. Il recoupe les distinctions raciales, puisque, comme le signale Patterson (1967, p. 64) pour la Jamaïque, les serviteurs de la maison de maître sont le plus souvent métissés. L'assimilation de la hiérarchie de couleur se traduit par des codes de comportement où les plus foncés de peau agissent avec déférence auprès des plus clairs. Ces derniers se constituent en une véritable élite au sein de la masse servile, montrant par là toute la force de persuasion perverse de l'idéologie coloniale. La situation vaut pour les Antilles françaises où la recherche de blanchiment entre dans les stratégies de valorisation de son statut, les libres de couleur venant confirmer que l'on peut être « sauvés par la couleur de peau » (Lirus, 1979). La diffusion de ces valeurs joue en faveur d'un autre clivage entre les esclaves selon leur origine, qu'ils soient nés en Afrique ou qu'ils soient créoles. Les Créoles s'imposent comme le groupe détenteur de certains attributs et de certaines manières de la société coloniale. Ils s'habillent, cuisinent, prient... différemment. Par opposition se fabrique le stéréotype du Noir africain inférieur, stigmatisé aux Antilles françaises par l'expression de « Nèg Kongo » désignant tout à la fois celui qui est foncé de peau et « non civilisé ».

Ces lignes de clivage, si elles existent, ne forment pourtant qu'une facette de l'univers des esclaves et, de surcroît, d'autant mieux consignée par les témoins qu'elle correspond aux valeurs coloniales. Il est d'ailleurs permis de penser que cette assimilation à l'idéologie coloniale appartient aussi à un système de défense particulier. On retrouve, assez répandu dans les sociétés esclavagistes, un stéréotype de l'esclave décrit comme indolent, irresponsable, ambigu et intrigant. Ce stéréotype est connu sous le nom de *Quashee* à la Jamaïque, de *Sambo* aux États-Unis. Il résume les traits attribués à un esclave infantilisé ayant assimilé les règles de la société coloniale. D'après Patterson (1967, p. 180), ce stéréotype aurait été « joué » par les esclaves eux-mêmes. Correspondant à l'idée que l'on voulait se faire d'eux, il aurait permis aux esclaves de fabriquer une surface acceptée par le colon, car venant confirmer sa vision du monde noir, tout en protégeant un univers de sens caché et inaccessible.

Les esclaves africains n'ont pas fait l'objet que de dénigrements de la part des esclaves. Ils ont eu aussi une influence considérable sur les générations nées dans les îles. Certains témoignages rapportent l'impatience de ceux déjà installés lors de l'arrivée des nouveaux venus pour avoir des nouvelles des lointains pays d'Afrique. Ici, la partie cachée de l'iceberg se dévoile à peine. Car le chapitre des résistances est considérable. Compte tenu de l'ampleur de l'entreprise destructrice de l'esclavage, il ne peut bien évidemment être écrit de manière classique et linéaire. Ce volet des résistances comporte différents aspects qu'il est possible de regrouper en trois catégories.

Il y a d'abord la résistance frontale au système lui-même. Elle prend des formes variées, individuelles ou collectives, passives ou offensives. Elle regroupe les refus d'obéissance, les lenteurs au travail, les actes suicidaires (chez les esclaves Ibos notamment), les attentats par empoisonnement des maîtres et, bien sûr, les révoltes que nous avons abordées dans le chapitre précédent.

La résistance comporte ensuite une deuxième forme radicale qui inclut la première et qui en est en quelque sorte le produit abouti. Il s'agit de la fuite et de la constitution de communautés de fugitifs. Le phénomène du « marronnage » connu à travers toute l'aire des sociétés de plantation, du Brésil aux États-Unis, des Guyanes aux Caraïbes, constitue un élément remarquable de l'histoire de la diaspora noire. Il contient toute la démonstration de la capacité des esclaves à refuser le système colonial et à reconstruire leurs propres bases sociales. Ce n'est pas un hasard si le phénomène s'est développé de manière significative sur le continent et dans les grandes îles (Jamaïque, Haïti), là où il était possible pour les « Marrons » de maintenir une existence autarcique cachée et à l'abri des poursuivants. La capacité de subsister hors des plantations est liée aux conditions d'une vie isolée offerte par le milieu, ce qui amène R. Lucas (2002, p. 22) à parler du lieu géographique comme d'un « allié naturel » du marronnage. L'autre grand « allié » pourrait être le rapport démographique, puisque l'importance du marronnage apparaît liée au rapport numérique entre Blancs et Noirs quand celui-ci est à l'avantage des esclaves et rend la population blanche minoritaire (*ibid.*, p. 23). C'est ce qui pourrait expliquer qu'aux États-Unis, le marronnage, s'il a existé, soit resté d'une ampleur modeste, le départ des plantations donnant plutôt lieu à la formation de groupes éphémères, ce qui a pu être désigné par le terme de « petit marronnage » par opposition au « grand marronnage », ce dernier désignant l'établissement communautaire durable (Myers, *in* Appiah et Gates, 1999, p. 1253). La fuite des esclaves américains a surtout pris une autre forme que celle de la constitution de communautés marronnes, en particulier au XIXe siècle, puisqu'elle s'est traduite par l'installation dans les États du Nord anti-esclavagistes en empruntant notamment le fameux « chemin de fer clandestin » (l'*underground railroad*, un réseau de chemins secrets). Au Brésil, le marronnage a été rendu célèbre à travers le cas de la « République de Palmares », communauté d'esclaves fugitifs ayant formé une organisation autonome, un *quilombo* (nom donné aux établissements de Marrons au Brésil) de grande ampleur tout au long du XVIIe siècle et qui a pu être vu comme « un État africain au Brésil » (Kent, 1996). L'établissement de Palmares comptait plusieurs villages – *mocambo* –, eux-mêmes placés sous l'autorité d'un roi appelé Ganga-Zumba, lequel était élu et déléguait ses pouvoirs à des membres de Palmares. Ce système politique a été associé à un assemblage de plusieurs modèles originaires de l'Afrique centrale et de l'Angola (*ibid.*). L'un des délégués du roi de Palmares, le chef de guerre Zumbi (ou Zambi), neveu de Ganga-Zumba, est resté célèbre pour la résistance héroïque qu'il opposa aux Portugais jusqu'à l'assaut final de ces derniers contre le *quilombo* en 1695, qui vit sa perte. La date supposée de la mort de Zumbi, le 20 novembre 1695, fait aujourd'hui l'objet d'une commémoration (« le jour de la Conscience Noire ») qui intègre tout le dispositif déployé aujourd'hui par la société brésilienne dans sa prise en compte de la question noire et dans sa « remise en cause de l'idéologie de la *démocratie raciale* », un domaine qui se voit bien évidemment « saturé de sens et de symbole », notamment à travers la charge évocatrice de l'histoire des *quilombos* (Véran, 2002, p. 89). C'est dans les Guyanes française, britannique et surtout hollandaise que les communautés marronnes atteignent leur niveau de consolidation le plus achevé et le plus durable, puisque, aujourd'hui encore, elles montrent une longévité culturelle étonnante. Boni, Saramaka, Djuka (ou Ndyuka) forment des groupes culturels dont il est devenu un lieu commun – dans l'imaginaire diasporique inspiré par l'idée d'une continuité africaine – d'affirmer qu'ils sont une partie de l'Afrique reconstituée. Qu'on les envisage comme des communautés qui ont pu maintenir des « pans entiers de civilisation africaine » (Bastide, 1967, p. 53) ou qui ont dû recomposer un environnement culturel nouveau (Mintz et Price [1976], 1992), ces groupes témoignent dans tous les cas de l'existence de systèmes culturels ayant peu en commun avec l'univers de références de la société coloniale, ce que traduisent les trois pivots de la vie sociale que sont le politique (chefferie), la parenté (système matrilinéraire) et le religieux (animisme et magie). Ayant mené de véritables guerres armées contre les colons, ces Marrons ont signé des traités avec eux, négociant ainsi la légalité de leur territoire dans le Nouveau Monde. Mais l'obtention de ces territoires ne s'est pas faite sans contrepartie. Les colons ont exigé en retour la participation des Marrons à la répression de nouvelles fuites, détruisant ainsi une part du symbole héroïque de liberté incarné par ces fugitifs. À la Jamaïque, les Marrons qui ont acquis leurs terres dans les montagnes de la Cockpit Country et des Blues Mountains à la suite du traité de 1739 passent à la fois pour des héros, mais aussi pour ceux « vendus à la cause des Anglais ». On les retrouve effectivement présents aux côtés des colons britanniques lors de la rébellion célèbre des petits cultivateurs noirs en 1865 (« Morant Bay Rebellion »).

Le troisième aspect de la résistance, immense, concerne le développement d'un monde de références étranger au colon, ou imposé à lui par la force des choses, comme dans le cas de la langue créole qui s'est forgée par la nécessité d'élaborer un langage commun à tous, puisant dans les multiples registres en contact, africains et européens. L'utilisation des marges de manœuvre si étroites laissées par le système esclavagiste prouve ici toute son efficience. Elle donne lieu à la création d'un univers culturel directement redevable à son fonds africain et qui se donne à lire particulièrement dans les aspects religieux avec la mise en œuvre de cultes spécifiques à l'aire des plantations : le vaudou haïtien inspiré de la culture Fon du Dahomey, la santeria de Cuba associé à l'apport Yoruba tout comme le candomblé du Brésil, le myalisme jamaïcain d'origine Kromenti (Ashanti)... Avec la religion, c'est aussi un ensemble de pratiques qui montrent la formation de complexes culturels en mesure de dépasser le processus d'acculturation en cours : tradition orale au travers de la vivacité des contes, conceptions relatives à la maternité, représentations du corps, habitudes culinaires, gestuelles... Tous ces domaines et bien d'autres attestent d'une véritable formation culturelle autonome dans sa façon de représenter le monde et la relation à l'autre. La troisième partie de cet ouvrage fournira l'occasion d'aborder plus longuement quelques aspects de ce complexe culturel, pourvoyeur d'identifications définitivement distinctes de celles de la société coloniale.

La recomposition culturelle utilise donc des interstices dont un qui semble avoir été d'une importance considérable sans pour autant avoir retenu l'attention qu'il aurait méritée de la part des historiens. Il s'agit de la possibilité pour l'esclave de constituer une économie parallèle à travers la pratique du « jardin nègre ». Le terme « possibilité » peut être vu comme un abus de langage quand on sait que cette pratique qui consiste à allouer à l'esclave un morceau de terre pour subvenir à ses besoins est la contrepartie du refus du colon de prendre en charge l'alimentation de la population servile comme le préconisent le « Code Noir » et les ordonnances successives. L'esclave doit, en plus des ses journées de travail au champ, cultiver son propre lopin. Mais cette pratique, née d'une exploitation totale de la force de travail, est celle qui contient le moyen de forger la trame d'une autonomie. Elle s'accompagne de la tradition de la « journée du samedi », laissée pour la culture des vivres. Des marchés se constituent à partir du moment où les esclaves sont dûment autorisés par leurs maîtres à vendre des produits. On le voit, la faille est ici considérable : il s'agit du seul domaine où se trouvent ébranlées les bases du système esclavagiste puisqu'il est dit que l'esclave ne doit rien posséder en propre. L'anthropologue américain Sidney Mintz (1974), un des rares à avoir mesuré l'importance du phénomène, parlera de cette économie domestique des esclaves comme d'une économie « proto-paysanne ». C'est elle, d'ailleurs, qui inspire directement la structuration de la société post-esclavagiste par le développement d'une paysannerie caractéristique de la Caraïbe.

La fin du système esclavagiste : continuités et ruptures

Des héritages lourds qui se prolongent

Les abolitions ont-elles été le moyen de générer des ruptures dans l'édifice de ces sociétés si particulières ? Les réponses à cette question sont contrastées. Des failles apparaissent, la période qui suit immédiatement l'abolition pouvant être vue à certains égards comme une période de recomposition, avec l'émergence de la paysannerie noire. Mais les lourdeurs structurelles n'en sont pas moins absentes, jusqu'à pouvoir se lire clairement dans les situations actuelles.

• Des sociétés « captives »

Les abolitions entraînent bel et bien la faillite du système esclavagiste. Pourtant, elles recèlent leur part d'ambiguïté, relevant aussi d'une volonté venue de la sphère des colons. L'abolition correspond, nous l'avons vu, à une étape nouvelle du système capitaliste pour laquelle il faut créer un marché du travail libre, condition requise à l'industrialisation de l'économie sucrière. Aux Antilles françaises, la période post-abolitionniste voit effectivement se transformer l'outil de production. La concentration foncière s'opère à la faveur de la ruine des traditionnelles « habitations » et de grands domaines finissent par se constituer autour des usines ayant supplanté l'antique « sucrôte ».

Un prolétariat rural formé par les anciens esclaves se développe. Il est renforcé par des travailleurs sous contrat, amenés dans les îles depuis l'Afrique, la Chine et surtout l'Inde. Cette immigration transforme le profil de certaines îles, comme Trinidad où 135 000 Indiens s'installent jusqu'au début du XXe siècle. Désignée par le terme de *coolie trade*, cette nouvelle initiative de peuplement réserve aux nouveaux venus des conditions difficiles. Pour différentes qu'elles soient dans leurs fondements de celles de l'esclavage, ces conditions reproduisent néanmoins un rapport paternaliste lié à l'autorité du planteur. Celui-là ne manque pas à nouveau de faire jouer les clivages en érigeant le stéréotype de l'Indien travailleur et docile en qui la confiance va de soi, par opposition au Noir réfractaire à la tâche. Communautés indiennes et créoles fonctionnent encore côte à côte en déployant des traits culturels bien spécifiques à l'un ou à l'autre groupe. La dynamique du métissage est cependant à l'œuvre, comme à la Martinique ou à la Guadeloupe, notamment dans le domaine religieux où l'on observe la convergence entre les rites païens d'origine africaine et ceux de l'hindouisme (Benoît, 2000). À Trinidad, les années 1970 marquées par des protestations du Black Power ont bien montré que des clivages intercommunautaires étaient présents entre Créoles d'origine africaine et Indiens, affaiblissant les bases populaires de la contestation. En 1995, le Premier ministre de Trinidad est pour la première fois originaire de la communauté indienne, mettant un terme à ce qui a pu être appelé la « prédominance afro-trinidadienne ».

La fin du XIXe siècle est marquée par l'accroissement de la production sucrière dans toute la zone caraïbe : les exportations de sucre depuis les îles anglaises passent ainsi de 168 000 tonnes en 1815 à 260 000 en 1894. Pourtant, cette prospérité n'est qu'apparente. Au plan mondial, la part de la Caraïbe décroît, menacée par les nouvelles industries qui fleurissent à travers le monde, tant en Afrique qu'en Australie, ou en Asie. Le sucre de betterave développé en Europe ajoute à cette fragilisation latente. Déjà, l'effondrement de la vieille économie de plantation s'annonce à la Jamaïque où la période post-abolitionniste ne correspond pas comme dans les autres îles à un essor de la production sucrière. Il reste seulement 74 domaines sucriers en 1910 contre 670 en 1836. Ceux-ci, comme partout ailleurs, se sont « rationalisés » à la faveur de concentrations foncières et de créations d'usines centrales, mais ne permettent pas à la Jamaïque d'atteindre à l'orée du XXe siècle une production comparable à celle des années 1830. Le but n'est d'ailleurs pas là. Les planteurs ont conscience de la sévère concurrence internationale. Une nouvelle spécialisation est à l'œuvre, celle du secteur bananier, sous l'influence de compagnies multinationales. Cette conversion économique s'opère dans la plupart des autres îles.

Les caractéristiques de l'époque contemporaine se mettent ainsi en place. Le déclin sucrier finit par être consommé, à l'exception sans doute de Cuba qui maintient un bon niveau d'industrialisation au cours du XXe siècle, aidé par les accords passés avec l'Union soviétique. Ailleurs, les diversifications agricoles n'ont pas la capacité de relayer les anciens rouages. Les difficultés deviennent vives pour la masse rurale. La polarisation urbaine commune à la Caraïbe s'annonce. À la Jamaïque, le taux des emplois ruraux décroît alors que la population totale ne cesse d'augmenter : 695 000 habitants en 1896 ; 1,1 million en 1936, 2,5 millions en 1990. La part de l'agriculture dans l'économie régresse, passant de 39 % du PIB en 1938 à 9 % en 1972. En 1943, on évalue déjà à 27 % le taux de chômage jamaïcain. Les fameux ghettos de Kingston se forment. Ils sont encore aujourd'hui la marque vive de l'héritage de systèmes dont le fondement inégalitaire, d'une prégnance considérable, ne semble pouvoir être dépassé.

Chômage, pauvreté, violence urbaine sont le lot quotidien de ces ghettos qui ne forment pas seulement des enclaves urbaines, mais définissent le profil même de la ville. Ce sont les quartiers riches qui forment plutôt des poches dans les hauteurs de Kingston où la somptuosité des villas ne laisse planer aucun doute sur l'enrichissement d'une *upper class* nantie, souvent corrompue, tirant ses ressources de l'agriculture, de la finance, du tourisme et du trafic de stupéfiants. La situation jamaïcaine est sûrement exemplaire de l'aboutissement contemporain auquel a conduit la logique des systèmes esclavagistes fondés au XVIIe siècle. Indépendante depuis 1962, l'île a-t-elle pu en définitive expérimenter sa pleine souveraineté ? La situation économique est liée à la capacité de ces sociétés abandonnées à elles-mêmes de bâtir sur les ruines d'un système dont les profits ont été investis ailleurs. L'exploitation actuelle des ressources insulaires doit affronter les règles de la concurrence internationale dans un contexte où les mesures d'aide, si elles existent (garanties de débouchés pour le sucre et la banane par les accords de Lomé), ne sont pas suffisantes pour redynamiser le tissu exportateur local. L'heure n'est plus à « l'exclusif ». Les cyclones viennent par ailleurs compromettre régulièrement la fourniture des quotas alloués. Dans une économie mondialisée, gouvernée par les réseaux de la haute finance, le développement d'un secteur vivrier local paraît dérisoire. L'île est comme captive et ne semble avoir d'autre solution que le recours à l'emprunt étranger. La dette extérieure actuelle, de plus de 4 milliards de dollars US (131 % du PNB en 1991), fait de la Jamaïque l'un des pays les plus endettés du monde, remboursant chaque année plus qu'elle ne reçoit.

Cette situation de dépendance n'est nouvelle que dans ses modalités. Structurellement, un rapport ancien de domination se répercute. La région reste contrôlée par les puissances extérieures. L'alternance régulière au gouvernement jamaïcain de deux partis politiques (alternance qui a doté l'île d'une réputation fondamentalement démocratique) répercute les enjeux stratégiques de la zone. C'est au moins vrai pour les décennies 1970-1980 où le parti dirigeant de Michael Manley (People's National Party, PNP), placé sous haute surveillance pour ses affinités avec son voisin cubain, s'est vu faire l'objet d'une campagne de dénigrement orchestrée par les États-Unis *via* le soutien du parti local adverse (le Jamaica Labour Party – JLP – de Edward Seaga). Les sanctions financières, les exigences du FMI sont directement liées à ce contexte de guerre froide, tout comme l'aggravation des tensions dans les milieux populaires à la suite desquelles les ghettos ont été armés – dit-on – par les États-Unis pour conduire une véritable guérilla urbaine sur fond de tribalisme politique. Les ghettos de Kingston sont encore aujourd'hui fortement structurés autour du clivage politique activé au cours de ces années.

• La difficile unification d'une Caraïbe fragmentée

Les cas d'Haïti, de Cuba, de Porto Rico, de la Grenade pourraient encore confirmer cette ingérence américaine qui ne date pourtant pas de l'affrontement des blocs Est/Ouest. Cuba n'attend pas Castro pour susciter l'intérêt des Américains, qui entrent en guerre contre les Espagnols en 1898 pour soutenir l'indépendance de l'île acquise par la suite, en 1901, tout en y maintenant leur présence. En 1915, Haïti est à son tour occupée par les Américains. Dès le début du XXe siècle, les États-Unis se polarisent sur la région pour en contrôler les influences extérieures, en raison notamment de l'ouverture du canal de Panama. La politique étrangère de Theodore Roosevelt prolonge la doctrine de Monroe énoncée dès 1823 où la nation indépendante des États-Unis se faisait un devoir de défendre les indépendances acquises de toute nouvelle colonisation européenne. C'était l'annonce du déplacement de l'épicentre du pouvoir occidental depuis l'Europe jusqu'à l'Amérique du Nord. Theodore Roosevelt, en 1904, confirme ce rôle qu'entendent jouer les États-Unis dans la zone en déclarant les Américains habilités à exercer « une police internationale » dans le cas où les nations des Amériques en proie à des « méfaits chroniques » requerraient l'intervention de « nations civilisées ». Il va de soi que le mobile de cette intervention va désormais bien au-delà d'un souci de « protection des indépendances » (Ferguson, 1998, p. 210).

Le rôle primordial joué par les puissances extérieures dans la destinée du monde caraïbe, qu'il soit ancien ou nouveau, a conduit à parler d'une « fragmentation » de cette zone (Constant, 1996, p. 110) et même d'une « balkanisation » (Knight, 1990, p. XIV). Historiquement, les îles ont bien moins de liens entre elles qu'elles n'en ont avec les États qui les ont gouvernées ou qui les téléguident à distance. La première véritable tentative pour fédérer ces micro-sociétés, la création de la West Indies Federation, en 1956-1957, a échoué dès 1962, quand la Jamaïque, ayant accédé à l'indépendance, a décidé de quitter cette association composée de dix « entités » britanniques. Il faut dire que cette tentative d'union correspondait aussi à une volonté du gouvernement britannique qui préparait les modalités des indépendances et voulait conserver une certaine unité. Mais, comme l'analyse F. Constant (1996, p. 115), le contexte d'alors indiquait le « triomphe des nationalismes insulaires » qui écarta pendant plusieurs années les efforts de coopération pan-insulaire. Des nationalismes dont Knight (1990, p. 305 et 331) note qu'ils ont opéré avec un succès assez remarquable pour finir par construire une vision nationale, loin d'être acquise au départ des processus d'indépendance. Des voix intellectuelles engagées ont cependant fait entendre la nécessité de regroupements solidaires, voix associées diversement à la lutte libératrice des peuples antillais, comme celles de C. L. R. James (journaliste écrivain originaire de Trinidad, militant socialiste expulsé des États-Unis, défenseur de la West Indies Federation), de George Lamming (écrivain barbadien dont les écrits sont attachés aux thèmes de la décolonisation de la Caraïbe) et d'Éric Williams (historien trinidadien, politicien engagé pour l'indépendance, Premier ministre de Trinidad)... Ces voix ne sont pas étrangères aux tentatives de regroupement des années 1950 (Constant, 1996, p. 113). Comme le suggère F. W. Knight (1990, p. 287), elles se font l'écho d'un militantisme « pan-caribéen » plus ancien englobé par les mouvements liés au pan-africanisme ou au nationalisme noir qui se développent aux États-Unis et dont les nombreux leaders, dans la première moitié du XXe siècle, sont originaires de la Caraïbe (George Padmore, Marcus Garvey, Richard B. Moore, Ciryl Briggs...). Nous verrons mieux plus loin la teneur de ces idéologies nationalistes marquées par leur caractère « transnational », depuis les États-Unis où elles semblent prendre appui et à partir desquels elles rayonnent sur les sociétés noires des Amériques, et jusqu'en Afrique.

Depuis, d'autres initiatives pan-insulaires plus achevées ont vu le jour, telle la CARICOM (Caribbean Community and Common Market) créée en 1973 et qui dote la région d'un « marché commun ». Héritée du dispositif de la Fédération, cette communauté regroupe surtout les états membres du Commonwealth. Haïti l'a rejointe en 1997. L'Organisation des États de la Caraïbe de l'Est (Organization of Eastern Caribbean States, OECS) forme une autre entité de coopération créée en 1982 sur les bases d'une association plus ancienne, datant de 1966, regroupant les plus petits États insulaires désireux de faire contrepoids face aux pays plus imposants de la CARICOM. Depuis 1994, une autre entreprise assez remarquable est née : l'Association des États caraïbes. S'appuyant sur la CARICOM, elle propose une coopération plus large incluant les États non anglophones de l'Amérique latine (entre autres, le Mexique et le Venezuela). Signe des temps et de l'acheminement vers une totale prise en charge de la région par elle-même ? Toujours est-il que l'État français a habilité ses « départements français d'Amérique » (Guyane, Martinique, Guadeloupe) à participer aux négociations dès 1996. La LOOM (Loi d'orientation pour l'Outre-mer) votée en 2000 renforce cette capacité à coopérer dans l'environnement immédiat en prévoyant de déléguer aux présidents des conseils régionaux de Martinique et de Guadeloupe le pouvoir de négociation et de contractualisation avec des organisations régionales (Nicolas, 2002).

Il faut dire que, dans les Antilles françaises, la situation est bien différente de celle qui prévaut dans les îles ayant accédé à l'indépendance. Il s'agit ici d'un cas très particulier du processus hérité de la dépendance coloniale. La loi de départementalisation votée en 1946, sous forme de décolonisation, qui donne aux îles un statut identique à celui de n'importe quel autre département français, ne sépare pas les deux parties, mais les lie au contraire d'une façon encore plus étroite. La politique française déployée dans les DOM génère un mode de croissance basé sur l'injection massive de fonds publics. Les expressions d'« économie artificielle », d'« économie sous perfusion » ont maintes fois été employées pour décrire ce développement « faussement riche ». Cette économie qui repose sur un secteur tertiaire hypertrophié assigne aux îles françaises la réputation d'être les plus richement dotées de l'aire caraïbe. Là, le coût se mesure peut-être plus en termes psychologiques que matériels, comme l'ont suggéré de nombreux auteurs (par exemple Miras, 1988, p. 382 ; Constant, 1988, p. 85) qui voient dans cet assistanat déresponsabilisant propice à une surconsommation passive une atteinte à la dignité du peuple antillais et à sa capacité de prise en charge de son propre devenir. La justesse de cette appréciation ne peut cependant être valable que si elle prend en compte la capacité d'adaptation des plus démunis, toujours nombreux, qui associent judicieusement des activités informelles (les fameux *jobs*) au système d'aides sociales et amortissent ainsi les déséquilibres de ce dispositif de « fausse croissance ».

L'histoire immobile ? Bilan contrasté entre la Caraïbe et les États-Unis

Les héritages encore vifs et profonds de l'histoire coloniale qui s'expriment notamment dans les structures foncières inégalitaires, dans les caractères toujours « extérieurs » de l'économie, dans la présence des descendants des premiers colons, comme à la Martinique où le groupe des Békés reste très puissant, ou encore dans la bipolarisation sociale générale où il ne fait pas de doute que les pauvres de la Caraïbe sont les descendants directs des esclaves, dans la continuité de rapports de force entre les anciennes métropoles coloniales et les nouveaux États..., ces héritages et d'autres encore incitent à repérer une certaine permanence historique. On a pu à ce propos parler d'« histoire immobile » pour traduire l'idée de changements apparents qui nourrissent en fait une continuité structurelle (Achéen, 1983). Les anciens esclaves, et leurs descendants, ne sont-ils pas devenus au cours des XIXe et XXe siècles une masse d'ouvriers agricoles maintenus sous le joug de la plantation ? Et quand le système des plantations a fini par s'effondrer, quelle alternative, sinon celle du chômage et de la précarité urbaine, a pu se présenter ? Ne serait-ce qu'en retenant la législation mise en place pour que s'opère le passage au « travail libre », notamment celle du second Empire dans les Antilles françaises, on peut effectivement être tenté de ne retenir qu'un processus continu de domination totale. Il est attendu de l'ancien esclave qu'il se conforme à une nouvelle police du travail, au point que les mesures adoptées durant la deuxième moitié du XIXe siècle ont pu passer pour un retour à un quasi-esclavage. Pourtant, une telle analyse, si elle devait être retenue, ignorerait tout un pan de l'histoire antillaise où se lit la capacité des anciens esclaves à utiliser à fond, là encore, les marges de manœuvre qui se présentent. Elle serait, en définitive, plus valable pour comprendre la situation qui a prévalu aux États-Unis.

• La paysannerie antillaise comme rupture majeure

Ce n'est pas un hasard si cette résistance à une « histoire continue » de la domination s'opère à partir de la première faille du système esclavagiste, celle permise par le développement d'un secteur d'économie domestique. L'abolition entraîne ce que Blérald (1986, p. 89) appelle « les contre-tendances à la formation du marché du travail ». Les nouveaux libres fuient les plantations pour occuper les zones marginales des îles où l'expansion véritable des pays vivriers devient possible, prenant appui sur les savoir-faire déjà éprouvés au sein du « jardin nègre » de l'esclave. Phénomène général à la Caraïbe, la formation de cette paysannerie s'effectue avec plus ou moins d'intensité. Elle est faible dans certaines îles comme la Barbade ou Antigua où la plantation reste souveraine. Ailleurs, en Guyane britannique, à Trinidad, à Saint-Vincent, à Sainte-Lucie, elle se constitue en un pôle véritablement antagoniste au grand domaine. C'est aussi le cas à la Jamaïque où les « villages libres » (*free villages*) sont créés avec l'aide des missions baptistes. Aux Antilles françaises, le phénomène d'accession aux terres paysannes s'accomplit de manière identique.

On assiste ainsi à la transformation des paysages ruraux insulaires. Aux étendues monotones des champs de cannes géométriques couvrant les zones basses s'oppose désormais dans les hauteurs un paysage bocager et luxuriant où les cases se dissimulent derrière la diversité des espèces cultivées. L'appropriation des terres paysannes, longtemps conçue comme résultant d'une occupation sans titre, s'établit généralement de manière légale à la faveur de la ruine des anciennes plantations isolées et de la vente de reliquats de terre des grands domaines. À la Martinique, le développement de cette paysannerie n'a que peu retenu l'attention, au point que soit postulée l'inexistence même du phénomène, alors qu'il s'est agi d'une rupture majeure consécutive à l'abolition et montrant de surcroît l'importance de la légalité des acquisitions foncières dans la formation des territoires paysans. Il est possible d'estimer dans cette île que l'accession à la propriété a concerné environ 65 % de la population rurale de l'époque post-abolitionniste, au moins dans la moitié nord de l'île, alors que les acquisitions légales de petits biens-fonds faites à cette période représenteraient 80 % du domaine actuel de la petite propriété (Chivallon, 1998, p. 91-92).

Pour bien comprendre cette vision réticente à toute idée de transformation sociale, il faut s'en remettre paradoxalement à la puissance contraignante de l'autorité des planteurs. Car le développement de cette paysannerie menace l'équilibre des plantations en détournant la main-d'œuvre et en créant une économie concurrentielle sur le plan foncier dont la vocation n'est plus celle des cultures d'exportation. D'où le déploiement d'un arsenal de mesures (impôts, obligation de justifier d'un travail, taxes sur le vivrier...) et de pratiques moins formelles (comme le gel foncier) pour tenter de prolétariser cette masse paysanne et d'en freiner l'ampleur croissante. Pour répondre à ces contraintes, les paysans ont adopté ce qu'il a semblé opportun d'appeler une « stratégie du compromis » (Chivallon, 1998). Ne travaillant que partiellement contre salaire sur les plantations, ils ont ainsi pu réserver une part de leur temps au maintien d'un secteur d'économie domestique. Les plus dotés en terre ont répondu à la pression des plantations en intégrant les cultures de rente dans leur système d'exploitation. Cette situation a donné naissance au type du paysan « pluri-actif », caractéristique de la Caraïbe, et à un système agraire mû, à tous les niveaux, par une « interdépendance fonctionnelle » s'imposant autant aux petites propriétés paysannes qu'aux grandes plantations. Mais plutôt que de retenir l'engagement du paysan dans le développement d'un secteur malgré tout différent, voire autonome vis-à-vis de la plantation, la recherche universitaire, surtout de langue française, s'est polarisée sur la part maintenue sous le contrôle des planteurs, donnant crédit à une interprétation en termes d'immobilisme de l'histoire. Or il s'agit bien de voir là encore se constituer un domaine fort de résistance, travaillant les failles du système colonial et créant un espace de possibilités pour l'épanouissement d'un univers culturel qui n'est plus celui du colon et qui est la continuation de la trame construite dans l'univers esclavagiste.

Certes, cette paysannerie sera en proie à d'énormes difficultés quand les systèmes de plantation s'effondreront. Pénurie foncière, pression démographique, absence de débouchés, réduction de la possibilité salariale, importation de nouveaux modèles de consommation... autant de facteurs qui imposeront la migration urbaine et, au-delà, celle vers l'Europe et l'Amérique du Nord. Dans tous les cas, cette paysannerie aura cependant constitué une alternative primordiale et antagoniste aux logiques de la plantation, montrant que l'évolution historique de ces sociétés, avec cette articulation sociale spécifique entre deux systèmes de production incarnés par les petites et grandes propriétés, est le résultat d'une participation effective de tous les acteurs au jeu social, y compris et surtout ceux dont on a pu penser qu'ils en avaient été définitivement évincés.

• L'espoir déçu aux États-Unis et la terrible continuité historique

Aux États-Unis, l'abolition ne donne pas lieu à un phénomène équivalent. La période de la Reconstruction aurait pourtant dû aller dans ce sens. Présentée comme une « tentative remarquable de transformation sociale », elle est vue par les historiens comme le contexte politique qui aurait été le plus favorable à une réelle émancipation des Noirs (Kolchin, 1998, p. 227). Dans sa phase radicale, marquée par l'influence du Congrès, la Reconstruction fait notamment voter les lois de 1867 obligeant les États du Sud à ratifier le 14e amendement de la Constitution qui garantit la pleine citoyenneté de tous. Au cours de cette période est créé, en 1865, le « Bureau des réfugiés, des affranchis et des terres abandonnées ». L'espoir naît pour les nouveaux libres qui y voient un moyen de concrétiser la proposition que Thaddeus Stevens, défenseur des affranchis, aurait voulu faire adopter par le Congrès, à savoir doter chaque ancien esclave de « 40 arpents de terre et d'une mule ». Déjà, en 1865, le général Sherman avait fait redistribuer des milliers d'hectares abandonnés à environ 40 000 bénéficiaires dans les îles côtières, en Caroline du Sud et en Géorgie. Mais le président Johnson, succédant à Lincoln, fait machine arrière et, contre l'avis du Bureau des affranchis, donne raison aux anciens propriétaires pour qu'ils récupèrent leurs terres.

Annonce d'une réforme agraire qui ne se produira pas ? Le résultat est là : le Bureau des affranchis, doté de moyens insuffisants, n'a qu'une existence brève de sept années durant lesquelles l'action en matière foncière n'a rien de remarquable. Le Congrès est bien parvenu à faire voter le « Southern Homestead Act » qui prévoit l'installation d'agriculteurs sur le domaine public de certains États du Sud. Les résultats obtenus sont pourtant minces : à peine 4 000 Noirs entre 1866 et 1869 d'après Peter Kolchin (1998, p. 226). De ce fait, le mouvement d'accession à la terre, qui parvient néanmoins à s'établir, résulte bien plus d'achats privés que d'une action publique programmée.

À l'échelle des États-Unis, ce mouvement reste cependant d'une ampleur bien plus modeste que dans la Caraïbe. Il est certes notable dans certaines régions des bas pays de Caroline du Sud et dans les îles côtières. L'historien Éric Foner (1983, p. 108) en a tenté un bilan qui conduit en certains endroits à estimer une proportion d'exploitations de l'ordre de 82 %, cultivées en faire-valoir direct par leurs propriétaires « dont la vaste majorité est noire ». D'après Foner, les régions de Caroline du Sud où s'étendait le « royaume du riz » (*ibid.*, p. 77) ont cependant présenté des conditions uniques, non égalées ailleurs, pour permettre l'essor de l'accession à la propriété. Il y a d'abord la spécificité de cette région où les Noirs peuvent former une majorité de l'ordre de 83 % dans certains districts, spécificité qui se double de la vitalité des cultures africaines parvenues à se maintenir en raison des arrivées intensifiées des Africains avant l'abolition de la traite (*ibid.*, p. 78). Dans les îles côtières, les communautés Gullah, avec leur dialecte spécifique redevable aux langues d'Afrique de l'Ouest, témoignent de cette vitalité, elle-même renforcée par l'absentéisme des planteurs blancs, puis par leur départ et l'abandon de leurs terres au moment de la guerre civile. La Reconstruction va ensuite permettre « une combinaison unique de circonstances » qui tient à « la politique fédérale initiale, à l'effondrement de la production de riz, à la période prolongée de pouvoir politique local détenu par les Noirs, et à la cohésion et au militantisme de la communauté noire » (*ibid.*, p. 108). Cette combinaison explique un essor plus favorable qu'ailleurs de la petite propriété noire.

Ce bilan qui incite à voir des similitudes avec la Caraïbe doit malheureusement être nuancé. Les modes de faire-valoir, y compris dans ces régions de Caroline du Sud, restent très divers et « défient la généralisation » (*ibid.*, p. 90), tant se combinent les formes de salariat, de métayage et d'exploitation directe. Mais, surtout, le mouvement apparaît bel et bien se produire en marge d'une tendance plus lourde qui amène Éric Foner (*ibid.*, p. 72) à dresser ce diagnostic bien pessimiste : « L'ajustement à l'émancipation apparaît comme une saga de la persistance plutôt que du changement, de la stagnation plutôt que du progrès, de la résistance d'une vieille classe dirigeante plutôt que du triomphe d'un nouvel ordre. »

Le mouvement d'accession à la propriété qui aurait dû potentiellement concerner les 4 millions d'esclaves libérés se solde donc par des résultats dont Franklin et Moss (1988, p. 252) parviennent à fournir un aperçu : en 1900, dans le Sud, où les Noirs constituaient environ 50 % de la population, ces derniers possédaient 158 479 fermes, tandis que les Blancs en possédaient 1 078 635. Aucune ambiguïté ne subsiste à la lecture de telles estimations qui contrastent même avec les statistiques les plus défavorables à la comptabilité de la paysannerie aux Antilles et à la Martinique en particulier (recensement agricole de 1935) où 87 % du total des propriétés étaient attribuables à la petite exploitation paysanne noire de moins de 10 hectares. Gardons cependant à l'esprit que la structure foncière martiniquaise est « bipolaire », ce qui signifie que cette majorité de paysans ne possédaient que 15 % de la superficie. Aux États-Unis, l'accession à la propriété des Noirs a généralement été contrebalancée par une solution plus avantageuse pour les Blancs et qui fait la spécificité de la situation agraire au sud des États-Unis après l'abolition, à savoir le métayage, ce dernier se présentant pour les Noirs comme un substitut de la petite propriété indépendante.

Revitalisé au cours des années 1890-1900 à la faveur de la baisse des prix sur le marché foncier, le phénomène américain d'accès à la propriété pour les anciens esclaves inclut également les résultats d'une migration vers l'ouest qu'il convient de signaler. Confortée par le retour au pouvoir des anciens confédérés, cette migration se dirige en particulier vers l'État du Kansas où des rumeurs de terres abondantes attirent les Noirs du Sud. Ce « *Kansas exodus* » voit, en 1879, le départ d'environ 40 000 Noirs encouragés par deux leaders, Henry Adams et Benjamin « Pap » Singleton. L'accueil n'est pourtant pas à la hauteur des aspirations. Certains sont chassés par la population locale, comme à Lincoln dans le Nebraska. D'autres sont aidés par les habitants pour parvenir à s'établir. Des petites villes noires sont créées, des *all-black towns*, à l'image du premier village noir de la période de la Reconstruction, Nicodemus, fondé en 1877 dans le Kansas. C'est aussi le cas de la ville de Langston, dans le nouvel État de l'Oklahoma, qui, en 1897, compte une population de 2 000 personnes et se dote même d'une université.

Ces initiatives, par leur côté emblématique, vont nourrir la revendication de la formation d'un État noir séparé. De l'avis de Franklin et Moss (1988, p. 253), les tentatives vers une plus grande autonomie d'existence liées à cet exode vers le Kansas restent cependant des « échecs pitoyables ».

Aussi spectaculaires qu'ils puissent paraître au premier abord, ces établissements ne forment dans tous les cas qu'une tendance marginale par rapport à un mouvement général et plus profond qui autorise à analyser l'histoire des Noirs des États-Unis véritablement en termes de continuité par rapport aux ruptures enregistrées dans la Caraïbe. La raison tient à ce déséquilibre démographique qui vulnérabilise la population noire en permettant de la traiter comme une minorité dominée par le pouvoir blanc. Ce pouvoir s'exerce d'une façon extrêmement coercitive dès les lendemains de l'abolition avec le vote des « Codes noirs » par la législature des États du Sud et dont il est dit qu'ils différaient à peine des « Codes des esclaves » (Bacharan, 1994). Supprimés dans leurs dispositions les plus tyranniques pendant la Reconstruction, ces codes montrent cependant la présence toujours effective des anciens confédérés dans la destinée des États du Sud. La plupart des élites de l'aristocratie foncière des ex-États sécessionnistes (les « Bourbons ») avaient d'ailleurs été amnistiées par Lincoln. Leur influence despotique ne va pas tarder à s'exprimer au travers des sociétés secrètes, dont le tristement célèbre Ku Klux Klan, qui inaugurent dès 1867 l'ère barbare des lynchages : plus de 100 victimes par an de 1882 à 1901.

Porteuse de tous les espoirs, la période de la Reconstruction qui avait permis l'accès aux droits civiques s'achève définitivement à peine une décennie après ses débuts et de façon dérisoire quand les enjeux politiques pour la présidence des États-Unis, en 1877, sont l'occasion d'un marché. Pour gagner les voix précieuses des grands électeurs du Sud – que sont les « Bourbons » ayant fini par reprendre le pouvoir –, les Républicains promettent le retrait des troupes fédérales des États du Sud. C'est la porte ouverte au retour à une idéologie raciste virulente. Elle se met en place peu à peu au travers de lois prônant la séparation des races. Connu sous le nom de « lois de Jim Crow » (Jim Crow étant une désignation péjorative du Noir), ce processus législatif installe la ségrégation complète dans la plupart des États ex-confédérés, où les Noirs doivent être séparés des Blancs dans tous les espaces publics. Le mariage entre races est interdit, les relations sexuelles interraciales soumises à des peines. L'institutionnalisation de la ségrégation est acquise quand la Cour suprême, garante de la Constitution, au lieu de faire respecter l'égalité des droits sans distinction raciale (14e et 15e amendements), entérine le dispositif au cours de déclarations successives. Celles-ci affirment d'abord l'existence de deux citoyennetés, l'une fédérale et l'autre propre à chaque État (1873), laissant ainsi une grande marge de manœuvre aux États pour fixer les termes des droits civiques. Elles déclarent ensuite l'interdiction de discrimination raciale comme ne relevant pas des compétences du gouvernement fédéral quand elle est pratiquée individuellement

(1883). Autrement dit, il n'existe plus aucune protection contre le terrorisme des individus agissant dans des groupes « privés » comme le Ku Klux Klan. C'est aux États à faire la loi en ce domaine. Enfin, l'arrêt « Plessis contre Ferguson » de 1896 apporte son soutien aux principes du « séparé mais égal » du moment que les Noirs bénéficient de commodités comparables à celles des Blancs.

La suite est connue. Elle voit se construire l'exclusion radicale des Noirs de l'espace public américain. Les droits civiques sont peu à peu grignotés dans les États du Sud. Dans le Mississippi, il faut savoir lire et écrire pour pouvoir voter. En Louisiane, ne peut voter que celui dont le grand-père était électeur avant 1867 ! Les Noirs sont immanquablement maintenus dans une condition inférieure. Il faut se reporter à la description de la situation des Noirs aux États-Unis qu'a laissée Élisée Reclus (1908, p. 105-109) – description admirable pour le courage et la clairvoyance d'un argumentaire sans compromis ni concession – pour prendre la mesure de la violence subie par les peuples noirs aux Amériques. La « grande migration » vers les centres industriels du Nord au cours des années 1910-1920 répond à ce harcèlement socio-racial. Elle amorce un mouvement continu rythmé par les périodes de la croissance américaine et qui se dirige vers l'ouest après la Seconde Guerre mondiale (Los Angeles, Seattle, San Francisco…). Certaines grandes villes finissent par avoir une population composée pour plus de la moitié par des Noirs – 1990 : Washington, 66 % ; Baltimore, 59 % ; Detroit, 76 % (Fohlen, 1999, p. 54).

Bien que n'existant pas légalement dans le Nord dans la première moitié du XXe siècle, la ségrégation s'y développe de fait. Les ghettos des grandes villes américaines se forment : New York, Chicago, Detroit, Philadelphie. L'« *american apartheid* » se construit patiemment en « s'appuyant sur le tenace préjugé racial des Blancs » qui aboutit à la création sur le plan résidentiel « d'un marché racialement segmenté » (Massey et Denton, 1993, p. 37 et 49). La victoire quant aux droits civiques établie à partir du « Civil Rights Act » de 1964 restaure enfin le principe d'égalité pour tous et interdit toute forme de discrimination. Conquise grâce à la mobilisation sans précédent des Noirs, d'où émerge la figure célèbre de Martin Luther King, cette victoire laisse pourtant entière la question des ghettos. Il est possible, encore aujourd'hui, de décrire ces derniers comme un lieu de « relégation » dont « l'opérateur originel et principal » est « la couleur de peau » et « où la ségrégation des Noirs est si intense et totale, touchant toutes les dimensions possibles de la répartition spatiale et des contacts entre les races, que des démographes ont dû créer le terme d'hyperségrégation pour la distinguer de celle des autres groupes » (Wacquant, 1992). Héritage de l'esclavage ? Dans un IIIe millénaire naissant sont répercutés en droite ligne les plus archaïques vestiges d'une modernité jamais achevée. C'est ce qui fait sans doute la spécificité de la diaspora noire : cette expérience continue de l'oppression par l'Autre au-delà de l'événement traumatique.

CHAPITRE III

La deuxième strate de la diaspora

Migrations contemporaines et réactualisation de rapports anciens

Les perspectives économiques de plus en plus maigres pour les masses rurales et urbaines de la Caraïbe expliquent pour une large part la migration qui s'accomplit vers les pays du Nord au cours de la deuxième moitié du XXe siècle. États-Unis, Canada, France, Royaume-Uni constituent les destinations principales de ces mouvements de population contemporains. Ces migrations forment la deuxième strate de la diaspora et non pas la diaspora elle-même. Le terme de « diaspora caribéenne », comme nous l'avions vu en introduction, recouvre en fait des réalités assez distinctes selon les auteurs qui recourent à une telle désignation. Chez Stuart Hall (1994), il s'agit encore du peuplement depuis l'Afrique dans le Nouveau Monde et dans les Antilles en particulier. En revanche, chez Robin Cohen (1997) – qui s'essaye pourtant, comme nous le verrons mieux plus loin, à trouver les prolongements empiriques du modèle de Hall –, il est essentiellement question de la dispersion contemporaine depuis les territoires d'origine que seraient les Antilles. L'auteur ne cache cependant pas son embarras à considérer cette diaspora « caribéenne » depuis une origine qui paraît en définitive assez contestable, puisque formant le point d'arrivée d'une migration (d'une dispersion) plus ancienne depuis l'Afrique. On peut dès lors se demander pourquoi un spécialiste tel que Robin Cohen ne s'en est pas tenu strictement à cette superposition d'expériences migratoires depuis le transbordement occasionné par la traite transatlantique. La perspective adoptée ici consiste non pas à ne retenir que les déplacements les plus récents, mais à considérer ces différents épisodes migratoires comme appartenant à l'ensemble du phénomène de dispersion des populations noires des Amériques depuis son origine incluant le « passage du milieu ».

Une migration ancienne devenue massive au XXe siècle

L'expérience migratoire depuis les territoires insulaires de la Caraïbe ne débute pas avec les récents mouvements de la seconde moitié du XXe siècle. Comme l'affirme Mary Chamberlain (1998, p. 4-5), elle est partie intégrante de la « culture antillaise », déjà présente à son commencement, et poursuivie tout au long des cinq siècles qui la séparent des débuts de la traite transatlantique, au point d'envisager cette culture comme déjà « globale », ne cessant « d'adapter, d'incorporer et de transformer le local avec le global ». Nous l'avions vu plus haut, le trafic esclavagiste occasionne des transferts entre les îles, motivés notamment par l'arrêt de la traite. Après les abolitions, les besoins en main-d'œuvre suscitent d'autres flux plus ou moins réguliers, tels ceux assez remarquables qui s'effectuent entre 1838 et 1920 vers Trinidad et la Guyane britannique où les terres disponibles réclament des travailleurs agricoles venus d'Antigua, de Saint-Kits, de Montserrat puis de la Barbade. La construction du canal de Panama constitue également un autre des points forts de cette histoire migratoire dans la Caraïbe. À partir de 1904, quand les Américains en prennent la direction, le chantier provoque pendant une dizaine d'années la venue de milliers d'Antillais : 90 000 depuis la Jamaïque, 20 000 depuis la Barbade, 5 500 depuis la Martinique. La plupart d'entre eux retourneront dans les îles d'origine, confirmant par là l'existence d'un profil migratoire multiforme, saisonnier, temporaire ou définitif, exprimé à bien d'autres reprises (exploitation de l'or en Guyane ou du pétrole au Venezuela). Cette aptitude à la mobilité resurgit aussi au travers des mouvements inter-îles déclenchés au rythme des récoltes agricoles, celle de la canne en particulier. Cuba accueille ainsi au cours des années 1910-1920 des milliers de travailleurs saisonniers venus d'Haïti, de la Jamaïque et de Porto Rico, effectuant ce qui fut baptisé « la migration des hirondelles » (Domenach et Picouet, 1992, p. 25).

Ancienne donc, l'expérience migratoire devient massive au cours du XXe siècle quand elle participe à la formation d'une véritable deuxième strate de la diaspora. La venue des Antillais en France autorise à parler d'une « troisième île » (Anselin, 1990), tant l'effectif des migrants équivaut aujourd'hui au peuplement de l'un ou de l'autre des départements antillais, Guadeloupe ou Martinique. Cet effectif est néanmoins difficile à connaître avec exactitude au travers des outils de recensement français du fait de l'absence de distinction entre le statut de migrant et celui de la population d'accueil. L'éloignement générationnel par rapport à la catégorie « né aux Antilles » qui permettait jusqu'alors de repérer les migrants compromet également une approche sérieuse. Et si l'on estime en 1990 à 330 168 individus la population originaire des Antilles en France, cet effectif est assurément bien en deçà de la réalité puisqu'il ne prend pas en compte les nouveaux foyers fondés par ceux nés en France. Dans tous les cas, il ne fait aucun doute qu'au moins un Martiniquais ou un Guadeloupéen sur trois résidait en France en 1990 (Picouet et Domenach, 1992, p. 184-89).

La migration jamaïcaine produit des effets aussi spectaculaires. Le nombre de ceux répartis à travers les pays du Nord équivaudrait aujourd'hui à l'effectif de la population insulaire, 2 millions d'habitants environ. Elle a un caractère bien plus dispersé que pour les originaires des Antilles françaises. Les destinations principales sont les États-Unis, le Canada et le Royaume-Uni. Difficile à estimer avec justesse, la répartition des migrants jamaïcains laisse penser que le plus gros effectif se trouve aux États-Unis (Grosfoguel, 1997), avec une communauté d'au moins 650 000 individus, suivi de celui présent au Royaume-Uni (325 000). Mais ces chiffres ne représentent que des valeurs minimales au regard de l'obstacle que constitue l'évaluation précise des descendances, voire aussi des situations illégales.

Les Jamaïcains dominent largement la présence antillaise au Royaume-Uni et dans le Canada anglophone (dans l'Ontario). Les Haïtiens sont aussi nombreux qu'eux aux États-Unis (autour de 650 000) et forment le groupe majoritaire originaire des Antilles dans le Canada francophone (Richmond, 1987). À cette migration dite « afro-caribéenne » s'ajoute celle dénommée « hispanique », en provenance de Cuba et de Porto Rico. C'est aux États-Unis qu'elle est le plus considérable. Les Cubains y sont plus d'un million, fort présents à Miami où près de la moitié de la ville est peuplée par eux, formant une « *cuban-american world city* » (Foner, 1998, p. 57). Les Portoricains sont 2 millions aux États-Unis, dont un tiers à New York, mais leur installation, qui rencontre les mêmes procédures de ghettoïsation que pour les autres minorités, reste cependant distincte de celle des Afro-Caribéens, ce que traduit le fameux quartier Spanish Harlem ou El Barrio à New York (Grosfoguel, 1997 ; Allen et Turner, 1988). Ces établissements remarquables dans les pays du Nord répercutent la suprématie démographique des Grandes Antilles (Haïti, Cuba, Porto Rico et Jamaïque). Celle-ci ne doit cependant pas faire oublier les migrations depuis le chapelet d'îles des Petites Antilles. Les migrants de la Barbade, de Sainte-Lucie, de Trinidad, de Saint-Kits, d'Antigua, de Saint-Vincent... contribuent aussi à ce phénomène de deuxième dispersion. Toutes origines insulaires confondues, on parvient ainsi en 1991 à un total de l'ordre de 500 000 Antillais au Royaume-Uni, la seconde « minorité ethnique » (17 %) après les originaires de l'Asie (Indiens, Pakistanais, Bangladeshi : 49 %) – Modood *et alii*, 1997, p. 13. Au Canada, cette même population était estimée à 211 000 individus en 1981 (Richmond, 1987). Enfin, pour tenter d'être complet sur ce panorama, il faut mentionner les mouvements depuis les trois Guyanes continentales, en particulier vers les anciennes métropoles coloniales (France, Angleterre et Pays-Bas). Les Surinamiens sont actuellement plus de 200 000 aux Pays-Bas où ils forment la minorité ethnique la plus importante (Lutz, 1998, p. 97).

Des situations migratoires contrastées

L'installation des originaires des Antilles en Europe et en Amérique du Nord s'accomplit par vagues successives régulées par les législations en cours dans les pays d'accueil. La migration depuis les Antilles anglophones (majoritairement jamaïcaine) épouse parfaitement les dispositifs migratoires américain et britannique. Elle débute très tôt au début du XXe siècle vers les États-Unis pour culminer autour de 12 000 entrées par an au début des années 1920. Ralentie par les restrictions de 1924, puis quasi stoppée par le « McCarran-Walter Act » de 1952 qui fournit un quota de 800 entrées par an pour les possessions coloniales britanniques, elle s'oriente alors vers le Royaume-Uni où elle atteint son pic l'année 1961 avec 66 000 entrées. On est à la veille des mesures prises par le gouvernement britannique : le « Commonwealth Immigration Act » de 1962 soumet désormais l'entrée des « sujets de la Couronne britannique » à de sévères conditions, jouant sur la distinction entre *British subject* (citoyen « non national ») et *British citizen* (citoyen « national »), le premier n'ayant pas les mêmes droits d'entrer sur le sol britannique que le second, même si l'un et l'autre bénéficient des mêmes droits civiques une fois entrés sur ce même sol. La suppression aux États-Unis du système de quotas par pays à partir de 1965 (« Hart-Cellar Immigration Act ») réoriente à nouveau la migration vers l'Amérique pour former une vague continue. Au début des années 1980, on estimait à 50 000 le nombre d'Antillais anglophones entrant annuellement aux États-Unis, la moitié d'entre eux s'installant à New York (Kasinitz, 1992, p. 27). Pour les seuls Jamaïcains, il s'agirait d'un effectif de l'ordre de 400 000 entrées entre 1966 et 1992 (Foner, 1998, p. 53).

En France, la migration antillaise a été organisée par l'État au travers d'un outil spécifique, le BUMIDOM (Bureau pour les migrations intéressant les départements d'Outre-mer). Créé en 1963, ce bureau a pour mission de sélectionner les candidats à la migration, de les former et les placer professionnellement ou encore de faciliter leur installation (Condon et Ogden, 1991). Véritable outil institutionnel de régulation de la migration, ce bureau émane de la volonté politique qui accompagne le processus de départementalisation aux Antilles. Le « développement » des îles se doit d'en passer par l'absorption de son formidable excédent démographique, d'autant qu'une insuffisance de main-d'œuvre en France peut le résorber. Obsolète, le BUMIDOM est supprimé en 1982, laissant place à un dispositif bien moins systématique dans ses intentions avec la création de l'ANT (Agence nationale pour l'insertion et la promotion des travailleurs d'outre-mer). Ce changement institutionnel traduit les conditions nouvelles du marché de l'emploi, mais aussi l'émergence de la question antillaise au regard de son traitement dans l'espace français avec une volonté d'« insertion » de ceux qui ont déjà migré. Une question où accès à l'égalité et reconnaissance des différences ont du mal à composer au sein d'un dispositif républicain (Domenach et Picouet, 1992, p. 98).

Aux États-Unis, la succession de deux vagues migratoires séparées par une période de ralentissement a donné lieu à deux profils de migrants bien distincts au regard des stratégies communautaires développées (Kasinitz, 1992). Le premier, au début du XXe siècle, tend plus à affirmer dans l'espace public une « identité noire ». Installés dans les ghettos où vivent les Noirs natifs, les migrants se montrent solidaires de la question noire au point que l'activisme politique de cette période repose pour une grande part sur l'influence de nombreux Antillais. C'est à New York, ville par excellence de la migration antillaise, que se produit cette convergence dans le contexte de la « Harlem Renaissance » où le Jamaïcain Marcus Garvey va développer au cours des années 1920 l'un des plus grands mouvements politiques noirs : l'UNIA (Universal Negro Improvement Association). L'historien Winston James (1998) a montré combien d'autres activistes politiques antillais (Harrison, McKay, Briggs…) ont contribué à la radicalisation grandissante de la revendication noire aux États-Unis. Certes, la fusion est loin d'être totale entre les deux groupes, comme le montre Watkins-Owens (1996) dans son étude consacrée aux relations entre les migrants antillais et les Noirs américains à Harlem entre 1900 et 1930. Des dissensions sévères opposent même les deux communautés, notamment en raison du relatif succès économique des Antillais. Le radicalisme de Garvey fait également naître des réactions promptes à jouer des arguments « nationaux » de la part des Noirs natifs contre « le migrant » ou « l'étranger ». L'expérience antillaise confrontée à une forme nouvelle de racisme – celle de la ségrégation, des lynchages, de la situation minoritaire – met cependant en marche une conscience politique vive et agissante, surprenant même les Noirs américains. Les relations entre les deux communautés sont donc « ambivalentes », faites d'une certaine rivalité que provoque la réussite des uns par rapport aux autres et de solidarité issue de la confrontation commune au racisme, les Antillais formant dès lors « une part intégrale de l'identité de la communauté de Harlem en tant que communauté raciale » (*ibid.*, p. 172). Le deuxième profil qui émerge à la fin des années 1960 montre un souci bien plus prononcé de conserver une identité antillaise dans l'espace public au travers, notamment, d'un développement associatif assez remarquable. La localisation de la deuxième grande vague de migrants a d'ailleurs changé. À New York, elle se déplace depuis Harlem jusqu'à Brooklyn, formant dans la zone de Crow Heights et Flatbush un quartier véritablement antillais. Autant l'évolution des droits civiques américains que l'indépendance acquise dans les îles peuvent expliquer ce changement de vues entre les générations, marqué par une différenciation plus nette entre les communautés noires.

Aussi paradoxal que cela puisse paraître, le phénomène de ghettoïsation de la minorité noire, déjà en place au moment de l'arrivée des migrants antillais aux États-Unis, vient expliquer le relatif succès de l'insertion économique de ces derniers. La première génération d'Antillais s'affirme en effet comme celle du

« génie des affaires ». Elle est surreprésentée dans les professions du commerce indépendant par rapport aux Noirs natifs. Le financement des affaires s'opère par le biais de systèmes originaux basés sur une épargne collective informelle dont les fonds sont attribués alternativement aux souscripteurs. D'où la naissance du mythe du *black Jew* (« Juif Noir ») accolé aux Antillais, et aux Jamaïcains en particulier, développant dans Harlem un esprit d'entreprise qui pose les bases d'une réputation de minorité ethnique dynamique au sein de la société américaine qui se prolongera par la suite. Cette génération, il est vrai, a un profil bien particulier qui tient à son origine sociale et à son niveau d'éducation qui l'a fait être dans une position plus avantageuse que les Noirs venus des États du Sud au cours de la « grande migration ». Pour la seconde génération de migrants antillais venus après le « Hart-Cellar Immigration Act », l'origine sociale se diversifie, avec l'importance accrue d'une main-d'œuvre non qualifiée, même si la présence de migrants issus de couches intermédiaires ayant un bon niveau scolaire se fait toujours très nette (Ueda, 1994). Cette génération, si elle diffère de la première, se montre elle aussi très active avec une intégration assez remarquable dans le secteur des services par rapport à ses homologues noirs américains. L'estimation de cette situation de réussite économique chez les Antillais aux États-Unis passe, on le voit, par une comparaison avec la situation des Noirs natifs, dont elle n'est d'ailleurs pas aussi éloignée. Bien que sensiblement plus bas que chez les Noirs américains, le taux de chômage des Antillais à New York restait par exemple supérieur à celui des Blancs en 1980 (11 % chez les Noirs natifs, 10 % chez les Jamaïcains, 7 % chez les Blancs). À la même date, en revanche, le taux d'emploi dans le secteur des services était de 33 % chez les Jamaïcains contre 13 % chez les Noirs américains (Kasinitz, 1992, p. 100-101).

Cet avantage pour les Antillais installés aux États-Unis s'enregistre aussi par rapport à ceux ayant migré en Angleterre, à Londres. Il n'est que de déambuler dans les deux quartiers emblématiques de la présence antillaise dans ces deux pays – Brixton à Londres et Brooklyn à New York – pour saisir immédiatement ce qui les distingue. L'appropriation des espaces résidentiels est nette à Flatbush (Brooklyn), dont l'habitat fait de petites maisons particulières à l'aspect souvent coquet assigne déjà un attribut harmonieux au quartier. La participation communautaire s'affirme sans ambiguïté au travers du balisage de l'espace public des artères centrales. Commerces, effervescence de la rue, musique, profusion des églises… autant de signes attestant de la vivacité d'une présence collective qui tient à se dire. Ces signes sont bien moins probants à Brixton (Londres) où se dégage plutôt une impression de malaise manifestée notamment par l'apposition de grilles et de barbelés à certaines devantures de commerce. Ici, la stigmatisation du quartier en tant qu'enclave urbaine dangereuse et violente ne tarde pas à prendre le dessus sur les autres formes de codification de l'espace.

D'après l'excellente analyse de Nancy Foner (1979 et 1998, p. 50-51), il s'agit de voir là les conséquences induites par deux contextes d'intégration apparemment assez proches, mais dont une différence semble pourtant se révéler fondamentale : celle relative à l'existence d'une minorité noire aux États-Unis précédant la migration. En Angleterre, au contraire, ce sont les vagues de migration des années 1950-1960 qui vont occasionner la création des *ethnic minorities*, phénomène quasi inexistant jusqu'alors, même si la présence de communautés noires jalonne l'histoire des grandes villes portuaires britanniques (Shyllon, 1982). Rendus sur-visibles dans la société britannique en tant que groupe noir et potentiellement menaçant pour l'équilibre social, les Antillais ont subi de plein fouet les manifestations d'un racisme nourri du clivage brutal entre Noirs et Blancs. Le racisme est certainement loin d'être absent de l'expérience sociale que transportent avec eux les migrants antillais. On se souviendra cependant qu'aux Antilles, il ne s'est jamais totalement articulé autour d'une dualité nette entre l'univers blanc et noir, puisant plutôt dans l'existence d'une hiérarchie socio-raciale graduelle. En outre, les Antillais n'ont jamais été une minorité « raciale » dans les sociétés de départ. L'arrivée au Royaume-Uni procède donc d'un véritable choc annulant les possibilités du petit miracle économique des compatriotes installés aux États-Unis, à New York. Dans le cas américain, la construction raciale est déjà inscrite dans les espaces urbains ségrégués. Dans les ghettos américains, le face-à-face désavantageux avec le Blanc a moins de chance de se produire que dans les cités britanniques moins ségréguées. La ville de New York a, de surcroît, une longue tradition de diversité ethnique. Les Antillais en deviennent du même coup moins visibles, presque ignorés. Face à la situation des Noirs natifs, il se crée une sorte d'émulation. Solidaires avec eux dans la discrimination qu'ils subissent et prêts à la mobilisation, les Antillais se différencient néanmoins de leurs homologues noirs américains au regard de l'énergie qu'ils puisent dans leur situation d'« outsider », étrangère en définitive à la constitution du problème racial américain, position qu'ils orientent vers la démonstration de leur capacité à entreprendre.

Ce paradoxe qui fait que l'existence déjà ancienne de la racialisation duale des rapports sociaux favorise une meilleure insertion des Antillais aux États-Unis n'est pas le seul facteur qui expliquerait, selon Nancy Foner (1998), la réussite antillaise à New York. Il faut aussi tenir compte de la distance plus réduite – et donc moins coûteuse à parcourir – qui sépare les îles de la grande métropole américaine et qui permet des échanges plus fréquents dans le cas des migrants en Amérique que pour ceux partis vers le Royaume-Uni et dont l'isolement paraît plus important. Autre facteur : le niveau de formation plus élevé des Antillais installés à New York par comparaison à ceux de Londres (*ibid.*, p. 53). Même si le niveau de qualification des Antillais a baissé au cours des périodes de migration récentes vers les États-Unis, les dispositions de l'« Immigration Act » de 1965 sont venues freiner l'arrivée d'une population pauvre et non qualifiée (Grosfoguel, 1997).

D'autres perspectives comparatives entre communautés antillaises migrantes ont permis d'affirmer des écarts différentiels assez importants, liés au contexte d'accueil (Grosfoguel, 1997). Les Antillais en France passent pour connaître l'insertion économique la plus réussie. Le taux de chômage est équivalent en 1990 à celui de la population française. L'intégration dans le secteur public est assez remarquable puisque 55 % de la population active d'origine martiniquaise en France travaille pour l'État (53 % pour les Guadeloupéens ; 34 % pour la population française totale). Ces emplois publics appartiennent cependant aux catégories les moins qualifiées et les moins rémunérées. Tandis que les Surinamiens au Pays-Bas voient leurs difficultés économiques amorties par l'intervention des dispositifs publics d'assistance, les Portoricains aux États-Unis et les Antillais au Royaume-Uni sont ceux qui ont à affronter des taux de chômage élevés, du simple au double par rapport à la population totale des pays d'accueil. Ils ont aussi à faire face à des mécanismes de ségrégation résidentielle forts dont les conséquences rejaillissent sur de nombreux aspects de la vie sociale (logement, éducation, santé…), le cas des Portoricains à New York indiquant sans doute une détérioration des conditions de vie encore plus profonde que pour les Antillais de Londres.

L'expérience de la ségrégation britannique

S'il se montre moins intense que celui en cours aux États-Unis, le phénomène de ségrégation constitue néanmoins la caractéristique qui prévaut pour qualifier la situation des Antillais au Royaume-Uni. Cette ségrégation se met en place au cours des années précédant la loi de 1962 qui contrôle désormais l'entrée sur le sol britannique pour les sujets originaires de l'ancien empire colonial. Les premiers migrants se heurtent à une grande hostilité. Celle-ci atteint son point culminant au cours des émeutes de rue à Notting Hill à Londres, en 1958, mais aussi dans d'autres villes anglaises, quand des groupes blancs protestent contre la présence des nouveaux arrivants. Ce sont d'ailleurs ces manifestations qui encouragent les Conservateurs à prendre des positions opposées à l'immigration et qui se concrétisent par les mesures de 1962. À Birmingham, en 1968, le Conservateur J. Enoch Powell prononce son fameux discours alarmiste où il brandit la menace de « l'Étranger » à travers la métaphore d'un sol britannique que finiraient par arroser des « rivières de sang » si l'on y tolère trop d'individus de couleur venus des ex-pays coloniaux (Goulbourne, 1998, p . 58). À partir de cette époque, les initiatives en matière de régulation de l'immigration et d'accès à la nationalité ou encore de législation contre le racisme montreront assez bien l'alternance des vues des Conservateurs ou des Travaillistes. Si les deux partis n'ont guère agi différemment sur le plan des contrôles imposés à l'entrée sur le sol national, les Travaillistes ont cependant montré un engagement bien plus net que leurs rivaux politiques en ce qui concerne le dispositif législatif de lutte contre le racisme (*ibid.*, p. 57).

Dans ce climat hostile des première années d'installation et jusqu'aux années 1970, les filières d'accès au logement s'affirment comme ouvertement discriminatoires, l'application de mesures contre la discrimination – renforcée par le « Race Relations Act » de 1976 – ayant contribué par la suite à enrayer le phénomène dans ses aspects les plus manifestes. À cette époque, il n'est pas rare de trouver dans le secteur locatif privé des panonceaux affichant l'impératif « *No Black, no Irish* » parfois complétés par « *No dog* » (« pas de Noir, pas d'Irlandais », « pas de chien »). Des pratiques sélectives sont également à l'œuvre dans l'attribution des logements sociaux et dans l'accès au parc immobilier en général, l'ensemble finissant par créer des zones d'habitat réservées. Durant cette période, les plans de rénovation urbaine contribuent à la répartition ségréguée des groupes avec le délaissement des centres-villes par la population blanche pour une installation dans les ceintures périphériques des grandes villes où se développe le style de vie pavillonnaire (Condon, 1993). Ce sont dans les zones centrales d'habitat souvent délabré que les opportunités d'accès au logement se révèlent les plus grandes pour les nouveaux arrivants. D'où la formation des fameuses *inner cities* – termes désignant à la fois les quartiers urbains intérieurs et les quartiers déshérités – où la concentration des « minorités ethniques » atteint des taux importants. Du point de vue architectural, elles offrent un profil bien particulier, datant de l'époque victorienne avec cet alignement caractéristique de maisons mitoyennes affichant sur des mètres de rue, rectilignes, des façades identiques.

À Londres, où vivent 57 % des originaires de la Caraïbe, c'est plus de la moitié de cette population qui vit dans le seul « Inner London » (Robinson, 1993, p. 56). À la différence des ghettos américains, les quartiers « ethniques » ne sont cependant pas homogènes et mêlent plutôt des groupes d'origines diverses (Peach, 1996). Les minorités y sont rarement majoritaires, mais le plus souvent sur-représentées – entre 30 et 45 % de la population d'un quartier – par rapport à leur poids démographique national (5,5 % de la population britannique). Dans les autres grandes villes d'installation – Birmingham, Manchester, Nottingham... –, le phénomène est comparable, accentué même par le fait que les communautés sont de taille bien plus réduites qu'à Londres et qu'elles ont tendance à être presque exclusivement présentes dans un ou deux quartiers. Dans certaines villes, des *wards* (unité administrative ou quartier) atteignent des pourcentages de concentration (toutes minorités confondues) très élevés, de l'ordre de 90 %, comme à Ealing ou à Leicester (83 %). À Londres, la municipalité (*borough*) de Brent comporte le niveau le plus élevé de population originaire des minorités ethniques, autour de 45 %. C'est là que les Antillais atteignent le pourcentage le plus haut dans la composition d'un *ward*, avec 30 % dans celui de Roundwood. À titre comparatif, il faut signaler le taux le plus élevé atteint par les Bangladeshi, qui forment 61 % de la population du quartier Spitalfields dans le *borough* de Tower Hamlets. La tendance à la concentration dans ce groupe est plus forte que pour les Antillais, ces derniers témoignant par ailleurs d'un mouvement plus enclin à la dispersion en raison notamment de leurs choix en matière résidentielle, favorables aux logements sociaux disséminés dans le tissu urbain. Au sein de ces quartiers de forte présence minoritaire, plus les échelles d'observation sont fines et plus les taux de concentration augmentent. Mais, dans l'ensemble, la majorité des populations originaires des minorités ethniques vivent dans des quartiers où elles ne forment pas, pour l'une ou pour l'autre d'entre elles, une « majorité », contrairement au phénomène du ghetto noir américain (*ibid.*).

Terminons ce panorama sur le phénomène de la ségrégation britannique par l'exemple de la ville de Bristol pour entrevoir combien la séparation résidentielle est indissociable d'un traitement différencié en matière sociale. Dans cette ville, la population antillaise vit pour 60 % d'entre elle dans l'*inner city* où elle représente 13 % de la population totale du quartier. Le taux de chômage, pour 1991, passe du simple (9,9 %) au double (19,4 %) selon qu'il s'agit de la population blanche ou de la population de « couleur » (à savoir la catégorie « *Black* » qui mêlent les Asiatiques, les Antillais, les Africains et « autres Noirs »). Les trois quartiers « ethniques » qui forment l'*inner city* connaissent en toute logique des taux supérieurs à ceux de la ville. Les Antillais de Bristol forment au sein de la cité la communauté la plus touchée par le sous-emploi avec un taux de chômage atteignant 21 % (Marolleau, 1996). La ségrégation spatiale sur fond de discrimination raciale se double ainsi inévitablement d'une profonde inégalité économique. À Londres, des études ont montré que plus le niveau social baisse, plus la localisation résidentielle est ségréguée pour n'importe quel groupe ethnique, ce qui vient confirmer le lien entre *inner cities* et pauvreté (Petsiméris, 1995).

L'appréhension de ces processus de ségrégation a donné lieu à des interprétations qui peuvent parfois surprendre par le caractère divergent qu'elles offrent face à un phénomène relativement aisé à circonscrire. La ségrégation se prête en effet assez facilement à des études quantitatives sophistiquées qui font que l'on pourrait s'attendre à un certain consensus quant à la description atteinte, et pour peu que des données soient disponibles pour mesurer le phénomène. C'est le cas au Royaume-Uni où les recensements se fondent sur la base de l'appartenance à une catégorie raciale ou ethnique (selon le principe de l'autodésignation depuis 1991).

L'usage de telles catégories dans les sciences sociales a soulevé de nombreux débats au cours des deux dernières décennies, aidé en cela par la critique vive dont les courants postmodernes et relativistes se sont fait l'écho (Chivallon, 2001). Pour le Royaume-Uni, A. Bonnet (1999) a parfaitement décrit cette « déconstruction » de la catégorie raciale que les analystes britanniques avaient trop souvent laissée à l'état d'impensé, participant eux-mêmes à une naturalisation de formes socialement instituées. Dans une perspective constructiviste, on reconnaîtra cependant que pour n'être en rien « naturelles », les catégories raciales sont cependant dotées d'une efficacité certaine qu'elles tirent justement de la capacité qu'ont les formes sociales à intégrer des dispositifs de réification qui font passer pour « vrai » ce qui relève de l'invention sociale. L'espace, en particulier l'espace résidentiel, est un de ces vecteurs puissants qui font dire à la trame urbaine elle-même la force des catégories du monde social. C'est ce qui a inspiré à Pierre Bourdieu (1993) cette réflexion selon laquelle l'espace est le lieu où le pouvoir s'exerce dans sa forme la plus subtile, comme violence symbolique inaperçue.

N'allant peut-être pas jusqu'à proposer d'étudier un schème de pensée objectivé dans l'espace, certaines analyses sur la ségrégation au Royaume-Uni montrent au moins combien l'appréhension du phénomène relève du choix des systèmes de références. C'est le cas des études de Petsiméris (1995) et de Peach (1996) qui, utilisant les mêmes indices, parviennent à des conclusions diamétralement opposées. Selon Peach, le ghetto à proprement parler n'existe pas au Royaume-Uni, alors que Petsimeris affirme « une forte polarisation ethnique et sociale » de l'espace intra-urbain britannique. Une telle divergence s'explique par le modèle de référence pris par chacun des deux auteurs : le Chicago des années trente pour Peach, avec une ségrégation quasi totale ; le *social mix* chez Petsiméris, avec une diffusion parfaite. S'il ne peut être question de nier la différence avec les États-Unis, l'affirmation selon laquelle la Grande-Bretagne n'aurait pas de ghetto peut conduire à minimiser les processus par lesquels s'opèrent et l'accès inégal des groupes aux ressources socio-économiques et la légitimation de cet accès. Le diagnostic de Peach est de surcroît basé sur une analyse focalisée sur la localisation résidentielle de chaque groupe ethnique et non pas sur celle de tous les groupes ethniques confondus. Or, le phénomène de ségrégation en Angleterre concerne « un tout » redevable de cette fameuse catégorie « *Black* » qui englobe tous ceux dont la pigmentation de peau n'est pas blanche. Peach (1996, p. 220) n'échappe pas d'ailleurs lui-même au constat qui lui fait dire que « cependant, si toutes les minorités sont prises ensemble, des taux très élevés de concentration peuvent être atteints ». Et pour différente qu'elle soit en degré de celle des États-Unis, avec des indices inférieurs, la ségrégation urbaine britannique ne l'est cependant pas en nature et confirme bien, comme l'avait montré Susan Smith (1989), que l'espace urbain sert à construire et à naturaliser la catégorie raciale en même temps que les inégalités sociales qui en fondent l'existence.

La ségrégation des espaces met aussi en jeu des stratégies intracommunautaires. La désignation pour les migrants d'un secteur de logements quasi obligé, au moins dans les premiers temps, recoupe ou encourage la tendance au regroupement communautaire. Ce double aspect de la concentration résidentielle des minorités ethniques a retenu l'attention au cours des années 1980 et donné lieu à des analyses plus sensibles à l'interaction entre les groupes en présence et formulées notamment autour de l'alternative du « choix/contrainte » (Jackson et Smith, 1981). Pour les Antillais, les quartiers d'installation confirment une tendance à valoriser l'origine insulaire (Peach, 1983). Les migrants originaires de la Jamaïque sont plutôt établis dans les quartiers londoniens au sud de la Tamise (Brixton), ceux de la Barbade au nord (Notting Hill), les Antillais des petites îles Sous-le-Vent (Saint-Kitts, Antigua, Montserrat...) se retrouvent en plus grand nombre dans la ville de Leicester, etc.

L'installation au Royaume-Uni de ces populations originaires de l'ancien empire colonial et dotées du statut de sujet britannique laisse entrevoir un grand paradoxe au sein de la société britannique, sans lequel il ne serait pas possible de comprendre ce mouvement contradictoire qui fait que d'un côté s'accomplissent des pratiques discriminatoires et que de l'autre se déploie un arsenal très vigilant, voire pointilleux, vis-à-vis de ce qui pourrait porter atteinte à l'égalité des chances entre les races. La société britannique se structure historiquement autour de l'idéologie de la séparation raciale. À travers les dispositions juridiques en matière de nationalité se lisent les héritages d'une telle vision sociale. Le « British Nationality Act » de 1981 est redevable d'une telle conception puisque cette loi conforte à peu de choses près une distinction déjà posée en 1971 par l'« Immigration Act » entre des sujets nationaux – ceux d'ascendance britannique – et des sujets non nationaux – ceux issus des pays du Commonwealth. Il faut préciser que, dans la conception britannique, les principes de nationalité et de citoyenneté sont distingués. La citoyenneté s'acquiert dès qu'un sujet entre sur le sol britannique. Tous les sujets de la Couronne britannique (*British subjects*) – donc les ressortissants des pays du Commonwealth – bénéficient d'une telle prérogative. Les lois en matière d'immigration et de nationalité ne remettent pas en cause ce principe de l'exercice des droits citoyens pour tout sujet britannique. En revanche, face à la nouvelle donne que constituent les mouvements de population depuis l'ancien empire colonial vers le Royaume-Uni, elles dressent des barrières protectrices en matière d'entrée sur le sol du pays. D'où la création et le renforcement de ces deux catégories de citoyen : les nationaux (*British citizens*) et les non-nationaux (*British subjects*). Les premiers jouissent d'une liberté de circulation, tandis que les seconds se voient soumis à des règles strictes d'entrée sur le sol britannique. Même si l'accès aux droits civiques demeure par-delà cette distinction, cette dernière laisse néanmoins entrevoir, à travers une sorte de nationalité à deux vitesses, la volonté de confirmer un ordre social par référence à l'origine raciale et insulaire.

Pour la sociologue Catherine Neveu (1993) qui l'a étudiée de façon remarquable, cette conception britannique de l'identité nationale finit elle-même par se situer au-delà de l'instrumentalisation juridique. En rendant le dispositif citoyen accessible à tous, la loi ne se montre-t-elle pas, après tout, tendue vers une conception sociale indifférenciée ? Ce serait ignorer la force des représentations et la manière dont le sentiment national puise en définitive à cette égalité des droits. Car l'identité nationale britannique (la « nationité », comme la désigne C. Neveu) se construit sur la base d'un sentiment d'appartenance qui se place au-dessus de cet accès à la citoyenneté et qui joue même de cette distance pour conforter la vision selon laquelle « être britannique » relève d'une origine sacrée ayant peu à voir avec une participation à la vie citoyenne ordinaire, mais seulement avec un héritage ou avec l'hérédité insulaire.

La contre-tendance à l'affirmation d'un ordre racial et national se trouve sur l'autre versant de la législation touchant les populations immigrées. Les « Race Relations Acts » (lois sur les relations raciales) attribuables au parti travailliste forment un outil assez remarquable de lutte contre le racisme que beaucoup de pays pourraient en définitive envier. Celui de 1976 rend illégale toute action de discrimination basée sur la couleur, la race, la nationalité ou l'origine ethnique. L'esprit général de la loi, comme le souligne Goulbourne (1998, p. 112), est de « promouvoir de bonnes relations interraciales ». La « Commission for Racial Equality » (« Commission pour l'égalité raciale ») a pour mission, sous l'égide du ministère de l'Intérieur, de lutter contre toutes formes de discrimination directes et mêmes indirectes. En 1994, elle avait reçu 1 937 demandes d'assistance pour des affaires concernant en majorité le domaine de l'emploi (*ibid.*, p. 110-111). Elle travaille en partenariat avec les *Race Equality Councils* (« Conseils d'égalité raciale ») qui opèrent à un niveau local en lien avec les membres des minorités ethniques et sur un mode plus volontaire et militant. L'importance de ce dispositif a de quoi surprendre par son caractère omniprésent et systématique dans la vie publique. Pour le regard extérieur, plus familier de l'invisibilité de la catégorie raciale, il évoque parfois comme un garde-fou qui viendrait contrecarrer la tendance à trop user de cette même catégorie, quand bien même il ne participe pas lui aussi à rendre toujours présent à l'esprit ce mode d'appréhension de la réalité sociale. Certains analystes ont d'ailleurs interprété l'esprit contradictoire des législations (renforcement des distinctions entre nationaux et non-nationaux ; lutte contre la discrimination) comme le « prix à payer » quand une tendance l'emporte sur l'autre et se doit d'être compensée (Dummett et Nicol, cités par Goulbourne, 1998, p. 102). C'est là le grand paradoxe de la société britannique qui ne cesse de rendre efficace la catégorie raciale tout en tentant de la neutraliser au travers d'actions qui conduisent néanmoins à toujours reconnaître l'efficacité d'une telle vision/division du monde social.

Face à des conditions qui révèlent le traitement inégalitaire entre sujets britanniques et malgré les dispositifs antidiscriminatoires mis en place, il n'est pas étonnant de voir se produire au sein même des espaces de migration des événements que l'on aurait pu croire confinés à la Caraïbe. Quand les émeutes de Brixton, à Londres, éclatent en 1981, opposant les jeunes Noirs antillais aux forces de police, elles contiennent le ressentiment d'une expérience tenue en échec. Une expérience dont les racines plongent bien au-delà des quelques années qui viennent de s'écouler, dans le rapport fondateur des sociétés du Nouveau Monde et qui continue sous des formes plus inaperçues à structurer les conditions d'installation des Antillais dans les villes du Nord.

L'empressement des autorités de Bristol – ville du sud-ouest de l'Angleterre elle aussi menacée par des violences de rue en 1980 – à répondre à la revendication des minorités antillaises exprimée dans le milieu des années 1990, pour qu'il existe une « mémoire de l'esclavage » dans cette ville ancien port négrier, montre combien l'histoire qui s'est nouée dans une Caraïbe apparemment lointaine retentit aujourd'hui dans les espaces européens (Chivallon, 1999c). À la suite d'une série de programmations festives destinées à célébrer le patrimoine maritime de la ville tout en passant sous silence combien ce patrimoine avait pu être lié à la traite transatlantique, certains collectifs associatifs antillais n'ont pu taire leur amertume. Ils réclament alors de la ville qu'elle commémore son passé en tenant compte de ce qui fut décisif pour son développement, en même temps que déterminant pour la vie des Antillais, à savoir la traite négrière. L'envergure de l'action déclenchée par les autorités municipales (musées, expositions, plaques commémoratives, journées du souvenir, balisage d'un « chemin de l'esclavage » dans la ville...) a de quoi surprendre, comme s'il s'agissait de compenser sur le plan culturel ce qui n'existe pas sur le plan de l'égalité sociale. On se retrouve ici dans la configuration décrite par plusieurs auteurs (Goulbourne, 1993 ; Constant, 2000) quand l'option politique du multiculturalisme se polarise sur la reconnaissance des patrimoines culturels des communautés, laissant vacant le domaine de l'intervention sociale. Cet emballement récent de la mémoire dans les anciens ports négriers britanniques traduirait alors une instrumentalisation des signes destinés à accréditer la vision sociale « multiculturelle » où l'acceptation de la différence raciale et culturelle doit être tenue pour acquise en même temps qu'est masquée son inefficacité à produire des conditions d'insertion économique égalitaires. Dans tous les cas, le dispositif mémoriel fabriqué au cours de ces dernières années a bel et bien participé au maintien de la cohésion sociale et semblé en mesure de juguler le potentiel contestataire issu de cette douleur diffuse face à un conflit si ancien, resté non réglé et même reconduit hors des sociétés de plantations.

La migration comme prolongement de schèmes anciens

L'historien Winston James (1993, p. 265) a suggéré l'existence « d'un traumatisme profond et continu » pour décrire la situation des Antillais au Royaume-Uni. Les conditions offertes par la société britannique ne viennent-elles pas réactualiser pour le migrant un rapport ancien de domination, exprimé sous des formes nouvelles et inattendues ? Cette situation qui reproduit les schèmes structurants des sociétés antillaises, avec l'opérateur socio-racial toujours doté d'efficacité, empêche en définitive que la migration fournisse un « ailleurs » véritablement différent et salvateur où une rupture avec la lourdeur du passé aurait pu être consommée de manière effective. C'est pourtant dans les villes les plus soumises à l'accélération des changements que s'établissent les migrants Antillais :

Londres, New York, Toronto, Paris, Québec, Amsterdam… L'installation de cette deuxième strate de la diaspora occasionne, au cœur des « villes globales » symboles d'une internationalisation des rapports socio-économiques, l'usage de stratégies anciennes et archaïques se soldant par une marginalisation « ethnique » ou « raciale ». Elle prouve par là que la globalisation très contemporaine n'est que le déroulé d'une trame continue de l'histoire des rapports inégalitaires. L'expérience de cette deuxième strate de la diaspora se fait l'écho de la première et ne prend son sens que replacée sur le temps long. De l'événement traumatique fondateur introduit par la traite à la formation des *inner cities*, il y a l'incroyable longévité d'un dénominateur commun qui consiste, de façon outrancière ou inaperçue, à légitimer l'accès différentiel aux ressources par l'appartenance raciale.

Deuxième partie

Une diaspora peut-elle en cacher une autre ? Diversité des interprétations sur les cultures noires des Amériques

Cette partie nous conduit maintenant à explorer le « versant théorique » de la diaspora noire. Parler de diaspora, nous l'avons vu, c'est immanquablement parler de « communauté », « d'identité », ou encore plus simplement de « culture » comme marqueur spécifique d'un groupe, marqueur que celui-ci est appelé à maintenir par-delà la dispersion dans le cas des peuples diasporiques. Tout se complique ici. Car, cette question de la qualification des cultures noires des Amériques, qui ne cesse de hanter la recherche en sciences sociales, apparaît incertaine, tiraillée entre des perspectives très divergentes. Quelle est la teneur de cet univers culturel ? Sommes-nous en présence de cultures héritées de l'Afrique ? Est-il question de nouvelles cultures « afro-américaines » ? Ou bien l'esclavage a-t-il compromis les chances de toute édification nouvelle ? Les alternatives contenues dans la formulation de ces questions nous renseignent à elles seules sur la diversité des interprétations données aux formes culturelles de la diaspora noire. Car, aussi antithétiques qu'elles soient, toutes les réponses possibles à ces interrogations vont recevoir un assentiment. On peut d'ailleurs se demander jusqu'à quel point cet univers culturel n'est pas le seul à pouvoir faire l'objet, pour les sciences sociales, d'interprétations aussi divergentes et contradictoires.

Avant de poursuivre ce propos, une précision loin d'être anodine s'impose. Elle s'adresse au terme de « culture » pour lequel un soin particulier a été apporté au cours de la rédaction de cet ouvrage afin de ne pas en user et en abuser au singulier. Réduire le monde noir des Amériques à une « culture » pourrait effectivement apparaître rédhibitoire au regard des prudences élémentaires de mise dans les sciences sociales. Le pluriel s'impose de toute évidence pour suggérer la diversité culturelle composée au sein de l'aire des Amériques de plantation, comme il s'impose partout ailleurs pour rendre aux formes culturelles leur caractère situé, soumis au jeu social, et les envisager dès lors dans leur grande variabilité, à l'écart de cadres fixistes pourvoyeurs d'identités stables. Cependant, il ne peut être question d'ignorer que le débat anthropologique dans la Caraïbe, et plus largement dans les Amériques noires, s'appuie fortement sur la catégorie générale de la « culture » pour chercher à théoriser ce qui pourrait être la singularité de l'ensemble de cette « aire culturelle », singularité qui transcenderait la diversité ou qui serait capable de la répercuter. Il y a donc tout lieu de distinguer la « culture », comme catégorie d'analyse destinée à théoriser sur cet ensemble, des « cultures », manifestations vivantes et descriptibles, où l'on retrouverait les principes organisateurs qu'ont voulu déceler les théoriciens. La meilleure illustration de cette distinction est fournie par le célèbre ouvrage de Mintz et Price ([1976], 1992) dont le titre répercute sans ambiguïté le recours au singulier (*The Birth of African-American Culture* – « La naissance de la culture africaine-américaine ») pour indiquer une généralité alors que leurs auteurs, comme nous le verrons, abordent celle-ci sous l'angle d'une dynamique culturelle de créativité partout à l'œuvre.

D'une certaine manière, on retrouve ici l'écho du débat à la base de cet ouvrage et qui tient à l'interrogation suscitée par l'usage du terme de diaspora, lequel suppose l'identification d'une singularité dans la diversité d'un vaste ensemble culturel. Un auteur tel que Gilroy (1993, p. 36) ramène d'ailleurs le singulier de « la diaspora » au singulier d'une culture très spécifique, à savoir « une contre-culture de la modernité », généralité qui vaudrait pour tous ceux qui ont en commun l'héritage transatlantique et que Gilroy englobe sous le terme de « Black Atlantic ». Cette interrogation sur le « singulier » pour nommer la diversité n'est pourtant pas exactement celle qui nourrit les interprétations anthropologiques sur l'univers des Amériques noires conduites à partir de la catégorie conceptuelle « culture » (et non pas « diaspora »), ces dernières ayant plutôt pour questionnement la possibilité de l'existence d'une culture autonome, l'origine de celle-ci et de sa perpétuation au sein d'un environnement particulièrement contraignant. Cette précision apportée, on comprendra quelle acception il est utile de donner à un usage au singulier du terme « culture » quand celui-ci se trouve répercuter la vocation généralisante de propositions théoriques formulées par certains auteurs sur l'univers culturel noir des Amériques.

C'est très justement que Catherine Benoît (2000, p. 25) discerne trois principales thèses qui s'attachent à définir les cultures afro-américaines, catégorisation qui sera reprise dans l'exposé qui suit. À elles trois, ces thèses embrassent le champ de toutes les possibilités : soit que ces cultures sont un héritage de l'Afrique (thèse de la continuité) ; soit qu'elles résultent de processus de changements et de créations nouvelles (thèse de la créolisation) ; soit qu'elles se révèlent incomplètes, fragmentées et inachevées (thèse de l'aliénation). Dire que ces thèses se succèdent au rythme des évolutions de la théorie anthropologique sur la culture n'est juste que partiellement. N'importe laquelle de ces interprétations dans ses expressions plus ou moins nuancées semble plutôt apte à transcender les différents courants théoriques, qu'ils soient appelés « fonctionnaliste », « marxiste », « structuraliste », « constructiviste »... ce qui explique qu'encore aujourd'hui ces trois thèses soient d'actualité. Certes, celle sur l'aliénation est un peu en perte de vitesse et se formule avec plus de nuances, « retour du Sujet » et rejet des déterminismes obligent. Mais celles sur la créolisation et la prédominance africaine offrent une grande vitalité au travers des controverses actuelles qui prolongent l'actualité de débats anciens. Nous verrons au cours de ce chapitre combien la thématique de l'*origine* va être, sous une forme ou sous une autre, le centre des interrogations. Dans l'essai récent qu'ils ont consacré à la diaspora noire, Patterson et Kelley (2000, p. 15) résument ainsi la question « fondamentale » (et « encore irrésolue ») qui se pose toujours à la recherche : « Jusqu'à quel point le peuple noir du Nouveau Monde est-il "africain" et qu'est-ce que cela signifie ? »

Si la qualification des cultures noires opère par-delà les clivages purement théoriques, elle se montre en revanche éminemment sensible aux enjeux idéologiques que traduit l'adoption de telle ou telle interprétation. Affirmer la « centralisé » de l'héritage africain dans l'univers noir du Nouveau Monde n'a pas, en effet, les mêmes retentissements politiques que reconnaître l'assimilation de certaines valeurs et traits occidentaux. Dans un cas, c'est mettre en valeur la force de résistance à l'oppresseur et la préservation d'une identité souveraine capable de légitimer la revendication d'une destinée séparée de celle du monde occidental. Cette revendication peut prendre des tournures radicales dans les discours nationalistes noirs. À cette occasion, il est possible que l'argument culturel relatif à la transmission se double de celui attaché à la race, « être de race noire » étant vu comme le corollaire indispensable à l'existence d'un tel patrimoine culturel. Dans le cas de la reconnaissance d'un processus de changement culturel, c'est laisser libre cours à l'idée d'une fusion avec le monde occidental. La posture politique n'est plus la même et supporte l'acceptation de l'univers culturel européen comme partie intégrante de son propre héritage. On mesure alors le dilemme contenu dans la démarche qui consiste à définir les cultures afro-américaines, quand reconnaître la part de l'Autre en soi fait courir le risque de ne plus pouvoir désigner cet Autre comme ayant, au cours de l'histoire, pris part à l'oppression envers soi. À l'opposé, insister sur la continuité avec l'Afrique, c'est aussi s'exposer à minimiser l'ampleur de la contrainte esclavagiste : comment un système aussi oppressif aurait-il pu permettre de conserver intactes des pratiques sociales ? Il s'agit là de questions cruciales qui, sans forcément commander la teneur de tous les écrits en sciences sociales, finissent néanmoins par hanter la recherche sur la diaspora noire.

Dans cette partie, il sera d'abord question d'examiner tour à tour les trois thèses disponibles pour penser les cultures noires des Amériques. Une deuxième étape sera consacrée à montrer comment, au travers d'un objet d'étude précis – la famille antillaise –, parviennent à être formulées trois interprétations distinctes et antithétiques : l'objet est-il à « géométrie variable » et les concepts sont-ils « élastiques » ? La dernière étape sera précisément l'occasion de mettre en rapport ces trois théories avec le concept de diaspora. Nous verrons alors comment elles donnent lieu à trois conceptualisations distinctes du phénomène de dispersion, ceci avant de nous engager dans l'exposé du point de vue que cet ouvrage propose et défend.

CHAPITRE IV

Trois théories pour l'univers culturel noir des Amériques

Une controverse fondatrice

Le tiraillement entre interprétations divergentes est au fondement même de la recherche anthropologique sur le monde noir. Il est d'usage de faire remonter la généalogie de cette dualité des interprétations à l'activité de deux universitaires américains conduite dans le milieu du XXe siècle, celle de Melville J. Herskovits et celle de E. Franklin Frazier (Bastide, 1967, p. 8-9 ; Benoît, 2000, p. 23-24 ; Mintz et Price, 1992, p. 62-63).

Le premier, Herskovits, est l'élève de Frantz Boas, l'un des pionniers de l'anthropologie américaine. Formé à l'université Columbia, il fonde à partir de 1927 le premier programme américain consacré aux études africaines, du moins en ce qui concerne le *mainstream* académique et scientifique, puisqu'il existait déjà à cette époque des tentatives de fondation d'un tel domaine de recherche par les Noirs américains eux-mêmes, au moins en histoire, avec par exemple l'« Association pour l'étude de la vie et de l'histoire du Noir » (Association for the Study of Negro Life and History) créée en 1915 par Carter G. Woodson et, bien sûr, les travaux du sociologue W. E. B. Du Bois (*The Souls of Black Folk*, 1902 – traduction française : *Âmes noires*, 1959). Les écrits de Herskovits relatifs aux groupes afro-américains remontent aux années 1920. Alors que la contribution de l'anthropologue va finir par devenir l'une des plus influentes pour le courant rallié à la thèse de la continuité africaine, ses premières analyses menées dans le Harlem des années 1920 concluent pourtant sur l'affirmation qu'il n'existe aucune trace de la culture africaine chez les Noirs aux Amériques. À peine quelque cinq années plus tard, Herskovits n'hésite pas à affirmer le contraire. À la faveur d'études de terrain menées notamment en Guyane hollandaise (actuel Surinam), il découvre la prégnance des survivances africaines et s'attache désormais à relier les formes culturelles noires américaines à celles du continent d'origine. Son ouvrage le plus influent, *The Myth of the Negro Past* (1941), est consacré à la démonstration de cette continuité entre l'Afrique et les Amériques. Il serait cependant inexact de traduire le travail de Herskovits par la seule thèse de la continuité et des « survivances » attestées dans le Nouveau Monde. Sa démarche reste sensible aux changements culturels qu'il approche au travers de notions telles que le « syncrétisme » ou la « ré-interprétation ». Par « ré-interprétation », l'anthropologue veut signifier la permanence d'un cadre de pensée ancien pour appréhender des éléments nouveaux.

C'est précisément cette notion de « ré-interprétation » que Roger Bastide (1967, p. 8-9) analyse comme le catalyseur de la querelle entre Herskovits et Frazier. Ce dernier, sociologue, voit dans la thèse de la survivance africaine le danger d'attribuer au maintien d'une prétendue mentalité africaine toute la responsabilité des difficultés d'intégration du peuple noir américain. Une telle thèse n'est-elle pas en mesure de prêter main-forte à ceux qui prônent la ségrégation en suggérant le caractère inassimilable du Noir, lequel resterait déterminé par sa mentalité africaine ? À la thèse de la continuité, Frazier oppose celle de la déstructuration qu'il expose dans *The Negro in the United States* (1949). Il écrit que le passé africain n'est d'aucune utilité pour comprendre la réalité noire américaine. L'Afrique n'est plus que « souvenirs oubliés ». Si les institutions mises en place par les Noirs diffèrent de celles des Blancs, c'est en raison de la désorganisation imposée et de l'accès inégal aux ressources disponibles dans la société globale. En d'autres mots, les Noirs pourraient s'intégrer pleinement à la société occidentale s'ils n'étaient pas constamment soumis à l'oppression de leur environnement.

Polarisée notamment autour de la question familiale – Herskovits voyant dans la famille centrée sur la mère et dans la multiplication des unions une ré-interprétation des cadres polygamiques africains ; Frazier les estimant, dans leur fragilité, apporter la preuve des contraintes endurées par les Noirs –, cette controverse montre bien combien la qualification des cultures noires se trouve soumise à une appréciation idéologique dès lors qu'elle s'intéresse forcément à la situation des Noirs dans le Nouveau Monde et à leur rapport avec l'univers blanc occidental. Comme le déclarent les célèbres anthropologues américains S. Mintz et R. Price (1992, p. 64), « cette controverse est loin d'être abandonnée et la plupart des arguments continuent de dire soit que les Africains-Américains ont une ou des cultures différentes, soit qu'ils sont simplement les victimes de privations [*deprivation*] ». Très récemment, Richard Price (2001) a consacré un article aux débats actuels dans le champ de la recherche sur la diaspora noire. Lui-même promoteur du modèle de la créolisation que nous verrons plus loin, Price indique clairement au cours de ce texte combien les positions adoptées sont indissociables de postures idéologiques, l'interprétation quant à la continuité de l'Afrique lui paraissant actuellement relever d'une veine « militante afrocentriste ». De ce point de vue, le débat Frazier-Herskovits a bien trouvé matière à se répercuter jusqu'à aujourd'hui malgré l'abandon des vieux présupposés anthropologiques et les motivations sans doute différentes des actuels protagonistes.

La thèse de la continuité…

C'est donc le travail de Herskovits qui ouvre la voie à la thèse de la continuité d'un héritage africain. L'interprétation sur l'« africanité » n'est cependant pas aussi clairement située dans un camp ou dans un autre. À moins de prendre des tournures radicales qui la font être parfaitement identifiable, elle entretient, il faut le dire, de grandes similitudes avec sa rivale sur la créolisation. C'est ainsi que classer les travaux d'un bord ou de l'autre, peut apparaître parfois comme un exercice bien périlleux. C'est aussi le cas pour le travail de Herskovits. Celui-ci, comme nous l'avons déjà noté, n'ignorait pas le changement culturel intervenu dans le Nouveau Monde. Il proposa même « une échelle d'intensité des africanismes » pour indiquer la plus ou moins forte « rétention » de la culture africaine. Se trouvaient ainsi distingués les traits culturels (technologie, institutions, religion, art, langues…) observés dans différentes régions (Haïti, Jamaïque, Brésil…) en fonction de critères allant du « purement africain » au « traces de coutumes africaines » (Bastide, 1967, p. 21 ; Benoît, 2000, p. 25). Cette démarche, on le voit, impliquait bien de reconnaître l'altération et la transformation de l'héritage africain.

Le célèbre travail de l'anthropologue français Roger Bastide (1967) renvoie à la même difficulté de classement. Son ouvrage intitulé *Les Amériques noires* est consacré à décrire les cultures afro-américaines selon une typologie qui s'articule autour de deux grandes catégories : les « communautés africaines » et les « communautés nègres ». Les premières sont celles où les modèles africains ont été reconduits au sein du nouvel environnement américain. Même si ces modèles ont été modifiés, ils imprègnent avec force la culture développée par certains groupes. Les secondes communautés sont celles qui attestent des ruptures avec ces mêmes modèles. « La pression du milieu environnant a été plus forte que les bribes de la mémoire collective, usée par des siècles de servitude » (*ibid.*, p. 49). Il existe ainsi pour Bastide des « sociétés nègres » « où le rouleau compresseur de l'esclavage a tout détruit de l'Afrique ancestrale » (*ibid.*, p. 199). Mais ces sociétés ont su réinventer des institutions et de nouvelles formes de vie sociale. Et si celles-ci apparaissent différentes de celles des Blancs occidentaux, c'est en raison, nous dit Bastide, de la pression sociale et de la ségrégation qui impliquent que les Noirs ont été « forcés » de vivre « dans un monde à part, séparé » (*ibid.*, p. 199). On reconnaît là l'influence de la controverse Herskovits-Frazier. Estimant toutefois ces communautés comme des types idéaux, l'anthropologue insiste sur l'idée d'un « continuum » entre ces deux formes. Il s'agirait en outre de voir ce continuum s'exprimer, non pas entre les groupes, mais entre les divers secteurs de la vie sociale. Ainsi, des pans entiers d'une société peuvent se révéler

« africains » et d'autres complètement soumis au nouveau milieu. La religion est un de ces secteurs particulièrement sensibles à la tradition africaine.

Avec une conception minimaliste de la continuité qui accepte d'inclure dans l'héritage africain les recompositions dont celui-ci a été l'objet (syncrétisme), R. Bastide avance sur un terrain où la plupart des groupes culturels noirs d'Amérique sont en mesure d'exprimer leur lien à l'Afrique. Les sociétés fondées par les Marrons des Guyanes, de Jamaïque, de Colombie... restent sans aucun doute le lieu privilégié pour observer une certaine authenticité, ce que Bastide (*ibid.*, p. 53) suggère en parlant du maintien de « pans entiers des civilisations africaines » qui s'exprimeraient dans les structures claniques, la parenté matrilinéaire, les cultes animistes... Mais, même là, « ces communautés de résistance sont aussi des communautés d'innovations » (*ibid.*, p. 74). Partout ailleurs, l'Afrique resurgit d'une manière ou d'une autre, parfois seulement dans les gestes corporels, les pas de danse qui traduisent une « mémoire motrice » héritée (*ibid.*, p. 197). Selon cette perspective, il n'est pas étonnant que les « communautés nègres », qu'illustre surtout la situation des Noirs aux États-Unis, ne fassent en définitive l'objet que de quelques pages. Et, là encore, la distinction typologique n'est pas aussi nette qu'on pourrait le croire, puisque la nouvelle culture créée par cette communauté exprime « une mentalité façonnée par les vieilles cultures africaines » (*ibid.*, p. 215).

Avec d'un côté des Marrons dotés d'une tradition innovante et de l'autre des Afro-Américains ayant inventé des cultures nouvelles à travers un cadre mental ancien, on comprend qu'il soit bien difficile d'attribuer à Bastide, comme à Herskovits, une parenté inflexible avec la thèse de la continuité. Mais, parce qu'il est loin d'ignorer la présence africaine dans le Nouveau Monde et parce qu'il rattache rigoureusement les pratiques afro-américaines à leurs origines, le travail de Bastide, pourtant si sensible aux changements, est aussi considéré comme une entreprise vouée à rétablir la part de l'Afrique dans le Nouveau Monde. Dans son manifeste destiné à défendre des études sur la diaspora depuis une perspective « panafricaine » – c'est-à-dire soucieuse d'aider à la constitution d'une « conscience noire » par référence à l'Afrique –, le sociologue St Clair Drake (1982, p. 486) cite R. Bastide comme « l'anthropologue dont la contribution a sans doute été la plus importante » pour la recherche sur la diaspora noire. D'autres, plus radicaux dans leurs positions « afrocentristes », fustigent l'anthropologue français pour avoir distingué des communautés « nègres » en perte d'héritage africain (Walters, 1997, p. 32). En France, le travail de Roger Bastide est plutôt perçu comme détaché des thèses de la continuité. « Bastide n'était pas du tout obnubilé par la question de l'origine » (Cuche, 1996, p. 125). L'importance qu'il a accordée aux « bricolages » identitaires et aux stratégies d'instrumentalisation de la culture lui confère au contraire un rôle précurseur dans la critique des approches primordialistes (*ibid.*, p. 130-131).

Un autre travail plus récent, et couramment rattaché à la thèse de la continuité, ne peut guère aider à effectuer de plus claires distinctions de contenu entre les différentes interprétations. Dans l'ouvrage dont le titre ne laisse pas de doute sur l'objectif – « L'Afrique : racines de la culture jamaïcaine » (*Africa : The Roots of Jamaicain Culture*, 1996 [1988]) –, le sociolinguiste Mervyn Alleyne entreprend de remonter la généalogie des éléments culturels jamaïcains pour montrer comment ils témoignent d'une « base africaine ». Pour ce faire, Alleyne développe les deux arguments les plus fréquents pour étayer la thèse de l'africanité, à savoir l'argument de l'existence d'une aire culturelle africaine assez homogène, par-delà la diversité ethnique – l'aire de « l'Afrique de l'Ouest » – et l'argument de la prédominance d'une composante ethnique dans les différentes sociétés de plantation. On retrouve cette proposition chez Bastide (1967, p. 19) qui parle d'une « carte de l'Amérique noire » en fonction des « civilisations africaines prédominantes ». Ainsi la Jamaïque est-elle définie comme dominée par la culture Kromanti ou Fanti-Ashanti. Partant de la description d'un fonds culturel commun à tous les captifs déportés dans l'île, Alleyne poursuit sa démonstration en explorant trois domaines : la religion, la musique et la danse. À la lecture, il ne fait aucun doute que les expressions culturelles jamaïcaines s'enracinent bien dans leur passé africain et qu'elles en ont retenu les éléments structurants. Il s'agit, comme en linguistique, nous dit Alleyne, de « structures profondes » qui seraient reconduites au travers d'éléments d'apparence très divers. Ce qui est beaucoup moins clair, en revanche, reste la théorisation de cette interprétation. Car Alleyne refuse la théorie qu'il appelle « de la créativité » (celle de la créolisation), car elle développe une approche « synchronique » qui néglige l'apport de la période antérieure à l'esclavage. Il préfère concevoir une dynamique entre une « base africaine » et une « culture d'arrivée » (celle des colons) qui suppose des états d'acculturation où se mêlent continuité et appropriations nouvelles. Autant dire pourtant qu'avec un tel schéma nous sommes très proches de celui que refuse Alleyne sur la créolisation, car qu'ont dit de plus les théoriciens de la « créativité », si ce n'est qu'il a fallu aux Noirs du Nouveau Monde créer une culture nouvelle à partir d'éléments anciens et d'apports nouveaux ?

Finalement, il semble que cette thèse sur la continuité ne parvienne à vraiment se distinguer par rapport aux autres qu'à partir du moment où elle renie la part du changement survenu dans le Nouveau Monde et qu'elle refuse obstinément ou minimise la mise en place d'un nouveau complexe culturel redevable à la rencontre entre l'Europe et l'Afrique. Dans l'article qu'il vient de consacrer à la question, Richard Price (2001) estime que ce point de vue est adopté surtout chez certains historiens spécialistes des sociétés américaines fondées sur l'esclavage, comme par exemple John Thornton dont l'ouvrage est consacré à montrer la « participation active des Africains » dans la formation du Nouveau Monde (Thornton, 1998, p. 6). Sévère, Price (2001, p. 38-46) reproche à ces auteurs de mettre systématiquement en valeur l'héritage africain au sein d'une reconstitution historique qu'il dit être une « narration » motivée par des « préférences idéologiques » où « l'Afrique règne constamment avec triomphe ». C'est ainsi que ces travaux en viennent à soutenir que le kikongo aurait été la langue la plus répandue chez les esclaves de Saint-Domingue, au moment de la Révolution, en se basant sur le témoignage de chefs créoles de la Révolution qui se plaignaient du fait que ceux qui se plaçaient sous leur bannière ne pouvaient pas parler « plus de deux mots de français » (Thornton, 1998, p. 321). Pourtant, face à cette alternative qui voudrait que, faute de n'être pas le français du colon, la langue des esclaves est forcément africaine, n'y a-t-il pas place pour l'affirmation plus raisonnable et vraisemblable, attestée par certaines sources, selon laquelle la langue des esclaves était celle qu'ils avaient créée, à savoir le créole haïtien ? Faits avérés, rejetés au risque de faillir à l'impératif de rigueur scientifique ? C'est ce que suggère Price (2001, p. 42) quand il regrette la tendance des tenants de la version afrocentrée (*africa-centric*) à ignorer la masse de données contraires accumulées. Mais il n'est peut-être pas toujours besoin d'en passer par un tel constat pour appréhender la thèse sur la continuité dans ses versions « modérées ». Certains travaux comme ceux de Alleyne sont tout à fait rigoureux.

Ce qui fait alors la différence entre les tenants du discours sur la continuité et ceux sur celui de la créolisation, c'est un angle de vue différent à partir duquel la vision obtenue n'est pas aussi contradictoire qu'une autre révélée par un autre angle. Pour les premiers, il s'agira de rechercher systématiquement la présence africaine dans la culture et de la postuler première dans les échanges qui suivront (l'importance du processus d'acculturation n'est pas réfutée). Pour les deuxièmes, il sera question de mettre en valeur les complexes culturels nouveaux élaborés dans le contexte particulier de l'esclavage et qui relèvent en partie d'un fonds culturel africain (l'importance de la présence africaine n'est pas réfutée). C'est ainsi qu'un défenseur de la continuité verra dans la langue créole d'abord la préservation des structures basiques africaines (morphologie, syntaxe), tandis qu'un tenant de la créolisation indiquera la contribution de diverses sources. Certes, les choses ne sont pas toujours aussi simples, voire pacifiées, surtout sur un sujet aussi sensible aux revendications identitaires que celui de la langue, et certains opposeront à la thèse « afrocentrée » un argumentaire plus dur destiné à attester que les créoles résultent de changements effectués à partir d'une source d'abord européenne (d'Ans, 1987, p. 302-305). Pour le cas d'Haïti étudié par d'Ans, la question cruciale et éminemment chargée d'enjeux devient alors celle-la : la langue donneuse est-elle africaine ou française ? Dans un contexte de rencontres entre les cultures où l'histoire nous revient à l'état de traces fragiles, on imagine aisément que les réponses tranchées à de telles questions sont bien difficiles à élaborer, laissant toute son emprise à la posture idéologique. Sur ce point, on ne peut que partager le jugement de Price (2001) et voir dans la recherche sur les sociétés esclavagistes de l'Amérique cette spécificité surprenante qui tient au fait que des chercheurs travaillant à partir des mêmes sources et données parviennent à des conclusions diamétralement opposées.

… et la ligne afrocentriste

On ne peut dresser un panorama, même rapide, de cette thèse de la continuité sans évoquer le courant « afrocentriste » à proprement parler et qu'il est, pour tout dire, bien difficile d'aborder sans éviter l'écueil polémique tant le sujet se révèle sensible. Ainsi l'un des rares ouvrages de langue française consacrés à la question (Fauvelle-Aymard *et alii*, 2000, p. 21) s'ouvre-t-il sur une invitation peu attirante : « Le terrain où nous invitons le lecteur à s'engager est un terrain miné », ce que d'ailleurs n'a aucun mal à confirmer la tonalité de certains articles réunis dans cet ouvrage. Par « afrocentrisme », il est devenu courant de désigner l'école de pensée qui s'est développée aux États-Unis à partir de la fin des années 1960. Dans le sillage de la lutte pour les droits civiques, et plus encore après l'assassinat de Martin Luther King, la jeunesse noire se radicalise. Elle revendique notamment la création d'un enseignement qui soit l'expression de la population noire, de son histoire et de sa culture au sein d'instances universitaires qui lui soient propres (St Clair Drake, 1982, p. 492). Ces revendications débouchent dès 1968 sur la création de programmes spécifiques : les « Études afro-américaines » (*African-American Studies*, AAS). Les cercles académiques traditionnellement spécialisés sur la recherche afro-américaine sont également touchés par cette exigence de recouvrement de l'histoire noire par les Noirs eux-mêmes. C'est le cas pour la très établie Association des études africaines (*African Studies Association*, ASA) qui connaît en 1969 un schisme lorsque des adhérents noirs annoncent la création d'une association nouvelle dont l'intitulé signale un projet nouveau : l'Association des études sur l'héritage africain (*African Heritage Studies Association*, AHSA). Ce groupe radical affirme sa volonté de promouvoir des études sur le monde noir par le monde noir et déclare :

> Les peuples africains ne permettront plus désormais d'être culturellement, économiquement, politiquement et intellectuellement kidnappés pour fournir aux universitaires européens les symboles de leur statut intellectuel […] et la matière de leurs cours injurieux et hors de propos (déclaration du Black Caucus, citée par Howe, 1999, p. 60).

Le fondateur de l'AHSA, John Henrik Clark, réclame la « reconstruction des études culturelles et de l'histoire de l'Afrique selon une ligne afrocentriste » (Clark, cité par Howe, *ibid.*, p. 61). C'est dans un tel contexte, au sein des départements dénommés AAS, que va s'épanouir cette mouvance afrocentriste bien qu'il soit important de signaler que cette dernière ne représente pas à elle seule les orientations diverses qui vont être définies en matière d'éducation et de recherche dans les programmes dévolus aux études afro-américaines. Le développement de cette mouvance reste pour une grande part lié à la situation américaine et aux rapports raciaux caractéristiques institués entre Noirs et Blancs. En effet, on ne peut comprendre la situation qui s'instaure qu'en rapport avec la ségrégation déjà à l'œuvre au niveau universitaire, y compris dans la constitution des savoirs. C'est ce qui rend le sujet si sensible, quand la critique de certaines composantes afrocentristes peut du même coup laisser croire à la minimisation du contexte historique d'inégalité raciale dans lequel elles se sont édifiées, comme si remettre en cause les premières revenait à légitimer le second.

Mais qu'en est-il du contenu même de cette « ligne afrocentriste » ? Celle-ci dépasse de loin la « thèse de la continuité » et l'affirmation selon laquelle les cultures africaines seraient toujours présentes et centrales dans les expressions des peuples noirs aux Amériques. Il s'agit en fait d'affirmer le caractère premier de la civilisation africaine sur toute autre civilisation. Dans ses versions les plus orthodoxes, elle postule le caractère fallacieux du savoir « eurocentré » et soutient l'établissement d'une autre vérité qui doit remplacer les connaissances actuelles tronquées par la vision occidentale. Cette vérité est assimilable à l'interprétation très largement diffusée par Molefi Asante (né en 1942, en Géorgie, avec pour nom de baptême Arthur Lee Smith), père de l'afrocentrisme, universitaire aux États-Unis et professeur à la Temple University où il dirige le département des AAS de 1985 à 1997 (Small, 1999, p. 670). Auteur d'ouvrages de références (*Afrocentricity*, 1988 ; *Kemet, Afrocentricity and Knowledge*, 1990), Asante développe la thèse selon laquelle tous les originaires de l'Afrique seraient unis par une histoire commune dont le berceau se situe dans l'Égypte ancienne. Civilisation noire fondée à partir de mouvements de population depuis l'Afrique sub-saharienne et la Nubie en particulier, l'Égypte ancienne constitue un patrimoine pour tous les Africains qui en retirent une unité au travers de l'héritage de valeurs et de comportements maintenus jusqu'à nos jours. La grandeur de l'Égypte a rayonné sur toute l'Afrique et, au-delà, sur la Grèce ancienne qui en est une émanation. Mais cette influence de l'Égypte (noire) sur les premières civilisations (blanches) européennes résulte d'une usurpation et de la volonté de domination de l'Occident. C'est pourquoi celui-ci occulte l'histoire « vraie » afin de ne pas contredire son image faussement glorieuse en avouant que les peuples qu'il oppresse sont ceux qui ont inspiré les aspects les plus illustres de sa civilisation. D'où la nécessité d'un programme d'enseignement voué à établir que « non seulement l'Afrique contribue à l'histoire de l'humanité mais que les civilisations africaines précèdent toutes les autres » (Asante, *in* Van Deburg, p. 293). La discipline appelée *africology* dispensée à la Temple University se définit comme « l'étude afrocentrique de tout phénomène, événement, idée et personnalité reliés à l'Afrique ». Toute démarche en ce sens « commence forcément par une analyse des civilisations africaines classiques, à savoir Kemet (Égypte), Nubie [...] » (Asante, cité par Small, p. 676-677).

Assimilables à un renversement de l'ordre des valeurs (noir *versus* blanc), les positions d'Asante laissent cependant place à des nuances – sans pour autant être dénuées de contradictions – qui relativisent les termes de son programme.

Réclamant la « centricité » pour les Africains, de manière que ces derniers puissent bénéficier d'une vision du monde depuis la perspective culturelle qui est la leur, il affirme cependant que cette « afrocentricité n'est pas la version noire de l'eurocentricité ». À l'inverse de l'européenne, la vision centrée sur l'Afrique ne serait pas « hégémonique », mais s'offrirait comme une approche « non hiérarchique » favorable au multiculturalisme, en célébrant une « variété de perspectives culturelles ». Malgré sa tendance à exclure le savoir blanc quel qu'il soit, elle peut ainsi s'autoproclamer comme une théorie « contre le racisme, l'ignorance et l'hégémonie mono-ethnique » (Asante, *From the Afrocentric Idea in Education*, texte repris dans Van Deburg, 1997). C'est ce qui rend la critique de l'afrocentrisme délicate, quand le relativisme est réclamé et que se trouve être fondée la critique du caractère « eurocentré » de la science. On trouve les traces de cet embarras à reléguer d'emblée l'afrocentrisme au rang d'une vision mythique de l'Égypte ancienne et d'une version manichéenne de l'histoire dans *Africana* (Appiah et Gates, 1999), présentée comme « l'encyclopédie de l'Afrique et de la diaspora africaine ». Il faut dire que les auteurs de ce magistral ouvrage sont connus par ailleurs pour leur positions critiques vis-à-vis de l'afrocentrisme. L'article fort bref et allusif – en décalage avec le caractère assez remarquable de ce mouvement de pensée – se limite à évoquer une composante « modérée », celle préoccupée à restaurer la place qui est due à l'Afrique dans l'histoire, et une composante « dure », celle qui tend vers des théories nettement plus racistes. Sans élan empathique ni rejet véritable, mais avec une distance froide et un quasi-évitement de la polémique, l'article conclut sur la nécessité de produire un « portrait réaliste de l'Afrique et de l'histoire africaine », ce sur quoi, en définitive, pourraient tomber d'accord les afrocentristes eux-mêmes.

Une description de la branche « dure » de l'afrocentrisme est fournie par le politologue britannique S. Howe (1999) dans l'ouvrage polémique qu'il lui a consacré. Fournissant un descriptif assez complet des propositions qui forment le substrat de ce courant et des sources qui l'inspirent, il évoque aussi les dérives nettement racistes et nationalistes qui finissent par former la tendance « ultra » de l'afrocentrisme à l'intérieur ou à la périphérie des AAS. C'est le cas par exemple des écrits de la psychiatre noire américaine F. Cress Welsing, qui stipule que la présence de mélanine (pigment brun de la peau) dote les Noirs d'une personnalité distincte et supérieure à celle des Blancs, eux-mêmes dégénérés en raison de l'absence de cette même mélanine (d'où leurs tentatives répétées pour exterminer les Noirs dont la dernière serait le génocide organisé à travers la dissémination du sida en Afrique). Si l'on peut regretter le ton autoritaire et bien trop sûr de lui-même emprunté par l'ouvrage de Howe, on s'accordera sans état d'âme – à la lecture de ce qui précède – avec la conclusion de l'auteur pour voir dans certaines composantes de l'afrocentrisme se manifester un renversement qui fait que « parmi le peuple qui a sans doute été le plus constamment opprimé parmi les victimes du racisme a émergé une nouvelle forme de pensée [qui est] l'image-miroir de celle qui l'a si longtemps persécuté » (Howe, 1999, p. 285).

Inspiré par des sources très diverses, l'afrocentrisme est certainement lui aussi assez diversifié. Sans forcément retenir une approche mythifiée de l'Égypte ancienne, dont la fonction est plus de servir de récit fondateur à la communauté que d'énoncé empirico-déductif, certains universitaires restent sensibles aux découvertes archéologiques qui situent bien le berceau de l'humanité en Afrique. Nourris d'écrits d'historiens contestés, mais qui ont néanmoins trouvé à un moment ou à un autre droit de cité dans la sphère académique, comme Martin Bernal (historien britannique apprécié pour sa thèse sur « L'Athènes noire », *Black Athena*, postulant que les racines de la civilisation grecque sont, entre autres, attribuables à l'Égypte ancienne « noire ») ou Cheik Anta Diop (historien sénégalais ardent défenseur de la thèse de la civilisation « négro-égyptienne »), ces afrocentristes, que l'on pourra dire modérés, réclament surtout l'établissement d'une vérité historique qui ne souffre pas des biais d'une science « eurocentrisme ». C'est à partir du moment où cette revendication – légitime au sein de la communauté scientifique – quitte son sol d'interrogations critiques pour formuler des interprétations, que l'afrocentrisme peut devenir une entreprise vouée à soumettre la recherche historique aux désirs communautaires et à s'effectuer sans aucune exigence autocritique.

L'étude de la diaspora est, bien sûr, concernée par une telle ligne. Il ne faudra donc pas être surpris de trouver des écrits qui relient directement des faits du XIXe siècle à ceux de l'époque des « pharaons noirs d'Égypte » (par exemple Walters, 1997, p. 17-18). Si le développement de cette mouvance est à localiser aux États-Unis, il n'en reste pas moins que l'afrocentrisme rayonne assez largement, tirant sa force de l'opposition qu'il parvient à afficher à l'intérieur de cette institution fétiche des civilisations modernes occidentales qu'est la science. Une opposition qui relaye ce qu'il est convenu d'appeler le « nationalisme noir » et qui se fait bien sûr l'écho de celle nourrie à l'extérieur de la sphère scientifique, dans la société civile, là où se décline encore l'inégalité d'accès aux ressources entre les « races ».

D'un autre côté, il faut insister de nouveau sur le fait que la recherche dans les AAS ne se réduit pas à la ligne afrocentriste. D'autres départements affirment leur opposition à cette même mouvance. C'est le cas à l'université Harvard où le responsable des AAS, une des plus célèbres figures parmi les enseignants, Henry Louis Gates, coordinateur de l'encyclopédie dont il a été question plus haut, a réitéré plusieurs critiques sans concession à l'encontre de l'afrocentrisme, déclarant notamment : « On pourrait croire que la préoccupation principale des départements d'études afro-américaines serait d'étudier les causes de la pauvreté et comment y remédier. Mais ce n'est pas la question la plus urgente. La plus urgente est de savoir si Cléopâtre était noire » (cité par Small, 1999, p. 691). Dans l'étude comparative qu'il a consacrée aux départements de Temple et de Harvard, M. L. Small (1999) a très bien montré comment le développement d'approches très typées (afrocentriste et universaliste) au sein des *African-American Studies* correspondait aussi à l'économie du monde académique. La recherche de fonds et d'une stabilité institutionnelle appelle une stratégie capable de capter une audience assurant la légitimité au regard des créditeurs. C'est une dimension qu'il faut assurément prendre en compte pour comprendre l'essor de l'afrocentrisme dans la sphère universitaire.

La thèse de la créolisation

Nous renvoyant à une dimension plus classique du discours scientifique, la thèse de la créolisation tient à la proposition simple selon laquelle les sociétés fondées par les anciens esclaves résultent de changements culturels. Il s'agit donc de cultures nouvelles issues de la rencontre entre univers différents. Cette interprétation doit beaucoup au modèle proposé par deux anthropologues américains spécialistes des Amériques noires, Sidney Mintz et Richard Price ([1976], 1992). Le premier est connu pour ses travaux sur les paysanneries de la Caraïbe tandis que le deuxième fait autorité pour ses recherches sur les Saramaka du Surinam. Cette spécialisation centrée sur les Marrons ajoute très certainement au crédit de la thèse sur la créolisation puisque l'un de ceux qui la formulent se base sur des sociétés qui, comme nous l'avons vu, peuvent être vues comme des morceaux d'Afrique authentique. Dans tous les cas, le modèle de Mintz et de Price connaît une grande notoriété favorisée par une approche généralement « créoliste » des sociétés noires des Amériques, et particulièrement de la Caraïbe. Il est en effet largement répandu d'approcher ces sociétés à travers leur caractère « créole », c'est-à-dire « né sur place », mais à la suite du parcours migratoire des générations précédentes. Précisons que le mot « créole » – de l'espagnol *criollo*, lui-même dérivé du portugais *crioulo* (natif de la localité) – a d'abord été utilisé pour nommer les descendants de colons, puis en est venu à désigner l'ensemble de la population « non indigène » des colonies, mais né au sein d'elles, « incluant autant les colons européens que les esclaves africains » (E. Bennet, *in* Appiah et Gates, 1999, p. 528-529). Le recours au terme laisse ainsi présager une approche sensible au changement induit à la fois par cette non-autochtonie et par l'adaptation à un environnement nouveau.

On se souvient que la hiérarchie dans les plantations esclavagistes mettait en jeu les catégories de l'Africain, esclave nouvellement arrivé (appelé « Bossale », ou « Nèg Kongo » dans les Antilles françaises) et du Créole, esclave né sur place et socialisé dans le cadre de la société locale. L'« indigénisation » désigne l'adaptation des Africains dans ce nouvel environnement, leur « créolisation » progressive. Les colons britanniques avaient un terme spécial, le *seasoning*, pour désigner la période d'« expérimentation » des nouveaux arrivés. Pour le Jamaïcain Rex Nettleford (1978, p. 2-3), on ne peut se référer à la créolisation sans prendre en compte ce processus d'acclimatation avec toute la dimension conflictuelle qu'il contient, en lien avec la dépréciation du modèle africain. D'autres auteurs sont allés dans le même sens, en attirant l'attention sur le fait que le terme « créole » ne peut être neutre et suppose déjà, de par l'histoire de son usage, une infériorisation des cultures africaines. Retenir l'expression « créolisation », c'est s'exposer à reproduire ce schéma et à écarter en définitive la possibilité de reconnaître la présence africaine dans les cultures caribéennes. Il est même possible de voir le projet théorique de la créolisation comme « un effort déterminé pour nier l'inévitable centralité de l'élément africain dans la culture antillaise » (Gutzmore, 2000).

Il ne faut pas être étonné de voir resurgir aussi vite l'antagonisme de l'africanité *versus* créolité. Les quinze dernières années ont été l'occasion de voir s'épanouir une conception de l'identité antillaise fortement encline à se saisir positivement de l'idée de creuset culturel. Ce courant de pensée intellectuel et militant est bien représenté aux Antilles françaises par les auteurs du mouvement littéraire de la créolité, dont Patrick Chamoiseau et Raphaël Confiant. Dans le manifeste qu'ils ont consacré à la définition de leur approche du monde caribéen, ces différents auteurs (Bernabé *et alii* [1989], 1993) entendent prendre leurs distances avec des conceptions qui seraient d'un côté le recours à une Afrique ancestrale hors de portée (celle de la négritude du poète martiniquais Aimé Césaire), de l'autre le refus de soi par « l'auto-dénigrement » issu de la suprématie du modèle d'identification coloniale (*ibid.*, p. 24). Ayant expurgé la culture antillaise de ses « deux monstres tutélaires » – « l'Européanité et l'Africanité » –, les auteurs peuvent déclarer que la créolité, c'est n'être « ni européens, ni africains, ni asiatiques » (*ibid.*, p. 13 et 18). C'est appartenir à un univers complexe, « un agrégat interactionnel des éléments culturels caraïbes, européens, africains, asiatiques et levantins que le joug de l'histoire a réunis sur le même sol » (*ibid.*, p. 26). On le voit aisément, la créolité-créolisation n'est pas exempte, elle non plus – à l'image de l'Africanité –, de projections identitaires fortes. Certes situé plutôt dans le champ littéraire, ce projet intellectuel n'en irrigue pas moins de nombreux écrits de sciences sociales. Il entretient une grande parenté avec le modèle du sociologue Paul Gilroy qui sera examiné plus loin et pour lequel il a déjà été signalé combien il correspondait à la quête « postmoderne » d'identités fluides et hybrides. Certains sociologues ont bien analysé que la définition de la créolité, malgré l'autoproclamation de son ouverture au « divers », était un moyen de « consacrer une nouvelle frontière entre Soi et l'Autre » en décidant de « la légitimité ou de l'illégitimité des expressions culturelles » (Giraud, 1997, p. 799). On pourra trouver troublant, en effet, de voir que la créolité ne semble pas pouvoir se définir autrement que par sa différence avec des entités comme l'Afrique, l'Europe, l'Asie…

Les auteurs se référant à la thèse de la créolisation ne sont pas tous engagés dans un tel projet identitaire. Le cas du modèle de Mintz et Price ([1976], 1992) reste associé à une démarche peu suspecte de faillir à une recherche rigoureuse assez détachée, autant que possible, de ces enjeux. C'est ce qui explique sûrement la longévité et la réputation de leur interprétation. Celle-ci tient d'abord à la réfutation des deux arguments que nous avons déjà entrevus avec Alleyne (1996) et qui étayent la thèse de la continuité. D'une part, l'Afrique de l'Ouest ne peut être représentée comme une unité culturelle « homogène », des variations interculturelles ayant été largement observées. D'autre part, les études sur la population des plantations attestent bien de l'hétérogénéité ethnique du peuplement africain. Partant d'une définition de la culture comme dépendante des institutions sociales qui lui donnent sa forme et son contenu, Mintz et Price (*ibid.*, p. 18) comparent la situation de la population esclave débarquée dans le Nouveau Monde à celle d'une « foule », mais pas à celle d'un « groupe ». Car l'esclavage a éradiqué en premier lieu les institutions africaines. Tout ce qui atteste de l'existence de cultures noires dans le Nouveau Monde résulte de la création par les esclaves eux-mêmes d'institutions nouvelles. Face à ce processus de nouveauté, les anthropologues n'en renient pas pour autant « l'héritage » africain. Au contraire, ils postulent qu'en lieu et place d'une culture identique, les esclaves auraient surtout partagé une « grammaire » culturelle, notion déjà mise en avant par Herskovits, à savoir des « orientations cognitives » leur assurant une disposition commune dans leur manière d'envisager le monde d'un point de vue phénoménologique (*ibid.*, p. 10). Les anthropologues parlent ainsi de « niveaux culturels profonds » (*ibid.*, p. 52).

Avec une telle notion, on perçoit aisément que nous sommes très proches de la perspective d'Alleyne (1996, p. 8) et des « structures profondes » qu'il entendait souligner pour signifier un « continuum » culturel depuis l'Afrique. Mais plutôt que de mettre en avant ce soubassement africain, Mintz et Price assignent une importance centrale au changement : les cultures noires du Nouveau Monde sont des cultures *nouvelles*. La qualité de spécialiste du groupe des Marrons Saramaka de Richard Price donne une dimension particulière à ce modèle de la créolisation. Car, attaché aux aspects les plus africains des cultures noires du Nouveau Monde, l'anthropologue n'en affirme pas moins que « les continuités formelles depuis l'Afrique sont plus l'exception que la règle dans n'importe quelle culture afro-américaine, même pour celle des Saramaka qui ont été les plus isolés » (Mintz et Price, 1992, p. 60). Prenant appui sur la sculpture sur bois qui est le domaine par excellence pour prouver le maintien des arts africains dans le Nouveau Monde, Richard Price estime cependant qu'il s'agit d'innovations récentes datant du XIXe siècle, même si elles manifestent, dans leur proximité avec l'art africain, l'existence de ces « règles » imputables à des « niveaux culturels profonds » (*ibid.*, p. 53). Depuis l'angle qui est le sien, Alleyne (1996) y aurait sûrement vu la preuve d'une base africaine dont les « structures profondes » auraient été reconduites au travers du changement culturel.

En faisant de l'innovation culturelle l'élément premier des sociétés noires du Nouveau Monde, Mintz et Price (1992) ne prennent pas le risque d'ignorer ou de minimiser les conditions dans lesquelles s'est effectuée la « rencontre ». Ils replacent en effet l'expérience noire américaine dans l'univers coercitif des plantations pour insister sur le monopole du pouvoir des maîtres, sur les conditions d'inhumanité dans lesquelles ceux-ci voulaient maintenir les esclaves. D'un autre côté, les auteurs invitent à ne pas minimiser les interstices, les transgressions qui font que l'institution n'a jamais été figée. À l'intérieur de la structure codifiée et rigidifiée de la société esclavagiste existaient des secteurs qui rendent compte d'interactions sociales entre les différents blocs. Les auteurs dégagent ainsi « une figure schématique de sociétés profondément divisées par les statuts – en même temps que par les types physiques, et plus encore –, mais compliquées par la continuelle interaction des membres des deux groupes à plusieurs niveaux et selon différentes manières [...], en d'autres mots, le système des statuts n'a jamais totalement rendu compte, ni contrôlé l'ensemble des interactions spécifiques entre les individus » (*ibid.*, p. 31 et 35). Ainsi, Mintz et Price postulent l'existence de ces lieux incontournables, y compris au cœur de l'entreprise esclavagiste, où l'échange se produit entre les différents groupes en présence, échanges qui alimentent la dynamique culturelle de créolisation. Pour expliquer la logique de la « créativité », les auteurs soulignent également une autre dimension : celle, pour les sociétés du Nouveau Monde, d'évoluer continuellement dans une dynamique de contacts qui prédisposerait à l'acceptation de la différence culturelle et ferait de l'aptitude au changement une caractéristique des systèmes culturels en présence. C'est ainsi qu'à « l'intérieur des strictes limites déterminées par les conditions de l'esclavage, les Africains-Américains ont appris à donner beaucoup d'importance à l'innovation et à la créativité individuelle » (*ibid.*, p. 51).

Clairement porté à considérer, dans les conditions très particulières de l'esclavage, la « rencontre » entre les mondes comme le substrat des cultures noires des Amériques, le modèle de la créolisation intègre bien ce qui pourrait faire défaut dans celui de la continuité, à savoir le *contexte* dans lequel furent amenés à évoluer non pas les cultures africaines, mais les individus porteurs de ces cultures. L'évidence de la nécessité d'une telle prise en compte n'échappe pas en définitive à tous ceux qui souhaitent de manière rigoureuse reconstituer une généalogie africaine des cultures afro-américaines, comme nous l'avons vu avec Bastide ou Alleyne. Face à la diversité des thèses, on peut se demander si l'on n'est pas tout simplement placé face à une impossibilité à trancher définitivement entre l'argument de la continuité et celui du changement : les deux ne sont-ils pas en définitive constitutifs des cultures noires du Nouveau Monde ? La superposition au sein de chaque interprétation d'affirmations redevables à l'une et à l'autre thèse (notamment les notions quasi interchangeables de « structures profondes » ou de « niveaux profonds ») semble en attester. Il faut alors se tourner vers l'écrivain barbadien Kamau Brathwaite pour prendre toute la mesure de ce besoin de dépasser le clivage apparent entre théories. Auteur d'un travail de référence sur la société jamaïcaine au cours duquel il décrit la « créolisation » comme « processus culturel » où « la confrontation entre deux cultures a été cruelle mais aussi créative » (Brathwaite, 1971, p. 307), cet historien est aussi un poète dont l'œuvre est consacrée à rétablir les liens entre la Caraïbe et l'Afrique, ce qui le fait être généralement perçu à partir de son « engagement africaniste » (Gutzmore, 2000). Doit-on voir une contradiction dans ce mariage sous une forme ou sous une autre entre ces deux interprétations ? Brathwaite nous invite à répondre par la négative à une telle question lorsqu'il affirme :

> C'est durant cette période [de l'esclavage] que nous pouvons voir comment l'Africain importé depuis le lieu de sa « grande tradition » en est venu à s'établir dans un nouvel environnement, utilisant les outils disponibles et les souvenirs de traditions héritées pour fonder quelque chose de nouveau, quelque chose d'antillais, mais quelque chose reconnaissable malgré tout comme africain (Brathwaite, cité par Mintz et Price, 1992, p. XI).

On l'aura compris : les thèses de la continuité et de la créativité ne peuvent pas véritablement s'opposer quand la première reconnaît la présence des souvenirs de l'héritage africain dans la fabrication du nouveau et quand la seconde envisage la création culturelle à partir de la préservation d'une « grammaire culturelle » ancienne…

La thèse de l'aliénation

Si les deux précédentes thèses, surtout la première, penchent plutôt vers le pôle « Herskovits », celle de l'aliénation reconduit quant à elle le positionnement de Frasier par-delà le fait que les auteurs qui la développent ne réclament pas forcément cette filiation avec le sociologue américain. Les écrits de recherche en sciences humaines sur les Antilles françaises sont d'ailleurs ceux qui ont le plus insisté sur cette thématique de l'aliénation. Faut-il mettre un tel constat en rapport avec la situation des îles qui ont fini par fusionner avec la nation française ? On peut le supposer. Le processus ancien d'assimilation en Guadeloupe et Martinique met en jeu des rapports différents qui rendent plus complexes qu'ailleurs les cheminements de l'identification culturelle. Jacques Fredj (1983, p. 1851) a très bien montré combien l'intégration dans un modèle républicain entamée dès les lendemains de la révolution de 1789 avait rendu « impossible l'expression de certaines contradictions sous l'aspect de la différence raciale ». De fait, les sociétés antillaises voient se superposer à partir de la fin du XVIIIe siècle une logique coloniale, celle qui contribue au maintien d'une plantocratie blanche face à une masse noire, et une logique de citoyenneté reconnaissant des individus libres et égaux en droit. Pour les Antillais, lutter pour la liberté passe paradoxalement par un rapprochement avec les idéaux républicains de la métropole, qui demeure pourtant le foyer de l'entreprise esclavagiste et coloniale. Il s'agit en fait d'être aux côtés de la France révolutionnaire contre la France de l'Ancien Régime. Ainsi, les étapes de l'émancipation et de l'acquisition des droits citoyens aux Antilles correspondent exactement à celles de la marche vers la stabilité républicaine en France. Aussi porteuses d'égalités qu'elles aient pu être, ces étapes (abolitions, suffrage universel, départementalisation) brouillent néanmoins les pistes de la conscience des rapports sociaux en ne laissant pas s'exprimer l'opposition fondatrice de ces sociétés. Cette fusion colonisateurs/colonisés opérée dans le domaine politique, et qui reste inégalée dans les îles anglophones, est déjà la marque d'une première difficulté pour les identités à se construire à partir d'une reconnaissance claire des termes de leur propre histoire.

Face à cette situation particulière, la recherche de langue française s'est donc montrée sensible à tout ce qui pouvait faire barrage à l'édification d'une culture produite par le groupe des esclaves et leurs descendants. Le travail de Jean Benoist (1972) qui inaugure véritablement la recherche anthropologique aux Antilles françaises indique déjà par son titre – *L'Archipel inachevé* – l'orientation donnée aux interprétations sur la culture. C'est en effet une période intellectuelle d'une vingtaine d'années qui s'ouvre, presque exclusivement consacrée à analyser le malaise de ces sociétés fondées sur la traite et l'esclavage. La difficulté à consolider les identités sociales y apparaît immense, en rapport avec les violences symboliques héritées de l'institution esclavagiste. Inachevées, ces sociétés le sont au regard de la référence qu'il leur faut toujours chercher à l'extérieur d'elles-mêmes pour s'édifier. « Définis longtemps par d'autres qu'eux-mêmes, les Antillais ont eu, eux aussi, tendance à se définir et à se situer en fonction d'autres, à exister par référence » (Benoist, 1972, p. 8). L'intériorisation du préjugé de couleur où se mêlent attributs sociaux et caractères somatiques est à la base du reniement des appartenances culturelles et produit des « retentissements graves sur la psychologie et sur la construction de l'image de soi » (*ibid.*, p. 28-29). Il s'agit pour l'Antillais d'un « préjugé contre lui-même », nous dit Julie Lirus (1971, p. 31). Parlant de la confrontation permanente entre deux modèles culturels normatifs – l'européen et l'africain – dont l'un est survalorisé par rapport à l'autre, le sociologue François Gresle (1971, p. 548) conclut son étude sur la Martinique en affirmant : « Finalement, le Martiniquais paraît ne devenir lui-même qu'en renonçant à sa condition, en brisant tout lien communautaire, en refusant son héritage et à la limite sa personne. » D'autres, comme Auguste Armet (1982), finiront par parler de sociétés *krazé* « écrasées », c'est-à-dire de sociétés étouffées par le poids de leur histoire, astreintes à une « morbidité générale », subissant l'idéologie de la domination coloniale au point que leur dynamique interne en est fortement altérée, leurs membres déracinés, dispersés et impuissants, leur organisation déséquilibrée…

La thèse de l'aliénation atteint son point culminant, en termes de cohérence, au début des années 1980 lorsque deux auteurs – Francis Affergan et Édouard Glissant – en proposent une approche théorique substantielle d'où se dégage un véritable modèle de communauté privée de sa capacité à se structurer. C'est ainsi que l'*Anthropologie à la Martinique* de Francis Affergan (1983) débouche sur la proposition de deux concepts fortement privatifs que sont les « modes d'improduction » et l'« asocialité ». Car l'histoire de la société martiniquaise est celle d'une « déréalisation » qu'il faut comprendre au sens strict du terme comme une absence d'emprise sur la réalité. Les Martiniquais n'ont jamais pu s'approprier un espace en propre et s'inscrire dans un procès de production finalisé pour eux-mêmes. Et comme « seul appartiendrait à l'histoire le peuple qui produit les causes et les effets de ses besoins », les Martiniquais, ne produisant rien pour eux-mêmes, se retrouvent dans l'impossibilité de s'historiciser, c'est-à-dire d'avoir accès à la maîtrise de leurs orientations culturelles et de leur devenir. L'« asocialité » découle en toute logique de ces « modes d'improduction ». Elle exprime l'absence de ce qui ailleurs contribue à générer les bases communautaires par une pratique économique et matérielle fédératrice. Elle se traduit par « une rivalité entre les individus au travail, un égoïsme sur le plan économique et affectif et une méfiance généralisée » (Affergan, 1983, p. 74). Pour exemplifier son raisonnement, l'anthropologue prend appui sur la paysannerie noire formée à l'abolition et dont il nous dit qu'elle est faite « d'éléments éclatés qui ne semblent obéir qu'à des pulsions et des affects individualistes ou atomisés » *(ibid.*, p. 46).

Le point de vue d'Édouard Glissant (1981) s'attache à la trajectoire depuis la lointaine Afrique pour décliner le parcours d'une dépossession qui commence avec l'arrachement brutal à l'Afrique, se poursuit tout au long de l'esclavage et se répercute dans les liens d'une dépendance accrue avec la métropole. L'histoire des Antillais est ainsi faite d'une succession de ruptures et de négations. Elle est subie. Elle est « non-histoire » car les Antillais, en tant que sujets-producteurs des constituants de leur vie sociale, demeurent absents. La conception de Glissant entretient une familiarité avec le modèle de l'« histoire immobile » évoqué dans le précédent chapitre puisque aucun changement, pas même celui de 1848, n'est intervenu pour rompre ce schéma de la dépossession. L'abolition n'a pas permis cette conquête attendue de l'espace insulaire pour que le peuple puisse « produire par et pour lui-même ». Le pays n'en est pas un. Il n'est ni espace ancestral ni espace approprié : « La légitimité de cette possession collective n'est pas même amorcée » (Glissant, 1981, p. 18). D'où une société où « les groupes sociaux ne sont pas ressentis dans leur structuration comme le résultat d'une histoire intrinsèque » (*ibid*., p. 88). La mémoire collective est « raturée » et la conscience collective privée de sa capacité à « sédimenter » la communauté. Celle-ci reste dispersée, émiettée. Là encore, la paysannerie conforte la démonstration. Et si Glissant juge celle-ci comme un des rares témoignages de résistance, il la voit pourtant comme un « rassemblement », mais pas comme une « nation », ces paysans ne parvenant pas à « consacrer en traditions des habitudes communes » et « à générer de l'unité tout court » (Glissant, 1981, p. 67-69).

De l'aliénation et de son revers : l'émergence d'une nouvelle conception de l'identité

La thèse de l'aliénation a eu incontestablement le mérite de faire contrepoids à la tendance du « tout résistance » qui était tentée de minimiser les aspects déstabilisants de l'institution esclavagiste pour accéder ainsi à une collectivité souveraine construite par référence à l'Afrique. Elle a sûrement correspondu à une étape nécessaire de la pensée sociale engagée dans la lutte contre le colonialisme. Il semble cependant possible d'affirmer que nous sommes aujourd'hui sortis du paradigme de l'aliénation. Les écrits d'Édouard Glissant (1990) eux-mêmes ont permis ce recul. S'ils continuent à établir que les identités antillaises ont été soumises à une logique de l'enfermement, ils proposent néanmoins une conception où la communauté n'est plus perçue par rapport à ses manquements au modèle classique d'un collectif uni et solidaire, mais par sa capacité à être malléable, « ouverte », disposée au changement. La « dispersion collective » qu'il avait diagnostiquée comme conséquence de la dépossession esclavagiste se charge ainsi de valeurs positives et donne à voir un modèle inédit de l'identité hors de l'orthodoxie des modèles communautaires unitaires. D'un autre côté, des études de terrain assez récentes ont montré que le modèle paysan ne pouvait plus servir à la démonstration d'une quelconque aliénation. Elles apportent des matériaux nouveaux qui vont sérieusement à l'encontre d'une telle thèse en attestant de la force du projet collectif que les Nouveaux Libres, en Martinique et en Guadeloupe, mettent en place à l'abolition de l'esclavage jusqu'aux années 1960 (Chivallon, 1998 ; Lawson-Body, 1990). Il y a bien eu des périodes dans l'expérience antillaise où les peuples noirs ont pu se saisir de l'occasion de développer un projet qui leur soit propre.

La tournure prise par la vision d'Édouard Glissant (1981, 1990) indique l'émergence d'une nouvelle conception de l'identité. Celle-ci exprime en fait le passage d'un modèle centré de la communauté (unité, mémoire, territoire), que Glissant estime absent aux Antilles, à un modèle décentré (ouverture, changement, déracinement) qui serait le résultat de l'expérience vécue dans l'univers des plantations. L'écrivain martiniquais oppose ainsi une identité de la « filiation » (linéarité) à laquelle la logique esclavagiste a fait obstacle et une identité de la « relation » (transversalité) qui découle de cet accès interdit aux formes classiques de la communauté. Dans le langage poétique qui est le sien, Glissant (1990, p. 89) formule cette belle conclusion : « La plantation est un des ventres du monde [...]. Ainsi la limite, qui était sa faiblesse structurelle, devient pour nous un avantage. Et pour finir son enfermement a été vaincu. Le lieu était clos mais la parole qui en est dérivée reste ouverte. » Somme toute récente, et encore insuffisamment investie par la recherche sociologique qui en soulignerait les éventuelles adéquations empiriques, cette conception de l'identité occupe plutôt les écrits littéraires et philosophiques. Bien que s'en distinguant, elle entretient des similitudes avec le projet de la créolité et les théories sur l'*hybridité*, comme celle de Paul Gilroy. Leur point commun pourrait être la mise en valeur du métissage et de l'ouverture. Mais on trouve chez E. Glissant la volonté ferme d'échapper à un quelconque « modèle d'humanité » pour ne retenir que le principe de mise en relation qui oblige dès lors à envisager « l'identité » en variation continuelle, et non plus accrochée à son suffixe « ité » (africanité, européanité, créolité...), ce que traduit la désignation même de cette identité sous le vocable de « relation ».

Quoi qu'il en soit, cette interprétation nouvelle rompt avec la démarche contenue dans les thèses sur la continuité et la créolisation, et ceci en dépit du fait que Glissant (1990, p. 101) utilise lui-même le terme de « créolisation » (« un des modes de l'emmêlement ») pour désigner ce processus constamment à l'œuvre empêchant que ne se fixe le contenu des identités. En effet, les deux premières thèses se structurent plutôt autour de la question de l'« origine » (traditions ou changements ?). La vision de l'« ouverture » – comme, d'ailleurs, celle de l'aliénation – ramène le débat à la question de l'identité collective. Car c'est bien d'elle qu'il s'agit lorsque nous abordons le domaine de la culture. Connaître l'origine ou les processus par lesquels telle ou telle composante culturelle en est venue à se manifester est certainement une préoccupation légitime de la recherche. Mais tout aussi nécessaire est l'intérêt pour les significations collectives exprimées par ces différentes composantes. En d'autres termes, il y a tout lieu de se demander quelle est la teneur du projet collectif mis en œuvre au sein des cultures noires des Amériques. Selon cette perspective, la question de savoir si un élément est africain ou non a moins d'importance que de savoir si les populations d'aujourd'hui en revendiquent ou non l'africanité, une question dont on verra qu'elle est indissociable de celle qui consiste à définir la diaspora noire des Amériques.

CHAPITRE V

Un objet de recherche à géométrie variable ?

L'exemple de l'institution familiale saisie à travers les trois thèses sur le monde afro-américain

Les remarques qui suivent ont pour objectif d'illustrer les modalités de la formulation de théories aussi différentes sur les cultures noires des Amériques alors que les données qui les alimentent paraissent souvent identiques d'une recherche à l'autre. Le domaine familial des sociétés de la Caraïbe servira à démontrer la difficulté à résoudre la question de l'origine sur laquelle se fonde en définitive la rivalité entre les thèses de l'africanité et de la créolité. Nous verrons cependant que l'objet de recherche, de par sa complexité, qui n'est pas fortuite, contribue lui-même à engendrer une diversité d'interprétations.

La matrifocalité comme modèle familial spécifique de la Caraïbe

La famille noire antillaise a polarisé de nombreux débats autour de la définition du modèle qu'elle présente. Depuis les écrits de R. T. Smith (1956) sur le Guyana, l'orientation fondamentale de l'organisation familiale est décrite comme « matrifocale », c'est-à-dire centrée sur la mère et ses enfants. Elle se caractérise par la constitution de maisonnées qui peuvent regrouper plusieurs générations en ligne maternelle, la matrifocalité au sens strict du terme désignant la résidence sous le même toit d'au moins trois générations : grand-mère, mère, fille. « Autour de la femme qui en est l'élément principal, gravitent d'autres personnes qui s'intègrent plus ou moins durablement à la maisonnée (sœurs, frères, filleuls, mère, etc.) » (Benoist, 1972, p. 36). Les naissances résultent d'unions temporaires et successives où les partenaires masculins jouent un rôle secondaire dans le fonctionnement de la maisonnée. Les fratries peuvent être très hétérogènes, les frères et les sœurs ne portant pas tous le même nom en fonction du statut de la filiation qui atteste ou non de la reconnaissance par les différents pères. Dans tous les cas, qu'ils réunissent deux générations ou plus, les foyers matrifocaux sont marqués par la faiblesse ou l'inexistence du rôle tenu par le père.

La présence au sein des sociétés antillaises d'un autre modèle familial d'origine européenne et attribuable au groupe des colons, à savoir le ménage stable légitimé par le mariage, implique une tension contradictoire entre les deux pôles que représentent la matrifocalité d'un côté et le foyer nucléaire de l'autre. La cellule centrée sur la mère que l'on retrouve dans les milieux noirs populaires est ainsi exclusivement associée à la strate noire de la population, tandis que le foyer nucléaire incarne le modèle par excellence des couches supérieures et des Blancs en particulier. D'où l'existence d'une hiérarchie de valeurs entre ces deux modèles qui n'est autre qu'une des formes prises par l'idéologie socio-raciale des sociétés de plantation. Elle conditionne des stratégies matrimoniales pour atteindre ce qui paraît être un idéal et contribue ainsi à créer des types divers de foyers dont l'organisation témoigne des tentatives faites en vue de l'établissement d'un couple durable. L'anthropologue Guy Dubreuil (1965) a ainsi décrit pour la Martinique les formes que peuvent prendre ces foyers selon qu'ils intègrent ou non des attributs de l'un ou de l'autre modèle : foyer nucléaire simple, foyer nucléaire composé, foyer nucléaire associé à une cellule matrinucléaire (une femme et ses enfants)... jusqu'à la cellule matrifocale à proprement parler, incluant plusieurs générations de femmes sans partenaire stable.

Cette co-présence hiérarchisée de modèles familiaux distincts se retrouve à travers toute la Caraïbe. Aux Antilles françaises, elle a donné lieu à d'abondants commentaires destinés à pointer l'ambivalence des modèles d'identification culturelle et la difficulté à se situer continuellement en fonction de normes contradictoires (Gresle, 1972). Mais, par-delà les disparités auxquelles conduisent les aménagements contraints par l'existence de ces deux pôles normatifs, la famille antillaise finit par être caractérisée selon un élément unique, à savoir la cellule matrinucléaire. C'est en tout cas le point de vue clairement affirmé par G. Dubreuil (1965, p. 125) et sous-jacent à de nombreux écrits anthropologiques : le modèle matrifocal est le pivot de l'institution familiale antillaise, son point de départ et même son « élément universel ».

Décrite comme instable, fragile, déstructurée, cette famille antillaise ne peut donc que venir attester des atteintes profondes du système colonial sur la communauté des descendants d'esclaves. Elle entre assez aisément dans les contours de la thèse de l'aliénation, d'autant que les études les plus fameuses conduites dans la Caraïbe, celles de R. T. Smith (1956) ou de E. Clarke, (1966), ont postulé le lien entre la fréquence de la matrifocalité et les conditions économiques de pauvreté générées par le système des grandes plantations agricoles. L'histoire intervient par-dessus tout comme explication majeure de la forme désordonnée de cette institution familiale, avec en son centre la figure de la mère qui vient combler le vide laissé par le père. Le vagabondage sexuel de celui-ci, son irresponsabilité chronique, sa sociabilité tournée vers l'amitié masculine où se joue la reconnaissance de sa virilité sont autant de traces de son éviction par le pouvoir ancestral du maître d'une possible paternité pleinement assumée.

Car l'institution esclavagiste a dépossédé l'homme esclave de son rôle de père. Le maître, et lui seul, incarne la figure paternelle tout en la rendant inaccessible, impossible à inscrire dans la filiation puisque forcément placée hors de toute communauté consentie. Pour Édouard Glissant, le viol de la femme africaine est au commencement de cette famille décomposée, dans « l'univers absolument fou du bateau négrier ». Ainsi « n'y a-t-il pas de Martiniquais qui ne compte au moins une femme violée parmi ses ancêtres » (Glissant, 1981, p. 297). Comme l'analyse fort justement Stéphanie Mulot (2000), cette thèse du viol originel offre une représentation de l'histoire qui s'interdit d'envisager le métissage autrement que par la violence subie. Elle configure des rapports sociaux où le clivage entre Blancs et Noirs s'inscrit dans un déséquilibre sexuel majeur. Les échanges matrimoniaux, la « circulation des femmes », que les préceptes de l'anthropologie classique ont appris à reconnaître comme des moyens de créer des relations entre les groupes, ne relèvent ici d'aucun principe de réciprocité, l'homme blanc étant le seul à pouvoir accéder aux femmes de l'autre groupe qu'il domine déjà par cette seule prérogative. L'esclavage vient entériner la dépossession primordiale du viol fondateur en privant l'homme noir de tout moyen d'exercer son autorité paternelle. Les comportements sexuels adoptés par celui-ci, avec l'importance du multipartenariat, tout comme l'effacement masculin de la sphère familiale seraient les conséquences directes de ce contexte historique, enregistrables jusqu'à aujourd'hui. Elles exprimeraient l'impuissance de l'homme à restaurer sa responsabilité paternelle tout comme elles traduiraient sa capacité à démontrer malgré tout une puissance – ici sexuelle, physique, corporelle – soumise à l'approbation des pairs masculins.

De ce point de vue, la thèse de l'anthropologue Peter Wilson (1973) prend le relais des interprétations relatives à l'esclavage et à l'histoire. Reprise encore récemment par M. Giraud (1999) ou S. Mulot (2000), elle vient articuler la dynamique des rapports conjugaux à partir des notions de réputation et de respectabilité. La première, la réputation, ressortit à un système de valeurs « indigène » et régule les conduites masculines autour d'une compétition pour l'acquisition d'un prestige que confère la démonstration de certaines qualités assez contraires aux normes dominantes : conquêtes féminines, don de la joute oratoire, aptitudes pour la danse, consommation d'alcool… La « réputation » serait la résultante, pour l'homme, de son empêchement à être reconnu comme « respectable » au moyen de l'affirmation d'une réussite économique. La respectabilité appartient, en revanche, à l'univers domestique féminin et marque l'adéquation à un ordre de valeurs directement inspiré par les normes de la société coloniale. Les rapports entre les sexes, les unités familiales sur lesquelles ils se fondent sont soumis à cette articulation entre les univers de valeurs masculin et féminin, entre résistance à la norme dominante et adhésion à cette même norme. Alors que l'homme tend à cultiver les marges du système et à évoluer dans une communauté « qui se définit dans son décalage par rapport à la loi » (Mulot, 2000), la femme tend à intégrer un univers régulé par la conformité à cette même loi. La matrifocalité résulterait de la gestion de cette tension entre ces systèmes de valeurs et scanderait en définitive l'instauration paradoxale du régime de valeurs masculin (vagabondage et absence du père) simultanément à celle de l'autorité féminine dans la sphère domestique. Pour S. Mulot (2000, p. 577), qui la tient pour spécifique de la société guadeloupéenne, la famille matrifocale traduit en dernière analyse la place centrale de la mère, non pas en tant que conséquence, mais en tant que cause. La relation filiale témoigne d'un investissement fort qui fait de la mère un « pôle » stable que n'explique pas à elle seule l'absence du père, mais que conforte aussi – voire en détermine l'existence – « l'évincement par la mère ou par la grand-mère de tout élément susceptible de remettre en question la fonction première [de ce pôle] ». Dans cette vision de la matrifocalité, c'est d'un côté la mère qui détient l'autorité et de l'autre l'homme blanc qui conserve le pouvoir (ou toute figure symbolique s'étant substitué à celle du maître, comme l'État français). Il reste alors à l'homme antillais le domaine de la puissance et de la démonstration par la performance du corps.

La matrifocalité, avec l'incertitude autour de la présence paternelle qu'elle se charge d'exprimer, se prête assez bien de toute évidence à la cohérence de la thèse de l'aliénation. Nous venons de voir, à partir de la conception du viol originel, combien son interprétation pouvait induire une symbolique forte de la violence subie, ne pouvant permettre d'envisager la famille formée par les esclaves et leurs descendants comme relevant d'un quelconque héritage ou projet qui soit propre à ceux qui le mettent en œuvre. À l'opposé, pourtant, la matrifocalité a pu être envisagée depuis l'angle d'une continuité africaine. Reposant sur un lien fort à la mère, autorisant la multiplicité des partenaires, établissant un lien étendu entre les générations, cette forme familiale rappelle plus les liens de parenté africains qu'européens. Comme nous l'avons entrevu plus haut, la fameuse controverse entre Herskovits et Frazier repose sur l'argument du premier quant à l'origine africaine de la famille antillaise. La matrifocalité apparaissait en effet à l'anthropologue « comme une réinterprétation d'une structure polygénique africaine » (Benoist, 1972, p. 37). Curieusement, la thèse de l'aliénation retrace elle aussi cette même filiation avec l'Afrique. Le « corps familial martiniquais porte la trace des traditions africaines », nous dit Édouard Glissant (1981, p. 97-98), mais pour aussitôt affirmer qu'il rencontre la volonté d'« anti-famille » du système esclavagiste et l'idéologie coloniale « qui contredit manifestement aux tendances héritées de l'Afrique ».

Concernant la thèse de la créolisation, Mintz et Price ([1976] 1992) établiront avec un certain recul que l'organisation familiale est avant tout dépendante des conditions historiques de sa formation, dans un contexte de grande instabilité. Fidèles à leur double perspective où la nouveauté est créée à partir d'une grammaire cognitive reconduite, ils postulent la variabilité de l'institution familiale, selon « les circonstances particulières dans lesquelles se sont trouvés les esclaves dans le Nouveau Monde, l'ampleur avec laquelle le régime esclavagiste contrôlait, interférait avec ou interdisait la re-création de solutions institutionnelles » (*ibid.*, p. 67). Il faut dire que les deux anthropologues ne se polarisent pas sur la « matrifocalité », mais que leur point de vue intègre la diversité des formes familiales mises en œuvre au sein des sociétés antillaises. Ils prennent notamment en compte cette forme remarquable que constitue le *lakou*, dispositif patriarcal haïtien (examiné plus loin dans ce chapitre) que l'on retrouve présent sous une forme ou sous une autre dans toute la paysannerie de la Caraïbe, y compris aux Antilles françaises. Grand oublié des études sur la « famille antillaise » quand celle-ci est qualifiée de matrifocale, cet autre aspect majeur de l'institution familiale affaiblit de toute évidence la cohérence des interprétations développées à partir de la prétendue universalité du modèle centré sur la mère.

La matrifocalité comme institution familiale propre aux cultures antillaises est-elle emprunte de traces africaines, ou bien exprime-t-elle une déstructuration collective, ou encore est-elle issue du brassage des univers culturels ? Pour aborder une telle question – dont il n'est pas sûr, au demeurant, qu'elle soit la bonne pour comprendre un phénomène culturel tel que la famille –, ne faudrait-il pas d'abord être sûr que cette fameuse matrifocalité représente bien le modèle attribuable aux couches populaires des sociétés antillaises ? Or rien n'est moins sûr, comme viennent le suggérer de façon convaincante certains travaux établis au cours des quinze dernières années, en particulier ceux produits dans le champ de la démographie.

Un objet qui se dérobe : la matrifocalité remise en cause

Aux Antilles françaises, on peut dire que l'étude d'Yves Charbit (1987) jette un véritable pavé dans la mare des conceptions sur la famille antillaise, du moins pour qui se réfère à son travail qui ne semble pas avoir eu l'écho qu'il méritait dans la recherche sur la Caraïbe. À la suite d'une série d'enquêtes quantitatives, le démographe est en mesure d'affirmer que la famille matrifocale constitue un phénomène minoritaire, non seulement aux Antilles françaises, mais aussi dans d'autres pays de la Caraïbe dont le niveau de vie est bien plus bas (Jamaïque, République Dominicaine, Guyana...). Le foyer nucléaire constitue le type d'organisation familiale le plus répandu. En termes de cycles de vie nuptiale, la notion de pluripaternité (enfants de plusieurs pères), qui paraît plus adaptée pour décrire l'instabilité des unions, permet d'arriver à des conclusions aussi inattendues : aux Antilles françaises, la majorité des femmes ont des enfants d'un seul partenaire. Certes, les foyers monoparentaux centrés sur la mère ne sont pas absents, ni ceux attestant de la succession de partenaires. Pour l'ensemble de la Caraïbe, ils apparaissent néanmoins plus fréquents dans les milieux où l'insertion économique stable du père apparaît compromise, comme pour les ouvriers saisonniers des grandes plantations capitalistes. Les foyers matrifocaux seraient donc plus liés à une culture de la pauvreté qu'ils n'indiqueraient une double norme au sein des sociétés antillaises. Selon Charbit (1987, p. 322), cette polarisation de la recherche sur la matrifocalité comme institution familiale spécifique à la Caraïbe, alors qu'elle est marginale, s'explique largement par des raisons « idéologiques ». Au travers de la mise en valeur d'un tel modèle, il devenait possible tout à la fois de dénoncer les ravages du système colonial comme de composer un modèle original, différent de celui des Européens, et redevable à ses origines propres. Quand on sait que l'un des plus célèbres ouvrages sur la famille dans la Caraïbe, celui d'Edith Clarke sur la Jamaïque au titre annonciateur d'une matrifocalité dominante – *My Mother Who Fathered Me* (« Ma mère qui fut paternelle », 1966) –, s'appuyait sur un échantillon où les ménages nucléaires étaient largement dominants (60 à 70 %), il y a tout lieu de penser que la famille antillaise, comme tout autre sujet de recherche, se charge aussi de l'intention de celui ou de celle qui en théorise les expressions.

La qualification « matrifocale » est donc capable de résister au constat statistique. Francis Affergan (1983, p. 64) suit une voie similaire à celle d'Edith Clarke, puisque, parlant de cellules familiales à la Martinique composées « de couples qui sont soit légitimes (mari/femme), soit illégitimes (concubinage) », il en déduit que « dans les deux cas, le problème de la matrifocalité se posera ». Parce qu'elle sert de marqueur de légitimité entre les terrains disciplinaires, la nature des données n'est pas étrangère à cette partition entre ceux qui défendent la matrifocalité comme « fondamentale » et ceux qui la réfutent. L'anthropologie tient en effet le nombre à distance, comme si compter, méthode par ailleurs « impure » au regard de l'activité plus noble d'accès aux discours indigènes, empêchait d'accéder au domaine de la représentation et du symbolique, et s'adressait en définitive à un domaine séparé. Il n'y a pas lieu d'aller plus loin dans ce débat abordé par ailleurs (Chivallon, 2000a), mais notons seulement que les résultats puisés à travers l'observation anthropologique et ceux issus de l'enquête démographique sont plutôt mis dos à dos sans tentative réelle de les articuler, et surtout pas dans un dispositif théorique qui permettrait de comprendre leur mutuelle exclusion ou leur nécessaire harmonisation. Comment une réalité peut-elle être dite contraire, opposée ou différente des phénomènes sous lesquels elle se manifeste ?

Faut-il se joindre à la thèse, par ailleurs passionnante, de S. Mulot (2000) qui fait de la matrifocalité une « réalité quotidienne [...] prégnante et [...] visible pour n'importe quel observateur de passage » ? Une réalité omniprésente, mais qui se cacherait pourtant derrière des « statistiques qui prouvent la supériorité numérique actuelle du couple stable et marital ». Les chiffres seraient ainsi « éloquents, mais peu convaincants ». La matrifocalité serait alors agissante dans des représentations symboliques qui la doteraient d'efficacité au plan relationnel, mais sans pour autant se traduire dans la composition même des liens familiaux puisque ceux-ci s'apparentent au modèle nucléaire. Même si l'homme est présent dans le foyer, il reste ainsi tributaire d'une configuration matrifocale qui le fait être privé d'une autorité paternelle effective. De ce point de vue, Michel Giraud (1999) fournit un contrepoint utile quand, commentant les systèmes de valeurs imputables aux sphères de la réputation et de la respectabilité, il suggère que ni l'un ni l'autre ne doivent être coupés des formes qui leur donnent corps et leur « part de vérité » (multipartenariat *versus* stabilité conjugale), allant même jusqu'à sous-entendre que la respectabilité n'est possible qu'au détriment de la réputation et vice versa. Il serait donc peut-être vain de rechercher un type dominant. Mais surtout, comme l'affirme si bien le sociologue, aucun construit social ne peut être saisi sans tenir ensemble les représentations et les constructions que ces représentations ont le pouvoir de faire parvenir à l'existence. Si les valeurs de la matrifocalité se projettent dans l'existence de cellules matrinucléaires ou monoparentales, il reste à comprendre quel ordre de valeurs est incarné dans les foyers nucléaires stables, en recherchant leur « part de vérité » plus qu'en stipulant leur artificialité ou leur aspect trompeur.

Même si l'on devait admettre la thèse parfois convaincante – comme au travers des écrits de S. Mulot (2000) – d'une matrifocalité agissante par-delà l'organisation apparente des foyers, il resterait cependant à comprendre l'importance de l'organisation familiale qui se met en place pendant la période post-abolitionniste, et dont il est bien difficile de dire qu'elle soit matrifocale, et même nucléaire de type européen. Il s'agit ici de prendre en compte les systèmes familiaux répandus dans la société rurale et se structurant à partir du lien entretenu avec la terre.

Les familles paysannes à tendance patriarcale

Les recherches sur le monde paysan antillais sont celles qui ont prêté le plus d'attention aux expressions d'une organisation familiale dont il est permis de penser qu'elle est compatible avec le constat statistique que les démographes établiront plus tard. Elles vont généralement dans le sens de la remarque qu'Orlando Patterson formulait à propos de la Jamaïque, à savoir que la période post-abolitionniste, au cours du XIXe siècle, montre la « restauration de la dignité masculine et la pleine affirmation du rôle de père-mari nourricier, à tel point que la famille paysanne typique était une unité étendue avec un chef de famille patriarcal dont l'autorité était presque victorienne » (cité par Charbit, 1987, p. 297). Que cette « restauration » de la famille étendue et du rôle du père soit passée inaperçue derrière le phénomène matrifocal n'est pas très étonnant. On se souviendra que le développement de la paysannerie avait été lui aussi minimisé au profit d'un schéma immobiliste de l'histoire. Tout ce qui se rapporte au monde paysan était, dans ces conditions, bien compromis pour être élevé au rang de spécificité des cultures antillaises.

Avec cette paysannerie se met effectivement en place un modèle d'organisation familiale particulier étroitement lié à la propriété de la terre. Pour qui s'intéresse aux liens entre espace et société, il est remarquable de constater combien la consolidation du lien familial, si fragilisé par l'esclavage, passe par un rapport fort et intime au sol. Il s'agit d'observer ce que la thèse de l'aliénation prétendait n'avoir pu distinguer aux Antilles, à savoir une appropriation de l'espace capable de participer à une auto-affirmation du groupe. À Haïti, cette organisation repose sur la structure résidentielle du *lakou* – ou « lacou », contraction des mots français « la cour » (d'Ans, 1987 ; Bastien, 1985 [1951]). Elle se met en place après l'indépendance là où disparaît la grande propriété. Elle indique la présence d'un noyau originel formé autour du premier propriétaire et regroupe plusieurs maisonnées – celles des enfants du patriarche fondateur – disposées de manière concentrique à partir de la case de ce dernier. Au fur et à mesure de la succession des générations, des « sous-lacou » se forment et indiquent, *via* l'espace, le degré de parenté avec le patriarche et entre les différents membres de la parenté. Le « lignage » naît ainsi d'une possible inscription au sol. La propriété assure la longévité du groupe familial et instaure une continuité qui transcende le caractère provisoire des existences individuelles. Chaque membre du lignage est assuré d'avoir accès aux terres et, à moins d'en permettre le partage substantiel et équitable entre cohéritiers des « sous-lacou », celles-ci restent indivisibles. Le chef de famille est le titulaire du patrimoine en même temps que le gardien des puissances tutélaires qui président à la destinée spirituelle du lignage. Car le *lakou* est placé sous la protection d'esprits auxquels un culte domestique est rendu. Le chef de famille peut être un *hougan* (prêtre du vaudou) et sa maison, un *houmfo* ou une *kay-mistè* (« maison des mystères »), c'est-à-dire le temple destiné aux cérémonies rituelles. Qu'il soit ou non reconnu comme spécialiste du monde surnaturel, le patriarche est dans tous les cas le responsable des rites domestiques consacrés aux *loas*, ces divinités du vaudou qui peuvent avoir été léguées par les ancêtres. La sépulture de ces derniers se trouve sur le *lakou* qui fait la jonction entre le monde des vivants et le monde des morts et entérine ainsi le lien quasi sacré entre terres et familles (*ibid.*).

Le statut des foyers attribuable à ce modèle familial de la famille patriarcale étendue n'est pas homogène en fonction du recours ou non au droit formel. Les ménages peuvent être sanctionnés par le mariage ou résulter de « placages », cas le plus courant qui signifie un concubinage stable (ou mariage non officiel). D'autres foyers indiquent la présence d'une concubine à laquelle le chef de famille aura concédé, hors de son foyer légitime, le bénéfice d'une parcelle sans pour autant que cette descendance illégitime entre dans le lignage et puisse prétendre aux terres. L'utilisation du code européen articulé autour du couple légitimité/illégitimité sert donc aux pratiques lignagères pour désigner les ayants droit aux terres. Mais en aucun cas il ne répercute les codes moraux associés aux valeurs de fidélité et de chasteté propres à la conception européenne. Les pratiques d'héritage montrent ce même assemblage entre une sorte de droit « coutumier » et le droit moderne hérité de l'époque coloniale. L'évolution des *lakou* se montre très sensible à l'appropriation individuelle. Le principe coutumier d'indivision de la terre rencontre ainsi le respect de l'individualité sanctionné par le droit officiel à la propriété pour toute personne. Si la famille étendue semble l'emporter, ce n'est que lorsque sont épuisées les solutions possibles d'un accès privé à la terre pour chacun, par partage successoral ou par acquisitions nouvelles. Le plus souvent, ces solutions sont compromises par la pression démographique. Le *lakou*, lorsqu'il est laissé dans l'indivision, vient alors signifier la permanence du collectif comme solution refuge pour que ne soit jamais plus perdue la possibilité si émancipatrice d'une appropriation du sol (*ibid.*).

Aux Antilles françaises, le couple propriété/famille paysanne ressemble par de nombreux aspects à celui du *lakou* d'Haïti, même si la dimension symbolique apportée par le culte des ancêtres et les pratiques vaudouïsantes n'y a pas la même importance (Chivallon, 1998). L'une des caractéristiques du mouvement d'appropriation des terres paysannes, tel qu'il se déroule à la Martinique, tient au fait qu'il est placé sous la responsabilité des hommes. Un acquéreur originel, un homme, ancien esclave, apparaît généralement comme le fondateur de la propriété familiale, plutôt au cours des années 1860-1870. Il n'est pas rare d'ailleurs de le voir constituer un foyer avec une compagne dont il a eu des enfants alors qu'il était esclave, enfants qu'il reconnaît et légitime dès lors qu'il a acquis la qualité de citoyen. Sa descendance constitue à son tour des foyers souvent nucléaires au sein d'unités de résidence distinctes, réparties sur le terrain du père. La transmission des terres valorise la lignée paternelle. Si chaque enfant, quel que soit son sexe, possède un droit d'accès à la terre, il existe néanmoins des principes destinés à encourager le départ préférentiel des filles. On attend de celles-ci qu'elles rejoignent la propriété de leur compagnon ou époux et qu'elles consentent des arrangements avec leurs cohéritiers (vente de leurs parts respectives, accord tacite d'utilisation de ces mêmes parts par les frères...). L'existence de ces principes débouche sur la prédominance de la lignée paternelle sur le patrimoine, ce que révèle l'étude de la transmission des terres (*ibid.*, p. 134-137). S'il constitue un idéal, le partage successoral égalitaire entre tous les héritiers ne peut cependant se pratiquer sans risquer de compromettre la viabilité des terres. À la manière du *lakou*, le principe de sauvegarde ultime réside alors dans l'indivision des terres. On voit ainsi se constituer précisément l'entité famille-patrimoine. C'est elle qui apparaît comme l'élément stable sur lequel chaque héritier peut compter quand l'entité individu-propriété se révèle impossible à mettre en œuvre.

Apparemment proche du modèle de l'élite coloniale, ce foyer nucléaire qui tend à privilégier la lignée paternelle n'en est pas pour autant redevable aux mêmes normes et valeurs. Si la légitimité du statut de naissance renforce le droit à la propriété familiale, les pratiques d'héritage ne diffèrent pourtant guère quand il s'agit d'enfants issus de concubinages stables. Le mariage des parents peut d'ailleurs intervenir assez tardivement – à la fin du parcours conjugal plutôt qu'en son début – comme s'il s'agissait d'établir une situation, d'en montrer la solidité pour ensuite la reconnaître, et non d'anticiper sur le futur de cette situation. Dans un système qui peut tolérer la relation extra-conjugale, à condition que la stabilité du foyer principal ne s'en trouve pas remise en cause, la hiérarchie des relations conjugales et des filiations s'établit autant par le recours au droit civil que par l'usage de la terre. La légitimité scande la suprématie des enfants issus du foyer principal, mais la reconnaissance d'un ancrage familial s'obtient aussi par la concession de terres, lorsqu'un père fait don d'un lopin aux enfants d'un second foyer illégitime. Ainsi, comme à Haïti, les principes du droit juridique colonial sont réappropriés et mêlés à des pratiques coutumières pour servir à nommer et hiérarchiser les relations instituées dans le système familial paysan.

À la Jamaïque, les travaux de l'anthropologue Jean Besson (1998) ont montré que dans les *free villages* fondés à l'abolition, une organisation similaire se met en place. Elle aussi assez proche du *lakou* haïtien, elle montre cette adéquation caractéristique entre patrimoine foncier et continuité familiale. Le mode de transmission privilégie l'accès à la terre sans distinction apparente des lignées paternelles ou maternelles, la notion de « propriété familiale » se présentant avant tout comme un moyen de sceller les liens de consanguinité. Autant l'homme que la femme occupent une place centrale comme « transmetteurs et administrateurs du patrimoine ». Selon l'anthropologue, la « propriété familiale est la dimension spatiale de la lignée familiale, reflétant sa continuité et son identité, lui fournissant tout à la fois un droit inaliénable de libre propriété, un habitat, un jardin domestique, un endroit où les absents pourront toujours revenir en cas de besoin, un lieu de sépulture pour la famille » (*ibid.*, p. 54).

Diversité des interprétations, complexité de l'objet

Ce modèle à tendance patriarcale contraste de toute évidence avec la matrifocalité. S'il permet de mettre sérieusement à distance la thèse de l'aliénation en montrant combien la population des anciens esclaves préside à ses choix communautaires, il laisse cependant entière l'alternative « africanisé/créolité ». Jean Besson (1998, p. 54-55), par exemple, entend souligner les continuités depuis l'Afrique traduites par le caractère collectif de la propriété familiale. L'anthropologue ne délaisse cependant pas le « contexte de construction de la culture antillaise » qui apporte des différences notables avec l'Afrique, comme les filiations indifférenciées, alors que les systèmes de parenté d'Afrique de l'Ouest sont plutôt unilinéaires.

De son côté, A. M. d'Ans (1987, p. 237-246) fustige ceux qui ne s'en remettent qu'à des « fantasmes d'africanité ». Pour lui, « les réminiscences identifiables de traits africains dans la culture haïtienne ne doivent pas faire illusion ». Ce sont « des coquilles vides, purement formelles et souvent isolées que le système haïtien de reconstitution a remplies d'un sens nouveau ». Pourtant, cet auteur (*ibid.*, p. 250) en vient à expliquer, au détour d'une note de bas de page presque accidentelle, les rites de protection du *lakou* par leur généalogie africaine en associant l'esprit Legba qui sert de médiateur entre l'intérieur et l'extérieur, le temporel et le spirituel, à la divinité qui porte le même nom et remplit les mêmes fonctions au Dahomey. Et si l'anthropologue souhaite voir la culture haïtienne comme une « culture de recomposition », il n'échappe pas au désir de lui trouver une origine dont il veut cependant, avec un quasi-acharnement, qu'elle soit située en Europe. Le *lakou* serait ainsi une émanation du clan familial « de la France de l'Ancien Régime » (*ibid.*, p. 254). Dans cette perspective, la thèse de la créativité peut-elle être prise au sérieux s'il devient manifeste – au contraire du modèle de Mintz et Price – qu'on ne veut rien concéder d'une quelconque parenté africaine à ceux dont les origines remontent effectivement à l'Afrique ?

Plus de recul, voire de sagesse, s'opère dans les commentaires de Rémi Bastien qui postule le caractère vain qu'il y aurait à attribuer au *lakou* soit une origine purement africaine (le *compound* du Dahomey), soit une origine européenne (la famille paysanne patriarcale). Et Bastien (1985 [1951], p. 162-63) de conclure : « Nous estimons pour notre part que déterminer d'où provient telle ou telle coutume n'est pas aussi important que de savoir pourquoi elle s'est trouvée adoptée et intégrée dans l'ensemble culturel haïtien. »

Cette dernière remarque rejoint complètement la conclusion à laquelle nous avait conduit l'examen des trois thèses sur les cultures noires des Amériques. Pour comprendre le sens d'une culture et le projet identitaire de ceux qui la composent, la question de l'origine est supplantée par celle du contenu. Que signifient les choix culturels (familiaux, religieux, politiques) des populations noires des Amériques ? Quels discours ou représentations sur l'identité les accompagnent ? En ce sens, il y a tout lieu de savoir comment la présence de l'héritage africain que les ethnologues repèrent et qu'il serait bien difficile d'ignorer, même sous la forme de simple « grammaire », est abordée par le collectif lui-même : fait-elle l'objet d'une construction de l'identité par référence explicite à l'Afrique ou est-elle du domaine des pratiques routinières laissé à l'état d'impensé ?

L'intuition selon laquelle la question de l'origine serait en définitive un domaine annexe et non central pour comprendre les significations produites par les cultures antillaises est présente chez un auteur comme S. Mintz, qui affirme : « Le contenu des cultures afro-américaines dans cet hémisphère prend toute sa signification dans l'usage que les Afro-Américains en ont fait, et non dans le fait que ses origines soient évidemment ou non africaines » (cité par Mulot, 2000, p. 558). Pourtant, force est de constater que l'opposition fondatrice de la problématique anthropologique de la Caraïbe et, partant, de l'opposition entre le modèle de l'africanité et celui de la créolisation n'a cessé de se structurer à partir de l'identification de la provenance : héritage ou création nouvelle ? L'anthropologue jamaïcain David Scott (1997, p. 21) a récemment décrit cette anthropologie comme caractérisée par une épistémologie de la « vérification » pour savoir si « la culture antillaise est authentiquement africaine » ou si « les peuples antillais ont retenu une mémoire authentique de leur passé ». Dans cette perspective, il conçoit l'approche de Price comme animée des mêmes intentions que celle de Herskovits. L'« esclavage » chez le premier et l'« Afrique » chez le second apparaissent comme des figures interchangeables au sein d'un travail narratif distinct destiné à « localiser les cultures des ex-Africains ou des ex-esclaves en relation avec ce qui peut être appelé un passé authentique, c'est-à-dire anthropologiquement identifiable, ethnologiquement observable, et textuellement représentable » (Scott, cité par Price, 2001).

Une fois la question de l'origine identifiée pour ce qu'elle est, à savoir un questionnement différent de celui portant sur la construction sociale des identités, il reste à comprendre la surprenante diversité des interprétations quant à l'institution familiale antillaise et qui n'est pas imputable au seul fait que la question (celle de l'origine) soit inadaptée à la réalité qu'elle se propose d'interroger. Car, nous venons de le voir, la même institution familiale peut être décrite d'un côté comme « matrifocale » et de l'autre comme étant « à tendance patriarcale ». Que parvenir à déduire quand les descripteurs eux-mêmes sont qualifiés de trompeurs ? Sommes-nous placés dans cette configuration décrite par R. Price (2001) où les chercheurs travaillant simultanément à partir des mêmes sources parviennent à des conclusions opposées ? Il est vrai que l'on pourrait multiplier les exemples qui montrent combien l'objet étudié semble se prêter à toutes les interprétations possibles, même contradictoires. Le mariage tardif d'un couple peut par exemple être vu comme le signe d'un rejet de l'union stable ou, au contraire, comme on l'a entrevu plus haut, comme l'expression d'un investissement fort dans la symbolique de l'alliance. De même, la série de données disponibles quant à la forme des unions, à la fréquence du multipartenariat, à la stabilité des ménages… peuvent-elles donner prise, comme le suggère fort justement Michel Giraud (1999), à des analyses que l'on pourrait dire conformes « à la métaphore du verre à moitié vide ou à moitié plein ». C'est ainsi « qu'il est tout aussi vrai de prétendre qu'en fonction du principe de réputation, le multipartenariat est particulièrement important, que d'affirmer qu'à cause du principe de respectabilité, il est loin d'être universel et même général » (*ibid.*, version

Internet). Quant aux statistiques disponibles sur le multipartenariat aux Antilles françaises, si elles attestent bien d'un phénomène quantitativement plus important qu'en France métropolitaine, elles viennent néanmoins indiquer qu'un tel comportement « est le fait d'une minorité » et qu'il « est exclu que la conduite en question puisse être universelle, voire seulement générale, pour un seul sexe, comme pour les deux » (*ibid.*). Pour aborder l'institution familiale antillaise, il nous faudrait non pas choisir de regarder le verre à moitié vide ou à moitié plein, mais comprendre peut-être que bon nombre d'observateurs l'ont fait ainsi auparavant, c'est-à-dire qu'ils ont sélectionné un des aspects de l'institution familiale pour le faire devenir caractéristique de la société dans son ensemble.

Et si la famille antillaise était tout simplement diverse ? Michel Giraud (*ibid.*) ne parle-t-il pas « des formes variées d'organisation familiale et de comportement sexuel que l'on peut observer dans les sociétés antillaises » ? Mintz et Price (1992, p. 65) n'ont-ils pas évoqué la tendance « à réifier le concept de famille lui-même » quand cette institution leur paraît soumise à des contingences qui la font être bien plus diverse qu'homogène ? Dans ce cas, c'est Roger Bastide (1967, p 43) qui pourrait nous fournir le « dernier mot », ou peut-être même le « premier », destiné à engager la recherche dans une voie nouvelle qui lui permette d'envisager réellement la diversité plutôt qu'elle ne s'entête à vouloir réduire cette diversité à un seul et même modèle trop souvent atrophiant :

> Le tort, à notre avis, de toutes ces théories quelles qu'elles soient, est d'être trop systématiques et de vouloir expliquer ce qui nous paraît un ensemble de traits culturels très complexes et très variables, par un unique facteur : mémoire collective, désagrégation due à l'esclavage, conditions économiques du milieu américain. On sent ici que le choix est dicté, plus ou moins consciemment, par une idéologie [...] plus que par une volonté de mouler l'interprétation sur la diversité des données de fait.

Il nous faut donc bien tenter de trouver une voie qui rende possible la compréhension de ces cultures des Amériques noires en rendant à la diversité sa capacité à témoigner, pour ce qu'elle est, de constructions sociales cohérentes non réductibles à l'unicité d'un seul phénomène et encore moins à une aberration ou à un désordre que viendrait prouver cette absence d'unicité.

CHAPITRE VI

Trois conceptions de la diaspora pour trois thèses relatives à l'univers culturel afro-américain

L'approche du monde noir des Amériques à partir de la notion de diaspora répercute de façon remarquable les trois thèses que nous avons examinées dans le chapitre IV consacré à leur description. Quand cet univers culturel est vu comme une continuité depuis l'Afrique, les chercheurs font appel à un modèle classique de la diaspora forgé autour du triptyque identité-territoire-mémoire. Quand est mise en avant une dynamique culturelle de changement puisant à divers registres, le modèle correspondant se trouve être celui de la diaspora « hybride » définie comme une antithèse de la continuité communautaire. Enfin, quand la culture est perçue à travers son incapacité à « sédimenter » le collectif, lequel reste éclaté, le modèle convoqué est celui d'une non-diaspora.

La diaspora classique : le triptyque identité-territoire-mémoire

Roger Bastide (1967, p. 17) semble être le premier chercheur de langue française à avoir utilisé le terme de diaspora pour désigner les populations noires du Nouveau Monde. Fidèle à son approche en termes de continuum entre « communauté africaines » et « communautés nègres », il parle « d'une double diaspora, celle des traits culturels africains qui transcendent les ethnies, et celle des hommes de couleur, qui eux, peuvent avoir perdu leurs héritages africains, à force de mélanges, et s'être assimilés aux civilisations environnantes ». Du côté anglophone, le recours au terme de diaspora est daté du « Colloque international des historiens africanistes » (« International Congress of African Historians ») tenu en 1965 en Tanzanie où une session est consacrée aux « Africains en diaspora ». George Shepperson y utilise le terme au cours d'une communication publiée par ailleurs (Shepperson, 1966) et qui constitue le point de départ d'une « tradition » académique renforcée par la suite. C'est une telle filiation de l'usage du terme que réclame J. E. Harris dont l'ouvrage collectif publié en 1982 – *Global Dimensions of the African Diaspora* – fonde véritablement les recherches sur les cultures noires des Amériques conduites à partir du concept de diaspora. Dans son introduction, Harris affirme très clairement que la diaspora dont il va être question sera celle pensée par référence à la continuité africaine. Ainsi, nous dit Harris, « cet ouvrage réaffirme la diaspora noire comme une extension de l'héritage africain » (Harris, 1982, p. 4), une vue qu'il formulera de nouveau plus tard en parlant de la diaspora africaine comme d'un ensemble de communautés liées entre elles par « leur origine géographique, leurs attributs physiques similaires, leurs traditions culturelles et leurs dérivés » (Harris, 1996, p. 7). George Shepperson (1982, p. 41) lui emboîte le pas pour confirmer que si l'usage du terme, pour les Africains, remonte à la deuxième moitié du XXe siècle, « l'approche » est cependant présente bien avant cette période, y compris dans la Bible qui, sans le nommer ainsi, incite cependant à penser le peuple noir « en diaspora ». Mais de telles traces se retrouvent surtout dans les écrits des intellectuels noirs américains du XIXe siècle engagés dans des projets de retour vers l'Afrique, comme Edward Blyden. Cet investissement à l'égard du territoire ancestral, ce désir de retourner vers lui incitent Shepperson (*ibid.*, p. 46) à identifier chez les Noirs du Nouveau Monde une vision en diaspora, redevable ou parallèle à celle de la tradition juive. Signalons que, d'après Marcel Fabre (1985, p. 51), le militant noir américain W. E. B. Du Bois aurait employé le terme de « diaspora » dans le journal *Crisis* qu'il avait fondé en 1910.

Il est remarquable de noter combien cette conception du monde noir des Amériques en termes de continuité ne peut que faire appel au modèle classique de la diaspora et se fondre en lui. Là encore, Harris est très explicite sur la définition qu'il entend donner de la diaspora. Trois critères sont retenus : la dispersion (volontaire ou forcée) du peuple ; l'émergence d'une identité culturelle basée sur l'origine et la condition sociale ; l'idéologie du retour (*ibid.*, p. 3). L'ouvrage se consacre ainsi à l'étude de différentes communautés noires dispersées à travers le monde depuis l'Afrique, incluant des mouvements de population antérieurs à la traite transatlantique (Africains en Asie, dès le XIVe siècle). La grande majorité des contributions s'intéresse cependant à des situations résultant des transferts de population vers le Nouveau Monde : cultures des Noirs aux États-Unis, religion à Haïti, « races et classes » au Brésil, retour des victimes de la traite en Sierra Leone, congrès panafricain de Bruxelles, etc. Si la thèse de la continuité apparaît comme le fil conducteur indéniable, on la retrouve cependant dans la version qui apparaît si proche de celle de la créolisation. Car les différents auteurs de cet ouvrage ne renient pas la force des changements intervenus dans le Nouveau Monde. Certains font même appel au modèle de la « rencontre » de Mintz et Price pour aborder les expressions religieuses de la diaspora, mais pour aussitôt insister sur « la perspective et les valeurs africaines » à partir desquelles l'acculturation s'est accomplie (Raboteau, 1982, p. 73). D'autres (par exemple Levine, 1982) affirment que la claire ressemblance avec le passé africain n'a guère d'importance. Ce qui compte, c'est le maintien dynamique d'un « mécanisme » culturel originaire d'Afrique, terme qui pourrait être pris comme un synonyme des « structures profondes ».

Là où cette approche apporte une perspective assez nouvelle, c'est dans la référence incontournable au nationalisme noir et au panafricanisme qu'elle impose, ce que traduit assez bien l'article de E. P. Skinner (1982) consacré à l'analyse de la dialectique et des ambiguïtés de la relation entre la diaspora et son territoire d'origine au travers des figures marquantes de ces mouvements. Car toute l'idéologie communautaire de la diaspora noire va se trouver identifiée à partir de ces deux pôles idéologiques, intimement liés jusqu'à se confondre, que sont d'un côté le nationalisme noir qui milite pour l'intégrité de la race noire sur le principe de la différenciation/séparation d'avec le monde blanc ; de l'autre le panafricanisme qui trouve l'expression de cette même intégrité dans l'unité de tous les peuples africains. Le long essai qui clôture l'ouvrage de Harris, signé par le sociologue noir américain St Clair Drake (1982, p. 453), est ainsi un appel fervent, quasi militant, à la constitution d'études sur la diaspora conduites selon une « tradition panafricaine », c'est-à-dire destinées à « maintenir et renforcer une conscience noire » et à « encourager la coopération et la solidarité à travers le monde noir ».

De fait, depuis l'ouvrage de Harris, les études sur le monde noir forgées autour du concept de diaspora ne vont cesser de s'intéresser à la pensée nationaliste panafricaine. Ce mouvement intellectuel, dont on verra mieux les expressions dans le prochain chapitre, trouve ses racines aux États-Unis où, dès 1773, un groupe d'esclaves de Boston fait connaître sa volonté de retourner en Afrique (Moses, 1996, p. 7). Ce thème du retour alimente le nationalisme noir dit « classique » qui s'exprime tout au long du XIXe aux États-Unis, notamment avec la fondation de la Société pour la civilisation de l'Afrique (African Civilization Society) pour atteindre son apogée au début du XXe siècle avec les figures du Jamaïcain Marcus Garvey et de W. E. B. Du Bois. Prônant des visions différentes, en conflit ouvert, les deux hommes avaient cependant en commun les thèmes forts qui forment l'armature du panafricanisme, à savoir la dignité de la race noire, avec une nette inflexion vers la pureté chez Garvey et la volonté d'une Afrique unie et solidaire. Fondateur de l'UNIA (Universal Negro Improvement Association – « Association pour le progrès universel des Noirs »), Marcus Garvey s'illustre par ses positions radicales en matière de retour, mettant sur pied la très éphémère Black Star Line, une compagnie de navigation chargée d'organiser le rapatriement des Noirs vers l'Afrique. Plus enclin à militer pour l'intégration et l'égalité entre Noirs et Blancs au sein de la société américaine, Du Bois crée de son côté la NAACP (National Association for the Advancement of

Colored People – « Association nationale pour la promotion de la population de couleur ») à partir de laquelle son action se fera remarquable pour le panafricanisme avec l'organisation d'une série de congrès historiques réunissant différents représentants de communautés africaines et noires américaines en lutte contre la discrimination raciale et le colonialisme.

À partir du message porté par ces deux hommes – message dont on peut dire qu'il concentre la teneur de la pensée nationaliste noire et panafricaine –, on comprend que l'appel à un modèle classique pour penser la diaspora noire fasse de cette idéologie un passage obligé. C'est en effet à partir d'elle que se trouvent validés les deux critères relatifs à la conscience communautaire et au désir de retour réel ou imaginaire vers la terre ancestrale. Rien ne garantit cependant que ce discours identitaire véritablement enclin à proclamer son attachement à l'Afrique soit une composante stable pour tout l'univers culturel noir des Amériques. Le recours au modèle classique laisse donc entière, sinon la question de la communalité, au moins celle de la centralité des référents identitaires. Postulée implicitement, pensée comme déjà là, cette centralité ne peut guère être interrogée sans que risque d'être remise en cause l'existence de cette diaspora. Car les valeurs attachées au nationalisme noir, pour être en adéquation avec ce modèle, sont-elles des valeurs structurantes pour tout ce vaste édifice culturel des Amériques noires ? Sommes-nous en présence d'une orientation communautaire qui traverserait tout cet édifice et en deviendrait la « généralité narrative » ? S'agit-il bien d'un dispositif d'identification collective reconnaissable par la conscience ou la connaissance, même critique, qu'auraient la plupart des individus de cette mise en récit de l'identité vouée à tracer la généalogie d'un peuple depuis et vers l'Afrique ? Cette question essentielle sera reprise dans la dernière partie de cet ouvrage. Dans tous les cas, il importe à ce stade de reconnaître, dans ce recours à la vision diasporique unitaire, la mise en avant de la conception « centrée » de la communauté comme la désigne J. Clifford (1994, p. 306), c'est-à-dire une communauté pensée par référence à une continuité organique et localisée, ou encore une identité qui ne peut se construire que par référence à une unité puisée dans l'origine territoriale.

La diaspora hybride : multiplicité contre essentialisme communautaire

L'introduction de cet ouvrage nous a déjà permis d'entrevoir le modèle de la « diaspora hybride ». Celui-ci émerge donc à la fin des années 1980 quand deux sociologues britanniques, tous deux originaires de la Caraïbe – le Jamaïcain Stuart Hall et l'Anglo-Guyanais Paul Gilroy –, vont en définir les contours. Le texte de Stuart Hall – *Cultural Identity and Diaspora* (1994 [1990]) – est devenu un classique pour l'étude du fait diasporique, qui dépasse de loin le groupe des spécialistes de la Caraïbe. Deux conceptions de l'identité culturelle y sont exposées. La première, *essentialiste*, voit l'identité comme un caractère immuable. La collectivité est pensée comme unie à travers une histoire partagée et transmise au moyen d'un cadre de références stable. La continuité l'emporte sur les changements occasionnés par l'histoire. Cette conception est rejetée au profit d'une deuxième, *hybride*, qui prend en compte les ruptures, les discontinuités et la différence. Pour Hall, l'identité est avant tout produite selon les contextes. Elle est forcément instable et ne peut en rien se prévaloir d'un « esprit transcendantal » ou d'un état « fixe ». Ne rejetant pas le fait que la référence au passé intervient dans les construits communautaires, Hall évite cependant d'y voir l'expression d'une permanence avérée. Ainsi, les identités afro-caribéennes apparaissent « comme structurées par deux axes ou vecteurs opérant simultanément : le vecteur de la similitude et de la continuité, et le vecteur de la différence et de la rupture » (Hall, 1994, p. 395). Le modèle de la diaspora qui leur correspond est celui de l'*hybridité* :

> L'expérience diasporique comme je l'entends est définie, non par essence ou par pureté, mais par la reconnaissance d'une nécessaire hétérogénéité et diversité, par une conception de l'identité qui vit par et au travers – et non en dépit – de la différence, par *hybridité*. Les identités diasporiques sont celles qui sont constamment à l'œuvre dans une production et une reproduction d'elles-mêmes de façon nouvelle à travers le changement et la différence (*ibid.*, p. 401-402).

Dans tous les cas, le sociologue entend bien forger sa conception par opposition à celle du modèle classique lorsqu'il affirme que « la diaspora ne fait pas référence pour nous à ces tribus dispersées dont l'identité ne peut être confortée qu'en relation à une terre d'origine sacrée où elles veulent à tout prix retourner, même si cela signifie de jeter un autre peuple à la mer. Ceci est la vieille forme de "l'ethnicité", impérialiste et hégémonique » (*ibid.*, p. 401).

L'ouvrage de Paul Gilroy publié en 1993 emprunte une direction similaire. À partir de l'expérience noire du Nouveau Monde, le sociologue veut lui aussi rompre avec toute approche essentialiste de l'identité. Une différence est cependant notable entre les deux auteurs, concernant l'expérience du peuple juif. Alors que Stuart Hall tend à la considérer comme la manifestation de formes identitaires crispées, et par là comme l'antinomie ou le repoussoir de la diaspora dont il entend montrer les qualités, Paul Gilroy cherche au contraire à trouver des similitudes entre les deux peuples diasporiques. C'est à travers le motif de l'océan (Black Atlantic) et plus encore celui du bateau, qu'il dit être « un chronotope » (un marqueur spatio-temporel), que Gilroy choisit de figurer la spatialité de cette diaspora afin d'indiquer que son histoire reste liée à une topographie des déplacements, à un réseau de lieux multiples et au contact entre les mondes (Gilroy, 1993, p. 4 et 15). À l'inverse des tenants de la thèse de la continuité qui, comme Harris, entendent ne pas confiner l'histoire des peuples noirs dispersés au « prisme de l'esclavage » (Harris, 1996, p. 7), sa conception veut situer la traite et l'esclavage au fondement même de la diaspora. Car, bien plus que l'Afrique, c'est eux qui forment le socle d'une culture particulière issue du choc violent entre tradition et modernité. L'auteur suggère ainsi que l'esclavage a été le lieu de formation « d'une contre-culture de la modernité » (*a counter-culture of modernity* – Gilroy, 1993, p. 36-38), non pas comme un ensemble anti-moderne, mais plutôt comme ayant la faculté de défier les séparations illusoires de la modernité. Développé au cœur même des contradictions de l'univers occidental, replaçant la terreur et la barbarie au cœur même de l'idéologie du progrès, l'esclavage prédispose les hommes et les femmes qui l'ont subi à vivre dans une connaissance intime du choc des contraires.

La culture diasporique issue de cette expérience singulière est présentée comme extérieure à toute prétention nationale ou nationaliste : « La spécificité de la formation politique et culturelle moderne que je veux appeler la "*Black Atlantic*" peut être définie [...] à travers le désir de transcender à la fois les structures de la nation et les contraintes de l'ethnicité et du particularisme national » (Gilroy, 1993, p. 19). Cette formation est profondément « interculturelle ». Elle ne s'appuie sur aucun registre qui ne soit pur, mais s'inspire au contraire de diverses sources. Multiple, hybride, mobile, polyphonique, elle procède d'une alchimie du brassage, qui ne s'enferme dans aucune idéologie exclusive. Voué à mettre en valeur la multiplicité, le modèle du sociologue s'affirme ouvertement opposé à celui des afrocentristes et nationalistes noirs que l'auteur critique sévèrement pour leurs positions absolutistes et ethnicistes.

Tout l'ouvrage de Gilroy se trouve en fait animé par cette volonté de réfuter le discours nationaliste noir. Et c'est précisément ce qui fait la principale aporie de la démonstration. Car la diaspora « hybride » échoue indéniablement dans la prise en compte de ce que Brubaker (2001, p. 66) appelle par ailleurs « la dynamique dure » des identités. Arrimé à l'idée de fluidité et de multiplicité et ne pouvant faire apparaître de telles caractéristiques dans la diaspora qu'en vertu du recours à ce qui en traduit le contraire, le modèle en vient forcément à refouler ce pôle antagonique qu'incarne l'identité nationaliste, pourtant produite par les membres de cette même diaspora. On pourra, au demeurant, être étonné d'une telle structuration de l'analyse autour de schèmes duels irréconciliables (multiplicité *versus* unité ; hybridité *versus* pureté, etc.) alors que le souci de se débarrasser d'une pensée binaire est revendiqué tout au long de l'ouvrage.

En retrouvant chez des penseurs de l'idéologie nationaliste ou panafricaine, tels les Américains Du Bois ou Delany, les traces de cette fameuse multiplicité, Gilroy parvient bon an, mal an à conforter l'idée selon laquelle le principe d'hybridité est partout à l'œuvre. Cette entreprise est d'autant plus facile avec Du Bois que celui-ci est connu pour avoir forgé le concept de « double conscience » ou de « double soi-même » pour traduire l'appartenance simultanée des Noirs américains à deux univers culturels (Du Bois, 1959, p. 19-20), ce qui rapproche effectivement de la notion d'« hybridité ». En revanche, l'exercice semble bien plus périlleux avec la ligne afrocentriste, que Gilroy ne parvient pas à intégrer dans son modèle, à moins de compromettre définitivement la cohérence de ce dernier. Comment, en effet, s'adresser à cette composante identitaire en recherche de pureté, d'origine authentique avec des concepts destinés à traduire l'ouverture, le métissage et l'interculturalité ? Le sociologue n'a d'issue que celle qui le fait opérer par « confusion » (Chivallon, 2002a). Assimilant le nationalisme à une théorie sociale, il n'a aucun mal à la reléguer au rang d'un système de représentations idéologiques historiquement daté. Mais en réfutant la théorie, il finit aussi par éliminer de l'univers diasporique l'idéologie elle-même et, ce faisant, ceux qui la produisent. Le modèle de l'hybridité en vient alors à créer deux mondes séparés : celui de la Black Atlantic alimenté par des « cultures diasporiques rhisomorphiques » et celui des nationalistes noirs, dont le projet se base sur une « définition étroitement ethnique de l'authenticité raciale » (Gilroy, 1993, p. 28). Le modèle se révèle alors bel et bien incapable de prendre en compte certaines composantes trop « dures », trop « ethnicistes », présentes au sein de la diaspora.

Comme nous avions pu le noter dans l'introduction de cet ouvrage, le modèle de la diaspora hybride a eu un retentissement considérable, aidé – dans l'espace académique anglophone – par la vague postmoderne qui y trouve l'écho de ses préoccupations. Il entre en effet en adéquation parfaite avec une pensée qui se veut indéterminée et libérée de tout essentialisme. La diaspora noire en est ainsi venue à devenir emblématique de ces formes identitaires fluides et mobiles que les mouvances postmodernes se destinent à vanter. Stuart Hall (1994, p. 401) est sur ce point assez explicite quand il affirme :

> L'Antillais est le prototype du « Nouveau Monde » nomade, moderne ou postmoderne. La présence au Nouveau Monde – Amérique, Terra Incognita – est en elle-même le commencement de la diaspora, de la diversité, de l'hybridité et de la différence, ce qui fait que les Antillais sont déjà un peuple de diaspora.

On retrouve ce même élan vers le postulat d'une équivalence entre postmodernité et identité culturelle des Amériques noires dans le courant littéraire de la créolité qui rayonne aux Antilles françaises. Raphaël Confiant (1993, p. 266) est à ce propos plus explicite encore que Stuart Hall :

> Le terme « créole » est donc éminemment moderne, et non passéiste et colonial comme d'aucuns pourraient le croire, et même post-moderne dans le sens où il signale l'émergence d'un nouveau modèle d'identité qu'on pourrait appeler « multiple » ou « mosaïque », en train de s'élaborer sous nos yeux, partout à travers le monde, notamment dans les mégalopoles occidentales. La créolisation a été en quelque sorte la préfiguration, au cours des trois derniers siècles, de ce phénomène irréversible.

Peu encline à entrer dans des schémas théoriques classiques, la conception de l'hybridité abandonne les outils « hypothético-déductifs » de la théorie de la créolisation, tels ceux de Mintz et Price (1992) associés, comme le dit Scott (1997), à une « épistémologie de la vérification ». Elle en conserve cependant l'esprit en faisant du changement, de la mobilité, de l'échange l'armature de la construction de l'identité de la diaspora. Si elle se destine à cerner les contours d'une identité « mobile » et plus jamais essentialiste, cette conception se montre également sensible à la critique de la pensée moderne et rationalisante. On retrouve là la double exigence postmoderne dont il était question dans la partie introductive de cet ouvrage. La diaspora noire se trouve ainsi prise entre deux préoccupations intellectuelles : manifester les attributs de la fluidité et attester la pertinence de catégories de pensée déconstruites qui ne soient plus modernes, donc ni classificatoires, ni binaires, ni objectivistes, ni redevables à un quelconque procédé associé au couple empirie-théorie. Pour ces nouveaux théoriciens, l'exercice, on s'en doute, n'est pas facile, surtout qu'il reste soumis aux règles de l'énonciation dans un espace toujours dévolu à l'exercice de la pensée scientifique, fût-elle proclamée postmoderne. C'est là que s'exprime la seconde grande aporie de ce modèle de l'hybridité, quand on assiste à ce qui peut être assimilé à une « déconstruction par procuration » (Chivallon, 2002a). Face à la difficulté de raisonner autrement que par catégories de pensée qui, pour être intelligibles, sont décidément trop dépendantes d'oppositions signifiantes, il est tentant de projeter sur l'objet les caractéristiques d'une pensée fluide inaccessible. Pour qu'il soit acquis que le discours rompt véritablement avec l'orthodoxie scientifique moderne, il faut bien trouver quelque part les traces de cette déconstruction : où, sinon auprès de la diaspora qui, sous des atours baroques, mobiles, hybrides, polyphoniques vient en signifier l'accomplissement ? Déjà tronquée dans sa dimension nationaliste qu'il lui faut taire, la diaspora saisie à travers le modèle de l'hybridité se doit aussi d'affirmer (simuler ?) certains caractères correspondant aux critères d'acceptation du discours académique du moment.

La non-diaspora

Ce « modèle » existe, pourrait-on dire, par défaut. Il résulte du non-usage du terme de diaspora pour qualifier l'expérience noire du Nouveau Monde. Ce n'est pas un hasard si cette absence du concept de diaspora est surtout manifeste dans l'espace académique de langue française. Encore aujourd'hui, il est rare d'y appréhender les Amériques noires à partir de cette notion. On retrouve bien cette dernière au détour de certains écrits, plutôt consacrés à l'émigration en France, comme ceux d'Anselin (1990). Mais, dans l'ensemble, l'usage reste parcimonieux, en rapport direct avec la conception de l'identité antillaise, telle qu'elle s'est forgée autour de la thèse de l'aliénation. Car comment concevoir une diaspora dont l'un des attributs tient à la production d'une conscience communautaire quand on considère que les ressorts de cette conscience ont été grippés, incapables de donner forme au corps collectif ? Jacques André (1983, p. 2033) exprime parfaitement ce hiatus lorsque, interprétant l'utilisation du terme dont il exagère visiblement la diffusion, il affirme :

> Contre une réalité débridée et blessante s'opère un mouvement de reterritorialisation, de retour à une terre mythique et bienfaisante, plénitude du pays natal et abondance du sein maternel. Un signe : l'usage maintenant généralisé du mot « diaspora » pour désigner l'émigration antillaise en France ; magie du verbe transformant ces pays de « fuite et d'esquive » en terre promise.

Ainsi, le concept de diaspora ne serait que le révélateur d'une quête identitaire forcément vaine et dérisoire de la part de ceux qui l'utilisent. En aucun cas, il ne peut résulter de la conformité de la situation antillaise à un tel modèle tant l'identité collective s'est trouvée malmenée.

Bien que recourant au terme pour parler d'une « diaspora nègre », Édouard Glissant (1981, p. 28-32) fournit pourtant l'argumentation qui barre l'accès au concept de « diaspora » pour le peuple noir issu de la traite. Tout se passe comme si l'on pouvait faire usage du terme, mais sans oublier pour autant qu'il qualifie une expérience particulière qui ne correspond pas au cas des Noirs du Nouveau Monde et qui est celle « d'un peuple qui se continue ailleurs, *qui maintient l'Être* » (souligné par l'auteur). Ce maintien est possible quand la dispersion est un « déplacement » et que la population peut emporter avec elle ses modes d'existence matérielle et spirituelle. Mais quand la dispersion implique que le peuple transbordé « se change ailleurs en un autre peuple », l'idée de ce maintien n'a plus de consistance. « C'est ce qui différencie, outre la persécution d'une part et l'esclavage de l'autre, la Diaspora juive de la Traite des Nègres » (*ibid.*, p. 29). Pour Glissant, il ne fait aucun doute que le peuple noir réduit en esclavage se distingue définitivement du peuple juif. Ce dernier atteste bien de ce « déplacement » qui rend possible la perpétuation collective : « La fuite des Juifs hors de la terre d'Égypte fut collective ; ils avaient maintenu leur judéité, ils ne s'étaient pas changés en *autre chose* » (*ibid.*, p. 30). Le peuple déplacé collectivement, c'est aussi celui qui met en scène « une pulsion de Retour ». Annonçant la vision de l'identité que Glissant développera plus tard (filiation *versus* relation), cette pulsion est définie comme « l'obsession de l'Un [...]. Revenir, c'est consacrer la permanence, la non-relation. Le Retour sera prôné par les sectateurs de l'Un » (*ibid.*). Pour les populations transbordées par la traite, il n'était pas possible de maintenir longtemps cette pulsion de retour. Le souvenir de la terre ancestrale s'estompant, il laissera place à cette prédisposition à la relation comme désacralisation de la culture du Un ou encore comme remise en cause de « toute ambition d'un universel généralisant » (*ibid.*, p. 28).

Fidèle cependant à la thèse de l'aliénation au moment où il formule ces remarques relatives à la diaspora, Édouard Glissant affirme que ce peuple transbordé, une fois parvenu dans « le lieu de son arrivage », ne trouve pas les conditions qui favoriseraient « l'invention ». Il entre de ce fait « pour un temps plus ou moins long dans le marasme souvent imperceptible de l'irresponsabilité globale » (*ibid.*, p. 29). Ce modèle se décline cependant selon les lieux « de l'arrivage », les Antilles francophones apparaissant « plus que partout ailleurs dans la diaspora nègre » comme le lieu où l'invention et l'adoption de nouvelles techniques ont été le plus compromises. La « technique » est ici ce qui permet au peuple une maîtrise de son devenir, « au sens de la médiation concertée d'une collectivité à son entour » (*ibid.*). Avec cette vision d'un peuple diminué dans sa capacité à user du « support technique », il ne fait plus de doute que c'est une interprétation de la culture fondée au cœur de l'univers esclavagiste en tant que culture privée de ressorts communautaires qui est à nouveau convoquée et vient empêcher de théoriser l'expérience noire des Amériques sous le vocable de diaspora, même si le propos se polarise sur la Martinique comme cas le plus extrême de déresponsabilisation générale. D'un autre côté, l'inadéquation de la notion vient aussi prouver le caractère aliéné de cette culture. Et aussi paradoxal que cela puisse paraître, ce détour par le concept de diaspora apparaît comme une nécessité pour fonder toute la cohérence de la thèse de l'aliénation. La proposition selon laquelle « l'Être » communautaire n'a pas été en mesure de se maintenir n'est possible que parce qu'il est déclaré en même temps que ce peuple n'est pas une diaspora. Dans ce cas, il s'agit bien d'ériger la diaspora en antithèse de l'univers culturel des esclaves et de leurs descendants, de montrer à travers la vérité-positivité de l'une la fausseté-négativité de l'autre et, ce faisant, de considérer ce peuple comme une non-diaspora.

Cette approche rejaillit de toute évidence sur les recherches françaises conduites dans le domaine des diasporas. À part Chaliand et Rageau (1982), qui feront entrer la « diaspora noire » dans leur *Atlas*, les populations noires des Amériques n'ont pas accès au cercle des modèles archétypaux qui restent principalement redevables aux exemples juifs, arméniens, grecs ou encore chinois. Au Royaume-Uni, au contraire, il faut rappeler qu'elle compte au rang des « grandes », aux côtés de la juive et de l'arménienne (Cohen, 1997). Si, en France, un spécialiste des diasporas comme Alain Médam (1993, p. 60) est parvenu à la conceptualiser comme telle, c'est cependant pour la classer à la périphérie des diasporas confirmées en raison de son caractère « amorphe », « anomique », « dépourvu de capacités d'action »... Traces des influences de la thèse francophone de l'aliénation ? Il n'y a guère de doute, comme d'ailleurs il n'y en a pas pour affirmer, au vu de ces commentaires, combien l'usage d'un concept se montre variable selon les contextes de son énonciation. Il est difficile sur ce point d'ignorer les enseignements d'une comparaison entre les approches de Stuart Hall (1994) et d'Alain Médam (1993). Quand le premier considère le peuple juif comme l'incarnation d'une identité diasporique ancienne, crispée sur l'idéal de retour, pour faire ressortir les qualités d'ouverture du peuple afro-antillais, le second utilise la diaspora caribéenne comme preuve manifeste d'une fragilité communautaire qui n'en révèle que mieux la performance du peuple juif quant à la préservation de son identité. Dans les deux cas, il s'agit d'opposer, de hiérarchiser et surtout de doter de valeur l'une de ces expériences au détriment de l'autre, comme si l'usage d'un concept ne pouvait s'extraire d'un réseau d'intentions et se passer d'opérations discriminantes qui répercutent ou confortent les limites que se donnent les groupes sociaux pour se penser différents et singuliers.

Le fait que soit si souvent convoqué l'exemple juif pour penser l'expérience noire du Nouveau Monde (par exemple chez Glissant, Gilroy, Clifford, Hall) – l'inverse étant aussi vrai (par exemple, chez Médam) – incite à tenir une telle démarche pour révélatrice d'un effet miroir recherché, dont on pressent assez unanimement qu'il a quelque chose à révéler. Le reflet est pourtant loin d'être identique selon le regard qui le déchiffre : similarité dans l'expérience de la terreur pour Gilroy (1993), ce qui explique aussi l'appartenance de la diaspora noire au groupe des « diasporas victimes », selon la typologie de Cohen (1997) ; dissimilarité pour Glissant (1981) ; légitimité de la désignation diasporique pour le peuple noir et non pour le peuple juif chez Hall (1994) et inversement chez Médam (1993). Au vu de ces tentatives, et malgré l'éparpillement de l'analyse auquel elles conduisent, il est permis cependant de penser qu'un tel rapprochement a certainement quelque chose à enseigner sur l'expérience de la dispersion des peuples dont la trajectoire se fonde à partir d'un traumatisme originel.

Vers une autre voie de compréhension

De la non-diaspora à la diaspora classique, on le voit, il ne semble guère aisé de s'y retrouver pour comprendre et qualifier l'expérience noire du Nouveau Monde. Les écrits actuels semblent répercuter ces hésitations. Si certains comme Lemelle et Kelley (1994, p. 7-9) se positionnent plutôt en faveur du modèle de Gilroy, ils le font pourtant au travers de la composante nationaliste dont il n'est pas toujours facile de voir en quoi elle correspond exactement à ce modèle, même quand elle est appréhendée au travers de la notion de « communauté imaginée ». D'autres – fustigeant les vues de Gilroy pour « son dédain postmoderne de l'idée de nation » et sa « phobie obsessionnelle contre toutes formes d'essentialisme » – finissent par trouver la question de l'adéquation conceptuelle quasi insoluble, « une vue unidirectionnelle du concept de diaspora » se révélant impossible (Okpehwho, 1999, p. XXII-XXIII). Il n'est pas jusqu'à Robin Cohen (1997) qui ne finisse par confondre les modèles. Voulant trouver des « marqueurs empiriques » aux versions intellectuelles trop sophistiquées de Gilroy ou de Hall, il le fait au travers des caractères apparentés au modèle classique. Le type de « diaspora culturelle » qu'il élabore par référence « aux vues postmodernes » finit par évoquer la traditionnelle communauté, comme si l'auteur n'avait pas compris le rejet d'une telle configuration chez ceux qu'il nomme les postmodernes. Ce faisant, Robin Cohen en vient aussi à confondre, comme nous l'avons vu, les strates de la diaspora et à considérer comme constitutive et basique du fait diasporique la plus récente, celle issue des migrations contemporaines.

De quoi s'y perdre... De quoi aussi y puiser une immense motivation de recherche, aussi exigeante vis-à-vis des catégories qu'elle utilise que de l'histoire qui en justifie l'usage. Il n'est pas toujours aisé d'opérer ce va-et-vient entre modèle et conditions de production de ce modèle, de se livrer en fait à une démarche réflexive au cours de l'exposé d'une interprétation. Ici, comme auparavant d'ailleurs (Chivallon 1998, p. 29), il est attendu de la critique qu'elle dévoile les intentions que le chercheur lui-même ne distingue pas toujours et qui contribuent pourtant à produire les termes de son interprétation tout en garantissant à celle-ci, au travers de cette fragilité constitutive que la science souvent refuse, un caractère relatif qu'il est bon de revendiquer contre la prétention de « vérité ». Car il faut bien parvenir, à ce stade, à prendre position, à retenir une interprétation plutôt qu'une autre, à moins qu'une « quatrième voie », distincte de ces trois thèses sur l'univers culturel du Nouveau Monde et les modèles de diaspora qui lui sont liés, ne s'impose. C'est vers l'exposé de cette autre interprétation que nous allons maintenant nous acheminer, sachant qu'elle requiert elle aussi l'examen de sa propre réalité.

La voie qui semble se préciser est celle que nous avons entraperçue à la fin du chapitre précédent, quand, avec Roger Bastide (1967, p. 43), il était question de regretter que l'interprétation ne vienne pas « se mouler sur la diversité de faits ». Tour à tour, nous avons examiné des phénomènes sociaux (l'institution familiale) et des modèles pour les interpréter (ceux rattachés à la « culture » et à la « diaspora »). Si nous avons pu suggérer l'existence d'un « objet à géométrie variable », tant il se prête à l'application d'interprétations fort divergentes, il est possible d'en dire tout autant des concepts et de les considérer eux aussi comme soumis à une grande variabilité en fonction de la sélection de faits qu'ils se destinent à épouser et nommer. L'adéquation recherchée, c'est-à-dire celle qui semblerait la plus « juste », ne devrait-elle pas être capable de dire la diversité sans la réduire ou sans l'amputer, à commencer même par la prise en compte de la diversité conceptuelle qui vient d'être décrite ?

En d'autres mots, ce n'est pas un hasard si nous nous trouvons confrontés à des thèses aussi divergentes. Celles-ci répercutent ce qui est déjà à l'œuvre dans le monde social qu'elles ambitionnent de théoriser, à savoir l'existence d'une communauté liée par une expérience historique singulière, mais jamais réductible à la formulation d'un projet collectif « central », donné comme élément fédérateur dans la construction communautaire. À la différence d'autres peuples diasporiques, et du peuple juif en particulier, les populations noires des Amériques déploient plusieurs registres identitaires dont aucun ne parvient en définitive à s'imposer sur les autres pour traduire les termes de l'appartenance communautaire. C'est ce qui incite à reconnaître dans la diversité des interprétations en présence l'écho de cette singularité quand le discours scientifique lui-même véhicule une manière de sélectionner, dans la réalité sociale, l'une ou l'autre des diverses orientations du collectif. On peut aussi tenir ce discours scientifique comme le lieu de formation de ces mêmes projets, ce qui apparaît assez nettement dans le recours au modèle de la « continuité africaine » (retour à l'Afrique) et même de l'« hybridité » lorsque celui-ci s'édifie contre le projet nationaliste d'une revendication de l'origine africaine. Quant à la thèse de l'aliénation, elle se consacre tout entière à la dénonciation de l'oppression coloniale pour laquelle aucun compromis n'est possible, surtout pas celui de reconnaître une identité façonnée dans une projection positive vis-à-vis de l'Afrique.

Quelle interprétation pourrait alors convenir pour traduire avec le plus de justesse possible cette diversité ? Il ne peut s'agir de réfuter les trois lignes fortes qui ont été exposées, mais de faire émerger un autre modèle, ou plutôt un autre énoncé, capable de tenir ensemble les trois options communautaires que révèlent les thèses en présence. Le modèle de la « diaspora classique » ne convient pas à lui seul, car il contrevient à l'identification du projet de ceux qui valorisent les valeurs du métissage culturel, comme il échoue plus généralement à reconnaître que l'Afrique n'est pas unanimement ressentie comme terre d'origine. Le modèle de l'hybridité, bien que sensible à l'idée de multiplicité, ne s'élabore qu'en excluant la réalité des projets nationalistes à l'œuvre dans le monde noir. Son entreprise, vouée à réfuter un essentialisme, celui de l'unité intrinsèque, finit par en créer un autre, celui du « tout mobile » qui refuse d'envisager l'existence de segments communautaires élaborés dans le désir ou la logique de la continuité. Enfin, la « non-diaspora » ne conçoit que du vide – celui que seule exprime l'absence d'*Une* communauté aux contours clairement identifiables – alors que ce « vide » est précisément rempli par le « multiple » en lieu et place du « un ».

Pour dépasser les apories de ces trois thèses, sans pour autant les réfuter, la voie qui est envisagée propose de prendre acte de cette configuration intellectuelle qui – à elle seule – porte déjà la trace d'une diversité imparable. Elle continue de se réclamer du concept de « diaspora », car il ne peut être question de perdre de vue le phénomène de dispersion forcée et la communalité qui s'en dégage au travers d'une manière particulière de fabriquer le lien social. La conclusion de cet ouvrage sera destinée à justifier plus longuement ce choix conceptuel. Pour l'instant, il faut se consacrer à la question de la « communauté », de l'« identité », pour comprendre les constructions sociales très spécifiques qui se déploient dans l'univers culturel noir des Amériques. Comme nous venons de l'entrevoir, ces constructions paraissent effectivement différentes de celles en usage pour décrire les diasporas classiques : la communauté échappe ici aux formes de l'ordre et à la propension qu'ont les identités sociales de se structurer à partir d'un registre qui forme le « noyau » commun, le centre dispensateur des valeurs minimales d'appartenance. Pour les cultures noires du Nouveau Monde – c'est du moins ce que les exemples tirés de la Caraïbe finiront par exprimer –, il pourrait être rapidement dit qu'il y a toujours plusieurs centres, plusieurs noyaux opérant simultanément, en diverses instances. Certaines de ces instances, mais pas toutes, peuvent être retenues comme des marqueurs empiriques de l'expérience diasporique classique, c'est-à-dire marquée par une identité de la longue durée ou par la revendication d'une telle identité. Mais à ces lieux de production d'une identité du « un » (reconnaissable par sa volonté de continuité généalogique depuis l'Afrique) s'adjoignent d'autres lieux qui rendent difficilement attribuable à telle ou telle orientation collective la spécificité culturelle de la diaspora noire, si ce n'est sous les contours de cette diversité même.

Pour désigner ce construit, que l'on propose de tenir pour spécifique des populations issues de la traite transatlantique, le terme de « communauté a-centrée » est proposé. Il semble, au moins à ce stade de la réflexion, être en mesure de faire ressortir cette alliance antinomique entre, d'un côté, l'idée d'une absence de centre répercutée en une démultiplication collective et, de l'autre, le fait que, malgré tout, nous soyons en présence d'un « tout », à savoir une disposition collective à produire une telle formation culturelle démultipliée. Les chapitres qui suivent se consacrent à décrire les expressions de cette « communauté a-centrée » comme à en dégager les significations en rapport avec l'expérience de la traite, de l'esclavage et de la « racialisation » des rapports sociaux qui en forment le soubassement.

TROISIÈME PARTIE

La diaspora noire : articulation des expériences et des théories

À ce stade de notre parcours, nous avons à la fois campé les repères nécessaires à la connaissance de l'expérience issue de la traite transatlantique dans le Nouveau Monde, et mis en valeur la diversité des interprétations mobilisées pour qualifier une telle expérience. Avec cette dernière partie, il est question d'exposer l'interprétation qu'il apparaît pertinent de retenir pour comprendre les compositions tout à fait singulières que donnent à voir les cultures noires des Amériques, en particulier dans la Caraïbe. Nous avons entrevu cette interprétation à la fin du chapitre précédent avec l'idée d'une « communauté a-centrée », à savoir une construction sociale particulière qui serait constituée par un ensemble d'orientations collectives non hiérarchisées, une culture plurielle dépourvue de centralité dans la manière qu'elle a de signifier les appartenances.

L'étape qu'il faut maintenant franchir est celle de l'argumentation de cette proposition, ou encore son exemplification. Cette dernière partie ne sera donc pas que théorique. Elle cherchera au contraire à rassembler des repères empiriques qui incitent à proposer cette conception particulière de l'identité collective. Pour construire l'argumentation, on abordera d'emblée ce qui pourrait venir la contredire, à savoir l'idée d'une communauté « centrée ». La diaspora noire peut effectivement être vue comme une diaspora classique dans la mesure où elle produit un registre de références organisées autour de la désignation d'une filiation d'origine et d'une d'idéologie de retour vers la terre ancestrale. On explorera donc d'abord ces deux piliers idéologiques que forment le nationalisme noir et le panafricanisme, et ce depuis les États-Unis où ils se sont développés. Que nous apprennent-ils sur la diaspora ? Faut-il les verser au compte du « tout hybride », et même finir par exclure certaines de ses composantes pour ne pas perdre la cohérence du modèle, comme le fait Gilroy (1993) ? L'orientation nationaliste est sans doute à prendre pour ce qu'elle est : une construction de l'identité qui fait appel aux modalités de la séparation (nous/eux) et qui recourt à l'irremplaçable ressource symbolique qu'est le territoire pour venir signifier ses limites distinctives. Mais pour être une réalité au sein de la diaspora, ce que la description de cette idéologie nous permettra de cerner sans ambiguïté, ce registre n'en est pas pour autant unique, ni même prépondérant. Il prend place au sein d'autres composantes qu'une deuxième étape nous aidera à aborder. Il s'agira alors de se tourner à nouveau vers la Caraïbe et de décrire, à travers divers exemples, les expressions de la « communauté a-centrée », de montrer comment le collectif se démultiplie et échappe de ce fait à une construction sociale chargée d'unifier le groupe ou de tenir l'unification comme acquise. Enfin, nous terminerons cette tentative d'articulation entre théories et expériences par un chapitre consacré au rastafarisme, philosophie politico-religieuse originaire de la Jamaïque, à travers lequel se trouve comme amplifiée cette dynamique qui déroge à la centralisation communautaire. Le rastafarisme vient, de surcroît, expliciter ce qui pourrait être présent plus inconsciemment dans les construits collectifs « démultipliés », à savoir une exigence de liberté traduite dans la neutralisation de l'ordre communautaire. Une exigence qu'il conviendrait de mettre en rapport avec une connaissance particulièrement aiguë des implications de l'exercice du pouvoir.

CHAPITRE VII

La ressource de la terre ancestrale

Panafricanisme et nationalisme noir comme projets d'une unité durable

Des orientations culturelles produites au sein de la diaspora noire, celles concernant les composantes idéologiques relatives au panafricanisme et au nationalisme noir nous ramènent sans ambiguïté à une identité pensée par référence à son origine territoriale et à sa filiation ancienne. Il n'est donc guère étonnant que ces idéologies figurent constamment dans les écrits consacrés à la diaspora noire quand ceux-ci mobilisent le « modèle centré » pour répercuter l'existence d'une conscience communautaire maintenue dans l'expérience transatlantique. Ce recours à un tel modèle est d'autant plus tentant que ces idéologies parcourent des réseaux établis au sein des Amériques noires, particulièrement entre les États-Unis et la Caraïbe, évoquant bien la configuration diasporique que l'on voudrait y voir. Avant d'aborder l'histoire de ces registres identitaires à vocation nationaliste et de tenter d'en évaluer la signification au sein de la diaspora, on cherchera à définir ces deux pôles idéologiques – nationalisme noir et panafricanisme – qu'il est pourtant bien difficile de séparer l'un de l'autre de façon rigoureuse. La plupart des écrits se consacrant à les décrire, bien que s'en défendant, mêlent ces deux mouvements. Il faut dire que les acteurs majeurs se trouvent la plupart du temps occuper un rôle central, à la fois dans la « branche nationaliste » et dans la « branche panafricaine ». Mais, surtout, l'un et l'autre discours sont complémentaires au point de ne pouvoir se passer l'un de l'autre : le désir d'une souveraineté sur un territoire (nationalisme) s'opérant le plus souvent par référence à une Afrique dont l'unité est pensée au travers de la solidarité entre ses peuples (panafricanisme).

Deux idéologies indissociables aux significations complexes

S'agissant du nationalisme noir à proprement parler, il est d'usage de le définir autour de quelques caractéristiques majeures. Tout d'abord, son origine, qui est à la fois bien datée et localisée. C'est en effet aux États-Unis que cette idéologie prend naissance au cours de la période révolutionnaire, au moment où les Noirs eux-mêmes participent à la guerre d'Indépendance. Dans un camp ou dans un autre, l'idéal d'autodétermination est entrevu comme accessible : tandis que le premier projet de Déclaration d'indépendance dénonçait violemment l'esclavage (on sait que ce passage a fini par être éliminé de la Déclaration définitive), les Britanniques promettaient la liberté aux esclaves qui rejoindraient leurs troupes. C'est dans ce contexte où soufflent les valeurs républicaines qu'émerge la première revendication « nationaliste » de la part de quatre esclaves de Boston, lesquels réclament les moyens « d'être transportés quelque part sur la côte d'Afrique » (Moses, 1996, p. 7). Elle est suivie quelques années plus tard de l'action, plus retentissante, conduite par Prince Hall, un Noir de couleur libre ayant combattu aux côtés des Anglais, fondateur de la première loge maçonnique noire aux États-Unis, à Boston, en 1775 (Howe, 1999, p. 69). À la tête d'une délégation, Prince Hall s'adresse à l'assemblée parlementaire du Massachusetts pour réclamer à la fois de meilleures conditions d'éducation pour les enfants noirs, mais aussi pour exprimer le désir « de retourner en Afrique, notre pays natal [...] où nous pourrons vivre parmi nos égaux » (Moses, 1996, p. 9).

De ce fait, Prince Hall est tenu pour le premier militant d'un « proto-nationalisme » noir qui ne va cesser de s'amplifier. Son message contient en effet les prémices de ce qui est constitutif de ce mouvement puisque l'on y retrouve les trois repères fondamentaux qui en forment l'armature idéologique. Le premier tient à la lutte pour la reconnaissance des droits du peuple noir dans un contexte particulièrement oppressif. Le deuxième exprime ce qui est au cœur même du nationalisme, à savoir le désir d'exister de manière indépendante, au travers d'une nation où s'affirme le sentiment d'appartenance (ici, le « pays natal »). Le troisième, enfin, désigne explicitement cette nation comme étant « l'Afrique », sans plus de distinction au sein du vaste continent.

Ce désir d'une nation souveraine ne s'exprimera cependant pas toujours par référence à l'Afrique. D'après Moses (1996), c'est ce qui fait la différence entre nationalisme et panafricanisme. Car le premier relève de la volonté de créer une nation séparée, quel que soit le lieu où celle-ci se trouve. De fait, le nationalisme noir comprend des projets qui ne font pas forcément de l'Afrique le lieu d'élection de l'aspiration nationale. Tel est le cas, en particulier, de la revendication « séparatiste » qui s'est exprimée très tôt aux États-Unis en faveur de la création d'un État noir distinct. On la retrouve chez Gabriel Prosser, cet esclave qui conduisit l'attaque malheureuse sur la ville de Richmond (Virginie), en 1800. Le plan de Prosser prévoyait la création d'un État indépendant en Virginie. Pourtant, cette volonté séparatiste ne prendra que très rarement des tournures formalisées. Pour Van Deburg (1997, p. 197), le projet le plus ambitieux est celui constitué par la « Republic of New Africa », un mouvement né à Detroit en 1968, dans la vague du Black Power. Sur la base de la conviction selon laquelle le peuple noir constitue une « colonie interne », ce groupe d'activistes réclame publiquement la création d'un territoire souverain – la « République de Nouvelle Afrique » – formé par les cinq États de Caroline du Sud, de Géorgie, d'Alabama, du Mississippi et de Louisiane. La scission est envisagée comme une réparation due à la nation noire pour les drames de l'esclavage et du racisme. En cas de refus, le mouvement oppose la menace d'une lutte armée. Installée dans une ferme du Mississippi, avec un président à sa tête, la « communauté africaine » née de ce projet n'a qu'une existence éphémère, arrêtée violemment par un raid de police en 1971. Notons qu'une revendication similaire est portée à la même époque par le fondateur de la « Nation of Islam », Elijah Muhammad, qui demande la création d'un État souverain comme remboursement de la dette américaine envers le peuple noir (Howe, 1999, p. 95 ; Van Deburg, 1997, p. 315).

Au cours de l'histoire du nationalisme, d'autres ancrages géographiques se précisent comme espace d'élection. C'est le cas de la République d'Haïti, symbole par excellence de la conquête de la liberté. En 1824, le nouveau président haïtien Jean-Pierre Boyer encourage l'immigration des personnes libres depuis les États-Unis. En lien avec l'African Methodist Episcopal Church (AMEC), la première formation religieuse noire indépendante aux États-Unis, le départ de 2 000 Noirs américains s'effectue vers Haïti, jusqu'en 1825. L'expérience se solde pourtant par un échec dû aux différences culturelles entre les natifs et les nouveaux arrivants, le président haïtien craignant de son côté de ne pouvoir garder le contrôle du pays. Certains finissent par retourner aux États-Unis (Geiss, 1974, p. 86).

Hors de ces épisodes, force est de constater que le nationalisme noir se tourne plutôt vers l'Afrique pour penser sa base territoriale. Pourtant, ceci n'est vrai que si l'on tient absolument à rattacher la définition du nationalisme noir à la volonté de création d'un État souverain. Or rien n'est moins sûr. Et si l'on se réfère aux propos d'un spécialiste aussi rigoureux que Moses (1996, p. 2), qui insiste pour caractériser le nationalisme noir comme « l'effort des Africains Américains pour créer un État-nation souverain et formuler la base idéologique du concept de culture nationale », on est très vite obligé de se rendre compte que toutes les expressions dites « nationalistes » n'entrent pas dans le cadre strict de cette double définition. Examinant des textes militants, Moses lui-même en vient à qualifier de *stateless* (sans État) certaines revendications qui n'ambitionnent pas effectivement la création d'un territoire séparé (*ibid.*, p. 18). Celles-là se consacrent plutôt à dénoncer l'oppression du peuple noir, à faire accéder à une conscience libératrice en même temps qu'unificatrice, formulant ainsi les termes d'une identité plus nationale que territoriale.

C'est ici que le qualificatif « noir » accolé constamment à celui de « nationalisme » prend tout son sens. Car les composantes idéologiques qui cherchent à construire une identité collective unitaire le font avant tout à partir du socle historique qui est le leur et auquel elles ne peuvent se soustraire. Cette histoire est celle de rapports sociaux constamment structurés par la catégorie raciale. Il n'est pas étonnant alors de pouvoir affirmer, comme le fait Moses (*ibid.*), que le nationalisme noir est un « nationalisme racial » : c'est la race, celle du peuple « noir », qui est saisie ici comme principe de lien entre les membres de la « nation » et qui configure celle-ci. Il est aisé de vite refouler une telle idéologie au rang des options essentialistes, voire racistes, ce que fait un auteur tel que Gilroy (1993) en s'attaquant, entre autres, aux discours afrocentristes. Pourtant, ce serait oublier la complexité dans laquelle s'inscrivent les multiples variantes nationalistes. De ce point de vue, la réflexion de Lipsitz (1996, p. 195-197) en réponse à Gilroy est fort juste :

> Le peuple qui risque l'enfer seulement parce qu'il est noir, agit logiquement et raisonnablement quand il utilise la négritude comme moyen d'augmenter le pouvoir et la solidarité du groupe [...]. Toute évaluation de choix politiques qui s'effectue sans respecter ce que les personnes pensent [...] comment elles parviennent à transformer l'oppression en une affirmation de soi plutôt qu'en une dépréciation de soi, est certainement vouée à l'échec quel que soit son niveau de subtilité théorique.

Le nationalisme noir est donc tout à la fois un outil de résistance à l'oppression, un moyen de restauration d'une dignité reniée, comme il est l'expression d'une volonté plus politique d'autodétermination. Les discours qui le constituent sont de ce fait très variés et peuvent être de tonalités fort différentes. Il ne faudra donc pas être surpris de trouver réunis sous la même appellation de « nationalisme noir », des acteurs aux visions parfois éloignées, du Jamaïcain Marcus Garvey, exprimant son souci de pureté raciale, au Martiniquais Aimé Césaire, déclinant son éloge poétique de la beauté nègre. Le mouvement francophone de la négritude que certains spécialistes associent aux formes du nationalisme (Geiss, 1974 ; Howe, 1999) n'aura de cesse de tenter de résoudre la contradiction qui lui fait mettre en valeur une conception « racialisée » de l'humanité tout en dénonçant les affres du racisme. Aimé Césaire affirmera la négritude comme « un certain nombre de valeurs que nous considérons comme nègres et le désir de rester fidèles à ces valeurs » (cité par J. Corzani, 1978, p. 335), mais dira aussi que « la conscience d'être noir, la prise en charge de son destin, de son histoire, de sa culture, [...] ne comporte ni racisme, ni exclusivité » (*ibid.*, p. 334). Avant tout littéraire et philosophique, le mouvement de la négritude n'a certainement pas eu la dimension de l'activisme politique qui caractérise le nationalisme noir américain. Elle en signifie cependant le point de convergence qui tient au désir profond de donner à un peuple, jusque-là méprisé et persécuté du fait de son appartenance raciale, les moyens d'accéder à la pleine estime de soi.

Si l'on s'en tient à la définition restreinte du nationalisme comme volonté politique de création d'un État, le panafricanisme apparaît bel et bien comme son corollaire incontournable puisqu'une telle volonté se tournera le plus souvent vers l'Afrique. Mais, là encore, la dimension panafricaine mériterait qu'on élargisse son champ de signification. Défini dans un sens strict comme l'adhésion à la cause politique en faveur de l'unité du continent africain, le panafricanisme déborde de cet objectif pour inclure tous les mouvements politiques ou intellectuels, « parmi les Africains et les Afro-Américains », qui contribuent au « sentiment de solidarité raciale et à une nouvelle conscience de soi » tout en faisant de l'Afrique « la patrie authentique sans nécessairement y envisager un retour physique » (Geiss, 1974, p. 3). Cette définition, on le voit, autorise à situer dans la mouvance panafricaine tout discours, toute représentation qui mobilise un registre destiné à valoriser un lien à l'Afrique, y compris sur la base de l'appartenance raciale. Le sociologue américain St Clair Drake (1982, p. 461-462), à la fois universitaire et ardent militant panafricain, adopte un point de vue tout aussi général : la « tradition Panafricaine » (avec un grand « P », précise-t-il) est ce qui permet de produire « un sentiment d'unité et d'action entre les individus en Afrique et dans la diaspora ». Elle est une tentative « consciente et délibérée de créer des liens de solidarité basés sur l'expérience commune imposée par l'esclavage et ses conséquences ». Avec un petit « p », elle correspondrait à une action plus diffuse, moins structurée sur le plan politique, vouée à maintenir une mémoire vivante de l'Afrique dont on pourrait trouver un exemple parmi d'autres dans les rituels mortuaires où le corps doit être orienté de manière à faciliter le retour de l'âme vers le vieux continent d'origine. Précisons que cette pratique, bien que n'ayant pas toujours été attestée par les ethnologues – Alfred Métraux (1958, p. 216-235) n'en fait pas mention dans son descriptif très détaillé du culte des morts à Haïti ; voir aussi d'Ans (1989, p. 288) –, a au moins le mérite d'exister comme représentation mythique largement diffusée.

Il est aisé d'imaginer combien les définitions qui viennent d'être énoncées, autant pour le nationalisme noir que pour le panafricanisme, demandent d'investir les nombreux aspects que traduit, au sein de la diaspora noire, toute sensibilité vis-à-vis de l'Afrique. Dans ce qui suit, on se limitera seulement à explorer certains traits marquants du nationalisme politique lorsque celui-ci rencontre la volonté affirmée de trouver sa base territoriale en Afrique. Selon cette perspective, il y a peu de raisons de dissocier nationalisme et panafricanisme, ce que confirment les ouvrages de Moses (1996) et de Geiss (1974) qui, consacrés exclusivement à l'un ou à l'autre, s'appuient pourtant sur les mêmes événements et les mêmes groupes d'acteurs pour les décrire.

Étapes du développement de la revendication de « retour » à la terre ancestrale

L'histoire du nationalisme noir, au sens de l'acception étroite qui vient de lui être donnée, se décline en trois périodes principales. La première, préclassique ou « proto-nationaliste », voit l'émergence de la revendication de retour à l'Afrique. Celle-ci se formalise au cours de la seconde période, dite classique, où se distinguent deux grands moments : autour de 1850, quand émerge la figure du Noir américain Martin Delany, militant pour la cause dite « émigrationniste », puis au début des années 1920 avec le mouvement populaire d'une envergure inédite fondé par Marcus Garvey. La troisième période est celle du nationalisme moderne. Elle épouse les contours de la lutte radicale incarnée par le Black Power en rupture avec l'orientation pacifiste du mouvement des droits civiques.

Naissance du nationalisme

La notion de « proto-panafricanisme » utilisée par I. Geiss (1974, p. 30) paraît parfaitement interchangeable avec celle de « proto-nationalisme » de Moses (1996, p. 6). Elle sert à décrire cette période où s'élaborent les soubassements de la protestation noire contre la domination blanche. Geiss situe précisément l'origine de cette mobilisation en 1787, année où une série d'événements symboliques se produisent, traduisant les spécificités historiques durables de ce que l'on pourrait désigner, en rapport avec ce qui précède, comme le « nationalisme panafricain ». Cette année-là, à Philadelphie, la première organisation abolitionniste américaine, fondée par des quakers, se dote d'un statut lui permettant véritablement d'entrer en action. C'est aussi à Philadelphie, en 1787, que se réunit l'Assemblée constituante : le Congrès reçoit à cette occasion la première pétition des abolitionnistes. Encore à Philadelphie se constitue la première « Free African Society », établie par les Noirs Richard Allen et Absolom Jones, pour protester contre la discrimination dans les églises méthodistes blanches. Ce mouvement ne va cesser de s'amplifier et d'essaimer. Il est à l'origine de la fondation de la première dénomination religieuse noire américaine, l'AMEC (African Methodist Episcopal Church), puisque c'est Richard Allen qui crée celle-ci en 1816. La formation de la première loge maçonnique noire (Prince Hall) intervient également en 1787. À cette série d'événements en Amérique font écho ceux qui se déroulent aux autres pointes du fameux circuit triangulaire. En Europe, la naissance du mouvement abolitionniste est datée de cette même année 1787, lorsque se forme un comité pour la suppression de la traite conduit par ceux qui deviendront les plus actifs d'entre les abolitionnistes : William Wilberforce, Thomas Clarkson et Granville Sharp. Autre fait troublant, encore à cette date précise, la publication du livre d'Ottobah Cugoano, cet Africain d'origine Fanti, capturé et vendu dans l'île de Grenade, ramené en Angleterre par son maître où il apprend à lire et à écrire. Marié à une femme anglaise, il est l'auteur – du moins en partie et non intégralement d'après certains spécialistes – d'un ouvrage (*Thoughts and Sentiments on the Evil and Wicked Traffic of the Slavery and Commerce of the Human Species*) où il demande l'abolition totale de l'esclavage, ouvrage qui fut immédiatement traduit en français et préfacé par l'abbé Grégoire pour servir à la campagne de la Société des amis des Noirs. En Afrique, c'est toujours en cette même année 1787 que se produit un événement majeur, passé d'abord inaperçu, mais qui va très vite devenir le point focal des aspirations nationalistes au retour, à savoir l'arrivée des premiers Noirs « rapatriés » en Sierra Leone.

C'est avec beaucoup de finesse que Geiss (1974) analyse cette convergence de faits comme révélatrice de la nature même du panafricanisme (ou du nationalisme), avec cette localisation dans un ensemble qui inclut forcément les trois pôles du triangle Amérique-Europe-Afrique et met en relation les points névralgiques de la destinée historique des peuples noirs : traite, esclavage, discrimination, lutte pour l'égalité, autodétermination, désir de souveraineté.

Sierra Leone et Liberia : terres de retour ambiguës

L'épisode de la Sierra Leone apparaît comme le déclencheur d'une politique du retour vers l'Afrique avec toutes les ambiguïtés que celle-ci recèle au regard de la complexité des rapports entre univers blanc et noir, ambiguïtés qui vont hanter durablement la teneur du débat pour l'autodétermination. L'initiative de fonder une colonie pour accueillir les anciens esclaves d'Amérique est en effet étroitement liée à la volonté des Européens, abolitionnistes et/ou colons aux Amériques. Elle naît d'abord en Angleterre où se forme, à la fin du XVIIIe siècle, une sorte de sous-prolétariat urbain noir (*black poor*) qui résulte, entre autres, de l'arrivée des anciens esclaves américains ayant combattu avec les loyalistes déchus. Soutenue par les abolitionnistes, encouragée par le gouvernement britannique, l'idée de favoriser la formation d'une communauté noire libre et autonome, sur un territoire africain qu'elle contrôlerait selon les mêmes droits dont jouissent les Blancs, ne tarde pas à se préciser comme une solution à la pauvreté urbaine tout comme un aboutissement vertueux de l'esprit philanthropique. Mais l'initiative comprend aussi des objectifs commerciaux : un botaniste n'a-t-il pas récemment effectué une mission dans la péninsule sierra-léonaise au terme de laquelle il concluait à un bon potentiel agricole pour l'économie du coton ? Environ 400 immigrants, des Noirs libres et quelques Blancs, foulent ainsi le sol de cette région où ils établissent, en 1787, une première colonie, « Granville Town » (du nom de l'abolitionniste britannique qui soutient activement le projet), rebaptisée rapidement « Freetown ». La Sierra Leone Company, créée en 1791, constituée par des abolitionnistes et des banquiers britanniques, entérine le caractère de l'entreprise, à mi-chemin entre humanisme et rationalité économique. Le premier groupe de migrants est rejoint dès 1792 par d'autres « loyalistes noirs » réfugiés en Nouvelle-Écosse. Un troisième peuplement s'opère avec l'arrivée de 500 Marrons jamaïcains à l'issue de la campagne guerrière qui les a opposés aux autorités britanniques de l'île. Alors que la Royal Navy contrôle sur les mers l'application du décret d'abolition de la traite, les captifs libérés à la suite de l'interception des bateaux frauduleux sont dirigés vers la Sierra Leone. De 1808 à 1863, ils seront ainsi 60 000 à retrouver la liberté en terre africaine, à Freetown. La communauté qui se constitue doit faire avec les difficultés de la différence culturelle. Dotés du statut de « sujet britannique » qui les oppose aux populations autochtones de l'intérieur, les migrants finissent par constituer une collectivité plus ou moins homogène – les Créoles (Krios) – où s'impose l'influence des plus anciens arrivants (Wyse, 1982). Ce groupe s'affirme bientôt comme une élite dominatrice vis-à-vis des populations locales, imposant sa suprématie au travers des signes distinctifs de la civilisation européenne.

L'expérience de la Sierra Leone inspire de toute évidence les Américains, qui fondent en 1817 l'American Colonization Society (ACS), une société chargée d'organiser le rapatriement vers l'Afrique. Constituée par des Blancs, elle s'appuie sur des arguments philanthropiques ambigus, à la fois soucieux de favoriser un établissement autonome des Noirs libres et exprimant la nécessité d'une destinée séparée entre Noirs et Blancs. Déjà, l'auteur de la Déclaration d'indépendance, pourtant favorable à l'abolition, Thomas Jefferson, avait fait connaître son doute quant à la cohabitation harmonieuse entre les « races », consigné dans ses *Notes from the States of Virginia* (1781). Il en appelait ainsi à la ré-émigration des Noirs libres vers l'Afrique. C'est cette même idée qui préside à l'action de l'ACS. Elle se concrétise avec l'annexion du Liberia en 1821, acquis auprès d'un monarque local au terme d'échanges peu scrupuleux conclus avec un lieutenant de l'US Navy. Dans les années qui précèdent la guerre civile américaine, environ 15 000 Noirs, la plupart originaires des États du Sud, sont rapatriés vers le Liberia. Selon Geiss (1974, p. 82), certains n'auraient pas même donné leur consentement pour ce « départ » aux allures forcées. L'ACS finit par être assimilée à un outil au service de la déportation des Noirs libres, indésirables en terre d'Amérique. Cependant, comme en Sierra Leone, la nouvelle communauté se constitue en une classe aisée, tirant son pouvoir de son autorité exercée sur les populations locales. La République du Liberia, proclamée officiellement en 1857, va cesser assez rapidement de se présenter comme une solution pour le pouvoir américain, inquiet des conséquences de l'acte d'abolition. Tout comme Jefferson, Lincoln se montre favorable à la ré-émigration, mais envisage plutôt l'Amérique centrale ou Haïti. Le projet sera suivi de peu d'effets, l'expatriation vers Haïti se révélant assez vite un échec, comme en 1824.

L'ambiguïté des établissements fondés pour le « retour » en terre africaine n'échappe pas aux militants nationalistes noirs américains. Elle commande d'ailleurs dans son ensemble la structuration des mouvements de lutte contre la discrimination, tiraillés dès lors entre deux tendances aux expressions durables : d'un côté la tendance pour l'obtention d'une égalité *in situ*, tendance que l'on dira « intégrationniste » ; de l'autre la tendance à proprement parler nationaliste, dite « séparatiste », c'est-à-dire favorable à la création d'un État séparé. Pour cette dernière, l'existence des sociétés de colonisation où s'impose encore la volonté du pouvoir colonial empêche d'investir de manière réellement positive les territoires africains présentés comme ceux de la liberté. La configuration nationaliste prend ainsi des allures de division entre ceux qui soutiennent l'initiative au Liberia et ceux qui la refusent. On le mesure déjà au travers de l'initiative conduite au début du XIXe siècle par le Noir américain Paul Cuffee, un armateur qui s'associe au projet du retour en Afrique en mêlant des objectifs à la fois économiques et politiques, témoins d'un désir d'apporter la civilisation et la chrétienté au continent africain. L'entreprise de Cuffee se solde par le rapatriement d'une trentaine de Noirs américains en Sierra Leone, en 1816. Une liste d'attente de quelque 2 000 autres personnes « candidates au retour » aurait existé au moment de la mort de Cuffee, survenue l'année suivante. Si cette initiative provoque, à son début, de la sympathie de la part des Noirs, elle finit cependant pas être discréditée, d'autant que Cuffee entretenait des liens avec l'ACS. L'année de sa mort (1817), une réunion de protestation à Philadelphie, regroupant 3 000 personnes, exprime la colère grandissante des Noirs contre l'ASC et face à ce qui ressemble à l'expulsion des libres hors de l'Amérique. De leur côté, les leaders religieux de l'AMEC expriment leur solidarité avec le peuple noir maintenu en esclavage : « Nous ne nous séparerons jamais volontairement des esclaves de ce pays. Ils sont nos frères par les liens du sang et de la souffrance » (cité par Geiss, 1974, p. 85). L'associé de Cuffee lui-même, James Forten, prend bientôt position contre les projets de colonisation de l'Afrique.

Martin Delany et le premier grand projet du « Back-to-Africa »

C'est dans un tel contexte, en proie aux ambiguïtés du projet de retour, qu'émerge la figure la plus significative du nationalisme noir classique du XIXe siècle, Martin Delany. Noir libre originaire de la Virginie, physicien écarté de la « Medical School » de Harvard pour raisons discriminatoires, Delany collabore d'abord brièvement avec Frederick Douglass, cet ancien esclave autodidacte ayant racheté sa liberté et devenu l'un des plus célèbres militants noirs de la cause abolitionniste. Avec celui-ci, Delany partage le vif refus des actions « émigrationnistes » conduites par l'ACS en Afrique. Ainsi écrit-il que le Liberia « n'est pas une république indépendante », mais une « misérable parodie », une « lamentable dépendance des colonisateurs (*colonizationists*) américains » (cité par Moses, 1996, p. 23). Pourtant, Delany n'abandonne pas à la tendance « intégrationniste » que représente Douglass le projet de trouver hors des États-Unis un territoire souverain. En réaction à la promulgation de la loi sur les esclaves fugitifs (« Fugitive Slave Acts ») de 1850 – loi qui rendait la répression des esclaves en fuite obligatoire dans tous les États, y compris les États non esclavagistes, tout en refusant le droit aux tribunaux de justice pour ceux accusés d'être des fugitifs –, Delany publie un ouvrage (*The Condition, Elevation, Emigration and Destiny of the Colored People of the United-States*, 1852) dans lequel il affirme clairement que la seule réponse acceptable à une telle loi est de quitter les États-Unis. Martin Delany s'impose ainsi à son époque comme l'un des rares défenseurs de la cause « émigrationniste », capable en même temps de rejeter la politique incarnée par le Liberia. Son parcours n'en est pas pour autant exempt de contradictions. En 1854, il organise la première « National Emigration Convention of Colored Men » dont l'objectif est d'organiser le départ des Noirs du sol américain. Plusieurs destinations sont envisagées, des expéditions de repérage sont conduites en Haïti et en Afrique. Avec son associé Robert Campbell, Delany effectue une mission en Afrique de l'Ouest, à la recherche de solutions pour l'établissement des Noirs émigrés. Il se rend au Liberia où il rencontre les leaders noirs américains établis dans le pays, Edward Wilmot Blyden ou encore Alexander Crummel, tous deux restés fidèles à des projets « rédemptionnistes » vis-à-vis de l'Afrique et du Liberia, c'est-à-dire incarnant un nationalisme religieux animé par la volonté d'apporter son salut à l'Afrique par la foi chrétienne. Au Nigeria, en 1859, Delany signe un traité avec le roi d'Abeokuta par lequel les Noirs américains sont autorisés à s'installer pour développer la production de coton (Sellman, *in* Appiah et Gates, 1999, p. 585), traité que le signataire africain remettra en cause. De retour aux États-unis, il finit par entretenir des liens avec la toute nouvelle African Civilization Society fondée par Henry Highland Garnet en 1858 et quelques autres nationalistes noirs dans le but de « promouvoir la civilisation et la christianisation de l'Afrique et des descendants des ancêtres africains de toutes les parties du monde » (cité par Moses, 1996, p. 26). Cette société, qui ambitionne de rapatrier les Noirs américains autant vers l'Afrique que vers la Caraïbe, fait assez vite l'objet de critiques véhémentes, notamment de la part de Frederick Douglass qui l'envisage ni plus ni moins comme l'équivalent colonialiste noir de la blanche American Civilization Society, ce que la similarité des sigles (ACS) ne fait que renforcer.

Mis à mal par la guerre civile américaine, les projets de Delany, comme d'ailleurs ceux de Garnet, ne seront pas suivis d'effets. Devenu le premier officier noir le plus gradé, Delany s'investit dans la politique officielle conduite pendant la Reconstruction, politique dont il ne tarde pas à mesurer la faiblesse. Ses derniers efforts pour le *back-to-Africa* datent de 1877, quand se forme la Liberian Exodus Joint Stock Steamship Company, compagnie maritime destinée à transporter les Noirs vers l'Afrique, initiative là encore arrêtée avant d'avoir réellement pu voir le jour. L'itinéraire de Delany reste riche d'enseignements à double titre. Il montre d'une part comment la référence à l'Afrique se constitue comme point focal de l'idéal de la diaspora quand celle-ci cherche à se projeter dans un ailleurs garant d'une souveraineté reconquise. Dans un contexte extrêmement défavorable à l'activisme politique noir, il faut retenir l'incroyable ferveur de ces projets destinés à organiser le « retour », et ceci en dépit de la faiblesse de leurs résultats. D'autre part, les contradictions de Delany oscillant entre le rejet de la solution « Liberia », la volonté d'une intégration égalitaire aux États-Unis (« notre terre commune est aux États-Unis » – cité par Geiss, 1974, p. 88), la volonté de retour vers l'Afrique désignée comme *fatherland* (« patrie »), même s'il s'agit en définitive du Liberia, toutes ces contradictions montrent combien la revendication nationaliste s'inscrit d'emblée dans la complexité des rapports fondés dans l'esclavage. Ceux-là obligent à considérer le point d'arrivée de la dispersion, l'Amérique, comme toujours privative à l'égard d'une liberté qui reste à conquérir, laissant entière la difficulté pour désigner le lieu de cette conquête, *in situ* ou ailleurs.

Le renouveau « radical » du nationalisme au XXe siècle : Marcus Garvey

Les projets de retour ne connaîtront guère d'ampleur jusqu'aux lendemains de la Première Guerre mondiale, excepté sans doute l'épisode très symbolique de « Chief Sam », en 1914-1915. Originaire de la Gold Coast, actuel Ghana, ce chef africain est connu pour son entreprise originale conduite avec Faduma, un Noir né aux Bahamas et émigré en Sierra Leone. Se rendant acquéreur d'un paquebot qu'il baptise le *S. S. Liberia*, Sam fonde la Akim Trading Company et part pour les États-Unis, dans l'Oklahoma, où il propose la vente des parts de sa compagnie aux candidats au retour, avec la garantie d'une traversée gratuite pour l'Afrique. L'initiative reçoit un certain succès et le *Liberia* est en mesure de rapatrier un groupe de Noirs américains dans la Côte-de-l'Or au début de l'année 1915. Mais les nouveaux arrivants, bien que chaleureusement accueillis, rencontrent des difficultés si importantes face à leurs conditions de vie misérables qu'ils envisagent de retourner aux États-Unis. Un épisode qui montre là encore la vivacité des liens avec l'Afrique et la ferveur qui préside à l'intention de retour, tout comme les désillusions qui peuvent en découler.

Le projet de Marcus Garvey, nourri dans le Harlem des années 1920, n'innove pas en définitive par rapport aux initiatives entreprises dans le passé. Tout est déjà là : plans de retour, visée rédemptrice pour l'Afrique, nationalisme messianique, volonté séparatiste... Ce qui fait la différence avec la tradition nationaliste dans laquelle s'enracine l'action de Garvey est l'ampleur de l'écho du message porté par cet homme, de même que l'extrême difficulté à qualifier ce message de façon univoque, tant celui-ci apparaît contradictoire, pouvant être interprété tantôt comme nettement raciste et tantôt comme véritablement soucieux de justice. Mais s'arrêter aux excès de Marcus Garvey, ce serait ignorer la portée symbolique de son action et le fait que, dans toute sa radicalité – pouvait-il en être autrement ? –, il a su, hors des milieux intellectuels, faire accéder à une conscience de l'oppression, sans concession ni compromis, et rendre tangible la possibilité d'une libération des peuples noirs. Qu'on le veuille ou non, que l'on se prenne ou non à désirer une figure emblématique moins contestable, Marcus Garvey a bien incarné et continue d'incarner en certains lieux le combat pour la dignité des Noirs et l'espoir d'un monde plus juste.

Né à la Jamaïque en 1887, dans une famille d'artisans, Marcus Mosiah Garvey correspond à ce profil des militants politiques de la diaspora, souvent quasi autodidactes, passionnés par les écrits, voyageurs parcourant les réseaux établis entre l'Europe, l'Amérique, les Caraïbes (Garvey n'a cependant jamais foulé le sol africain...). Imprimeur, il fonde déjà un premier journal à la Jamaïque, puis part en Amérique centrale et en Amérique du Sud où d'autres éphémères journaux voient le jour. Son périple l'amène en Europe, à Londres, où il consolide sa connaissance de la condition des Noirs en s'insérant dans les cercles intellectuels africains. Il se montre impressionné par la lecture de l'autobiographie de Booker T. Washington, un leader noir américain qui entérine d'une certaine manière la politique ségrégationniste en appelant la communauté à se mobiliser pour son propre développement économique et son éducation, plutôt que de s'agiter dans les luttes politiques. Augurant de la future opposition entre Garvey et Du Bois, le projet de Washington était déjà sévèrement critiqué par le second, plus favorable à l'intégration égalitaire au sein de la société américaine qu'à toute forme séparatiste. De retour à la Jamaïque en 1914, Garvey fonde l'UNIA (« Association pour le progrès universel des Noirs » – Universal Negro Improvement Association) qui le propulse véritablement dans un horizon politique international. C'est néanmoins aux États-Unis, où Garvey se rend en 1916, que l'UNIA prend son essor. Le contexte de la Grande Migration, depuis le Sud assailli par les lynchages vers les États du Nord, est favorable à l'affirmation d'une conscience politique. Au cours de ses performances oratoires réalisées au coin des rues (les *street corner forums*), le charismatique Garvey gagne son audience auprès des communautés, tant noire américaine qu'antillaise. Soutenu par une fraction de la bourgeoisie noire, il peut acquérir, à Harlem, le Liberty Hall, ne contenant pas moins de 6 000 places et d'où il est en mesure de déployer son activité.

Le programme politique de Garvey s'articule à partir de trois principaux objectifs qui visent l'essor économique interne à la communauté noire, le droit à l'autodétermination pour cette même communauté et, objectif sans doute resté le plus associé à l'image du leader, la fondation d'une nation noire sur le continent africain, ce que résume son slogan : « *Africa for the Africans* ». Dotée d'un journal largement diffusé, le *Negro World*, l'UNIA ne tarde pas à se développer de façon spectaculaire, établissant des ramifications dans les principales grandes villes américaines et à travers le monde, en Afrique de l'Ouest, aux Caraïbes, en Amérique centrale, en Amérique du Sud, au Canada, en Angleterre. C'est là le résultat le plus considérable de l'activisme de Garvey : la large diffusion d'un message politique dans le monde noir dispersé à travers les continents. Pour le reste, son action se concentre sur les quelques années passées aux États-Unis jusqu'en 1927. Là, il montre sa capacité à mobiliser les foules de Harlem au cours de parades restées mémorables à l'occasion des assemblées annuelles de l'UNIA. S'y exprime le côté le plus extravagant et fantasque de Garvey, frôlant le culte de la personnalité avec toute une mise en scène évoquant le défilé impérial, le leader noir se déplaçant habillé tel un Napoléon et entouré d'une garde militaire, le groupe des « Royal African Guards ». Il suffit de regarder les photographies de ces parades, où figurent les associations communautaires soutenant le mouvement garveyiste, pour constater l'ordre qui y préside dans une veine militaire accomplie. À la première convention, celle de 1920, Garvey est proclamé « président provisoire de l'Afrique ». Son organisation est comme un gouvernement en exil. Le maire de Monrovia, la capitale du Liberia, est désigné comme « potentat d'Afrique » au sein de l'UNIA et occupe en théorie le même rang que Garvey. Une sorte d'aristocratie est créée au moyen de décorations et titres décernés à l'entourage de Garvey : « chevalier de l'ordre d'Éthiopie », « vicomte du Niger », « duc du Nil », « comte du Congo » (Geiss, 1974, p. 269). La première assemblée de 1920 est aussi celle qui voit la proclamation de la « Déclaration des droits des peuples noirs du monde » qui incarne la philosophie de Garvey avec la revendication du droit à l'autodétermination pour la race noire et qui s'incarne dans le « droit inhérent à la possession de l'Afrique » (Garvey, 1986, p. 138). Cette même déclaration achève le processus de création d'une méta-Afrique virtuelle par la désignation des couleurs de la nation africaine, « rouge, vert, noir », et celle d'un hymne national, « Éthiopie, la terre de nos Pères » (*ibid.*).

Hors de ces épisodes caricaturaux, que I. Geiss (1974, p. 279) conseille à raison de ne pas tenir pour seuls témoignages de la contribution de Garvey à l'histoire du panafricanisme, il faut insister sur deux autres volets de l'action de l'homme. Le premier concerne les efforts pour concrétiser le projet du « Back-to-Africa ». La compagnie de navigation Black Star Line est ainsi fondée en 1919, financée entièrement par des actionnaires noirs, les parts étant vendues jusqu'en Afrique. Bientôt propriétaire de trois bateaux, la compagnie est à la fois le plus grand succès de Garvey, montrant sa ténacité à réaliser son projet, et son échec le plus cuisant. C'est en effet la Black Star Line qui précipite la chute du leader, accusé de fraudes financières. Il faut dire que les autorités américaines n'attendaient qu'un prétexte pour neutraliser celui qui était considéré comme un agitateur public, aidées en cela par l'opposition de plus en plus vive de certains intellectuels noirs comme Du Bois. Garvey finit par être emprisonné en 1925 et expulsé deux années plus tard des États-Unis. Il s'installe alors de nouveau à la Jamaïque où il fonde un parti politique (le « Peoples Political Party ») dont le programme se destine à installer la majorité noire au pouvoir. Le parti rencontre quelques succès électoraux, mais les autorités coloniales ne vont cesser de faire obstacle à l'action politique de Garvey au moment où son ascension était probable. Après une période de harcèlement judiciaire et des mesures d'emprisonnement, il perd les élections législatives de 1930, avec 900 voix contre

1 600 au représentant élu (Martin, 1993, p. 366). Sa carrière s'achève à Londres où il décède en 1940, après avoir essayé, sans le succès comparable à celui de New York, de relancer l'activité de l'UNIA. Avant son incarcération aux États-Unis, rien ne présageait pourtant d'une quelconque issue positive à son projet de retour en Afrique. Les relations entre l'UNIA et le Liberia s'étaient considérablement détériorées, la première ayant dénoncé au cours d'un rapport les pratiques quasi esclavagistes de l'élite du pays. Les autorités du Liberia s'étaient donc méfiées de l'action de l'UNIA qui pouvait atteindre ses privilèges, de même que des visées colonialistes de ces Noirs venus d'Amérique en réclamant la formation des « États unis d'Afrique » (Geiss, p. 271). Ainsi, une délégation officielle de l'UNIA au Liberia est arrêtée par les autorités locales en 1924, un événement qui révèle moins l'échec de la politique de retour de Garvey que le réseau inextricable de contradictions dans lequel s'inscrit forcément ce type de projet au regard des fondations si ambiguës des pays africains de la « liberté ».

Le deuxième important volet de l'action politique de Garvey concerne ses prises de position radicales sur la « race ». Nourrissant une admiration sans limite pour le nationalisme européen de Mussolini et de Hitler – il ira même jusqu'à dire que les deux hommes ont copié le « nationalisme agressif » de l'UNIA (Martin, 1986, p. 60) –, Garvey prône l'idéal de la pureté raciale. Certes, il affirmera plus tard sa solidarité avec le peuple juif et dénoncera l'invasion de l'Éthiopie par Mussolini (Geiss, 1974, p. 281). Mais son penchant radical n'en est pas moins affirmé. Si son message se montre agressif vis-à-vis des Blancs, ce n'est que dans la dénonciation de l'oppression, car Garvey réclame avant tout une destinée séparée des Blancs et des Noirs dans le respect mutuel et la compréhension. Du même coup, il n'y a plus pour lui de différences entre la conception raciale développée par les ségrégationnistes blancs et la sienne. Il soutient les initiatives du sénateur blanc Bilbo du Mississippi qui en appelle au rapatriement des Noirs et à l'interdiction des mariages mixtes. De même, il se lie avec E. S. Cox, un ardent défenseur d'une « Amérique blanche » avec qui il partage les vues « émigrationnistes » et la conviction que les races doivent vivre séparément. Depuis sa prison, il organise la venue de John Powel, un membre du très « anglo-saxon » Club d'Amérique pour intervenir à l'assemblée annuelle de l'UNIA de 1925. À la lecture du discours de Powel (cité par Garvey, 1986, p. 338), on prend la mesure du caractère surréaliste de la situation entre ces Blancs et ces Noirs prêts à fraterniser sur la base du refus de vivre ensemble. Mais le paroxysme en matière de positions inconcevables avait déjà été atteint en 1922, lors de la rencontre entre Marcus Garvey et les membres du Ku Klux Klan qui s'était soldée par la confirmation que les deux parties avaient en commun la volonté de ne pas se mêler. Autodérision, conscience de l'effet miroir du racisme européen le plus vil ? Toujours est-il que Garvey déclara à la suite de cette entrevue : « Je parlais à un homme qui était brutalement un homme blanc et je lui parlais comme un homme qui était brutalement un Noir » (cité par Martin, 1986, p. 346).

Ces initiatives, plus que le discours lui-même sur la pureté raciale, discréditent profondément Garvey auprès d'un grand nombre d'intellectuels noirs américains. Elles alimentent la critique qui a vu le jour à l'encontre de l'esprit d'entreprise de Garvey, jugé comme trop capitaliste ou bourgeois, à l'instar de B. T. Washington. Mais il faut cependant à nouveau insister sur la source d'inspiration que le message de Garvey a pu constituer au sein du monde noir des Amériques et sur sa grande longévité. Malgré la faible reconnaissance politique officielle qu'il a acquise à la Jamaïque de son vivant, Garvey a depuis été promu « héros national » de ce pays, au titre de ceux qui ont contribué à lutter pour fonder la nation jamaïcaine sur l'idéal de liberté. À la manière de Geiss (1974), on s'accordera à reconnaître que le discours racial de Garvey n'est pas destructif. Il revendique des nations séparées pour l'une et l'autre race. Cette absence de charge haineuse est peut-être ce qui explique sa diffusion large, hors même des foyers nationalistes « durs », comme levier de défense contre l'oppression, ou comme outil d'affirmation de soi. Des plages entières de la vision de Garvey ne font, en outre, que porter à la conscience l'évidence d'une domination réelle. Mais surtout, le message de Garvey est ce qu'en ont fait ses récepteurs et l'on verra plus loin, au travers du rastafarisme, combien ces aménagements ont pu aussi en évacuer la dimension exclusive. Dans tous les cas, cette exploration du garveyisme conduit bel et bien à reconnaître dans la diaspora noire une composante entièrement vouée à penser son projet sur le mode de la préservation des attributs exclusifs assignés à un peuple par référence à son origine et à sa filiation.

Le nationalisme moderne et l'Afrique imaginée

Dans ce qui précède, le nationalisme classique apparaît caractérisé par la volonté d'effectuer un retour réel vers l'Afrique, ce qui se traduit en termes d'actions concrètes, même si elles sont de faible ampleur, comme les mouvements de population, la création de compagnies maritimes, les liens avec les autorités africaines. La philosophie qui anime ce nationalisme est à la fois politique et religieuse et s'appuie fortement sur l'idée que les Noirs des Amériques peuvent participer à la diffusion salvatrice de la civilisation en Afrique, ce qui est désigné par le « rédemptionnisme ». Avec le nationalisme moderne de l'après-Seconde Guerre mondiale, il est possible de noter le passage à un nationalisme culturel qui va investir l'Afrique de manière beaucoup plus symbolique en l'érigeant comme référence à des pratiques déployées dans les espaces américains. La revendication du retour réel est supplantée par le désir de s'affirmer Africain, quel que soit le lieu de cette affirmation. Nous avons vu dans le précédent chapitre l'importance de la composante afrocentriste qui rayonne depuis les universités américaines pour proposer une vision anachronique du rapport à l'Afrique où l'Égypte ancienne sert comme outil de décryptage exclusif de la réalité contemporaine. Dans cette rhétorique, l'évacuation du référent réel du retour que serait le sol africain s'accomplit au profit d'une terre imaginée, mais omniprésente, une stratégie qui évoque ce que C. Tully-Sitchet (2002) désigne fort justement par « l'invention du retour », c'est-à-dire un « retour sur place » par africanisation du territoire américain. Pratiques de consommation africaines, célébration du *kwanzaa* – ce rituel afrocentriste inventé par l'activiste Maulena Karenga dans les années 1960 pour célébrer l'héritage spirituel africain contre le matérialisme occidental –, adoption de noms africains, mariages « à l'africaine », autant de marqueurs de cette territorialisation qui accomplit un « retour fictionnel » au pays.

Le développement de ces pratiques culturelles n'est pas sans lien avec l'idéologie nationaliste associée au Black Power. Pour Van Deburg (1997, p. 14-15) qui l'a analysée, il faut la comprendre comme un appel à l'autodétermination de soi, pour soi, passant par une « révolution de l'esprit ». Ainsi le Black Power a-t-il envisagé la restauration du pouvoir dans la communauté noire comme liée à la prise de conscience d'être soi, Noir, libéré du phantasme d'intégration égalitaire dans l'univers blanc. Il s'agissait de conquérir la capacité d'exercer cette liberté partout, « autant dans les enclaves urbaines "libérées", que dans un État noir séparé ou simplement dans le domaine du psychisme » (*ibid.*). La dilution de la référence à un territoire national parfaitement désigné n'est cependant que partielle. Cette référence reste latente dans la lutte politique, prête à s'imposer de nouveau comme argument majeur. Lassé par l'impuissance de la lutte pacifique pour les droits civiques et par la ségrégation de fait qui s'opère par-delà les lois, S. Carmichael, l'un des plus célèbres initiateurs du Black Power et leader du Black Panther Party, affirmait ainsi en 1969 que la « seule position pour l'homme noir est le panafricanisme. Nous avons besoin d'une terre [...]. Toutes les révolutions sont basées sur la terre [...] et le lieu où nous pouvons le plus rapidement obtenir de la terre est en Afrique » (cité par Van Deburg, 1997, p. 208). C'est d'ailleurs en Guinée que Carmichael s'établira bientôt après avoir fondé au Ghana le « Parti révolutionnaire de tous les peuples africains ». La revendication pour un séparatisme racial et territorial est également encore très présente chez l'actuel leader de la « Nation of Islam », Louis Farrakhan, aux positions aussi controversées que celles de son prédécesseur Marcus Garvey. Mais le succès de sa « Million Man March » en 1995, à Washington, est peut-être moins, comme pour Garvey, le témoignage d'une adhésion populaire à sa conception radicale que l'appropriation par les communautés noires d'une occasion de se montrer toujours présentes sur le front de la lutte.

Le panafricanisme de Du Bois

L'activité politique conduite par le Noir américain W. E. B. Du Bois à partir du début du XXe siècle mérite d'être mentionnée à part. Elle n'est pas en effet à proprement parler nationaliste. Comme l'affirme Moses (1996, p. 30), Du Bois n'a jamais milité pour un retour massif des Noirs américains en Afrique, ni en faveur de la création d'un État séparé pour eux. L'homme est d'abord connu pour ses prises de positions « intégrationnistes », selon une tradition inaugurée par Frederick Douglass. Ce qui est à conquérir, c'est l'égalité des races au sein de la société américaine qui passe par la lutte contre toutes les formes de discrimination. Premier Noir ayant reçu le titre de docteur de l'université Harvard, Du Bois n'est que trop sensibilisé au traitement inégal puisque les titres prestigieux obtenus en début de carrière ne lui permettent que d'enseigner dans un petit collège universitaire noir de l'Ohio. Devenu professeur à l'université d'Atlanta, il s'impose néanmoins comme l'un des intellectuels américains les plus reconnus de son temps, en publiant plusieurs ouvrages d'histoire et de sociologie consacrés à la question noire, dont le célèbre *The Souls Of Black Folk* (« Âmes noires ») en 1903 où il met en avant sa fameuse conception de la « double conscience » pour exprimer la condition des Noirs évoluant comme dans deux mondes, une double appartenance (« double soi-même ») qui « rend possible cette ambivalence aux hommes afin que l'on puisse en même temps être Noir et Américain » (Du Bois, 1959, p. 19-20) La carrière politique de Du Bois est entamée avec la controverse qui l'oppose à T. B. Washington à qui il reproche le caractère résigné et apolitique de son entreprise auprès de la communauté noire. Il confirme son engagement en créant en 1905 le Niagara Movement, puis, quelques années plus tard (1910), la NAACP (National Association for the Advancement of Colored People – « Association nationale pour la promotion de la population de couleur »). Cette organisation, toujours active actuellement, est interraciale. À son début, seul Du Bois y figure comme leader noir. La NAACP dénonce systématiquement les actes de lynchage et de racisme et assiste les victimes auprès des tribunaux.

L'itinéraire de Du Bois est à l'opposé de celui de Garvey et ne rencontre pas la faveur populaire réservée à ce dernier. Du Bois utilise la presse, et notamment le journal qu'il a fondé dans la NAACP, le *Crisis*, pour dénoncer violemment son rival dont il n'hésite pas à dire qu'il n'est capable que de rallier les migrants jamaïcains « pauvres, ignorants et illettrés » et d'opposer à la suprématie blanche « une suprématie noire équivalente de brutalité » (cité par Watkins-Owens, 1996, p. 119). De fait, Du Bois n'en suit pas moins un itinéraire changeant qui le fait rompre ou se rapprocher de nouveau de la NAACP, adoptant des vues tantôt favorables à l'intégration dans la société américaine, tantôt enclines à prôner les vertus de l'autoségrégation de la race noire. Plus radical au cours des dernières années de sa vie, il adhère au parti communiste, puis, harcelé par les autorités américaines, quitte les États-Unis pour s'établir au Ghana à l'invitation de son ami K. Nkrumah, le futur président.

Alors que son message nationaliste n'est pas clairement affirmé, et que sa présence dans l'horizon politique de la diaspora incarne bien cette tension entre désir d'intégration et refus de l'ordre blanc américain, Du Bois est resté la figure la plus significative du panafricanisme, d'une renommée équivalente et même supérieure à celle de Marcus Garvey, au moins auprès de l'intelligentsia. Cette reconnaissance tient au rôle de Du Bois dans l'organisation de cinq congrès panafricains tenus à Paris (1er congrès, 1919), à Londres, Bruxelles, Paris (2e congrès en trois sessions, 1921), Londres et Lisbonne (1923), New York (1927) et Manchester (1945). Ces congrès ont fait suite à une première initiative conduite par l'avocat trinidadien Henry S. Williams en 1900, à Londres, à laquelle Du Bois participait déjà. Il s'agissait de permettre aux peuples noirs de se réunir pour examiner les conditions qui sont les leurs à travers le monde. C'est à cette première assemblée que la création du terme « panafricanisme » est attribuée (Appiah, *in* Appiah et Gates, 1999, p. 1486). Les congrès de Du Bois ne font que continuer le projet ainsi entamé. Réunissant des membres du continent africain et de la diaspora (rappelons-nous que ce dernier terme semble avoir été employé par Du Bois lui-même dans le journal *Crisis* – Fabre, 1985, p. 51), ils montrent la volonté d'affirmer une unité face aux conditions des peuples noirs, notamment en exprimant des revendications traduites au moyen de résolutions comme celles du congrès de 1921 intitulées « Déclaration au monde ».

Faut-il en croire le spécialiste du panafricanisme qu'est I. Geiss (1974, p. 233) quand il déclare que le contenu de ces congrès est en définitive faible et décevant au regard de la renommée qu'ils ont acquise par la suite ? Toujours est-il que leur importance est bien réelle dans l'idéologie de la diaspora, soucieuse d'affirmer l'existence d'échanges et de solidarités avec le continent africain. Certes, le déroulement de ces congrès évoque assez celui de conférences universitaires, mais il n'en manifeste pas moins des liens établis de manière effective entre les populations noires dans le but de faire valoir leurs droits. La première assemblée de 1919 réunissant 57 membres venus d'Amérique, de la Caraïbe et d'Afrique et n'a pas lieu fortuitement à Paris. Elle ambitionne d'alerter les représentants des États occidentaux qui se réunissent au même moment au sein de la conférence de la Paix, pour que le droit à l'autodétermination défendu par le président américain Wilson ne soit pas le privilège des seuls Européens. Les résolutions issues de ce congrès restent néanmoins modérées et il faut attendre le congrès suivant pour que la revendication de l'autodétermination se fasse plus nette. C'est néanmoins au congrès de Manchester, en 1945, marqué par une plus forte présence africaine (Nkrumah y assiste), que le discours anticolonialiste et la demande de l'indépendance des colonies africaines s'expriment très clairement, inscrivant le panafricanisme de Du Bois dans les annales de la lutte pour la libération et l'unité de l'Afrique. C'est en tout cas en ce sens que son héritage est pensé. Et si le mouvement s'étiole avec les indépendances africaines, il reste un repère fondamental, celui par lequel il est possible pour certains de se projeter dans une représentation de la diaspora restée solidaire par-delà la dispersion.

Religion et nationalisme

Ce panorama du nationalisme noir serait terriblement incomplet si l'on ne mentionnait pas de nouveau avec force l'importance de la composante religieuse dans la formation de l'idéologie nationaliste et dans le fonctionnement des réseaux politiques. À la manière de Moses (1996, p. 2-3), il est possible de définir le nationalisme noir classique à partir d'une conception où l'histoire est liée à la volonté divine. C'est Dieu qui guide la destinée nationale vers son accomplissement futur. Fortement ancré dans la chrétienté, le message politique supporte cependant une lecture particulière de la Bible, au demeurant plurielle, où toute référence associée aux peuples noirs et à l'Afrique se trouve faire l'objet d'une attention particulière. C'est ainsi que le psaume 68, 32 forme sans doute l'une des sources d'inspiration les plus fécondes pour identifier les correspondances entre le récit biblique et la trajectoire des peuples noirs. Le verset, plus allusif encore dans sa version anglaise, dit que « Des grands viennent de l'Égypte ; l'Éthiopie accourt, les mains tendues vers Dieu » (« *Princes shall come from Egypt...* »). Cet extrait nourrit la vision dite « éthiopianiste » qui irrigue constamment le discours politique. Sacralisée par la sainte Écriture, l'Éthiopie se trouve être désignée comme le lieu d'une grandeur originelle qu'il s'agit de restaurer. Alternativement avec l'Égypte, qui lui dispute la réputation de berceau glorieux, l'Éthiopie en vient à incarner le continent africain lui-même, dans ce qu'il a de magnificence pour la civilisation noire. Si l'on peut trouver là les racines de l'afrocentrisme contemporain, il faut cependant garder à l'esprit combien le nationalisme de l'époque classique reste attaché à un projet de « modernisation » vis-à-vis d'une Afrique qu'il considère généralement en recul et dont il ne cherche pas encore à vanter les valeurs culturelles. Dès le XIXe siècle circulent, dans les milieux nationalistes, des textes fameux imprégnés de messianisme, comme celui de Robert Alexander Young (*Ethiopian Manifesto*) qui prophétise la venue d'un messie noir ou celui de David Walker (*Appeal in Four Articles*) qui annonce la libération divine des peuples noirs asservis et le châtiment tout aussi divin des Américains qui se prétendent chrétiens alors qu'ils possèdent des esclaves, à l'encontre de la morale de Dieu.

Cette interpénétration du politique et du religieux explique la ferveur des Églises noires indépendantes dans le mouvement de retour vers l'Afrique. Tout comme E. Blyden ou A. Crummel qui, on s'en souvient, étaient d'ardents défenseurs de la cause « émigrationniste » guidés par leurs convictions religieuses, Henry McNeal Turner, l'un des derniers avocats du projet de retour en Afrique, sous les auspices de la contestée American Colonization Society (années 1870), était lui aussi une figure exemplaire de ce nationalisme religieux. Envisageant la ré-émigration en Afrique comme la condition de l'accomplissement de la mission divine de christianisation du monde africain et n'hésitant pas à clamer que « Dieu est noir », Turner était aussi un évêque très actif de l'African Methodist Episcopal

Church (AMEC). C'est d'ailleurs l'action missionnaire de cette dernière qui est à l'origine du développement de l'« éthiopianisme » en Afrique, ce mouvement qui voit la création d'Églises indépendantes au Liberia, en Afrique du Sud, en Côte-de-l'Or... sur la base d'une émancipation ecclésiastique et théologique vis-à-vis des doctrines occidentales. L'essaimage de ces Églises est ainsi le premier véhicule du lien entre l'Afrique et sa diaspora. Pourtant, il n'est guère perçu comme tel. Et, dans l'ensemble, on ne peut pas dire que ce réseau de connexions historiques formant le tissu religieux panafricain serve d'argument pour légitimer, au sein de la diaspora et de son intelligentsia en particulier, l'évidence d'un lien « transatlantique » maintenu, à la différence de l'accent porté sur le réseau politique à proprement parler.

La réappropriation de la Bible ne donne pas lieu à des interprétations univoques, loin de là. Le Livre peut même être vu comme le lieu d'une créativité religieuse assez surprenante, et dont on retrouve la trace dans les identifications majeures auxquelles il se prête, quand ce ne sont pas d'autres livres sacrés, comme le Coran pour la « Nation of Islam », qui servent de texte canonique pour édifier l'appartenance religieuse des peuples noirs. Ce n'est pas sans fondement que Paul Gilroy (1993, p. 205) introduit la question de l'identification religieuse sous la forme de cette interrogation : « Enfants d'Israël ou enfants des pharaons ? » Israël, Éthiopie ou Égypte ? En effet, les narrations du destin collectif qu'occasionnent les interprétations bibliques, et même simplement historiques, sont bien plus divergentes que convergentes. Quand l'Égypte s'érige en référence, comme dans l'afrocentrisme, c'est pour placer les peuples noirs dans la trajectoire glorieuse de grandes civilisations souveraines, celles qui ont pu par ailleurs pratiquer l'esclavage. En revanche, l'identification avec le peuple hébreu place l'expérience noire dans un tout autre réseau de significations où l'esclavage est retenu comme pivot. Cette identification fréquente avec le peuple juif peut prendre des tournures formelles, comme en témoignent la formation, bien que non orthodoxe, du groupe des Black Jews aux États-Unis, ou même la communauté de destin pressentie par les rastas de Jamaïque avec les Falashas d'Éthiopie, ou encore la projection dans le récit des « douze tribus d'Israël », le peuple noir formant l'une des tribus perdues (Santamaria, 1987). L'histoire du peuple juif offre en effet de nombreuses ressources sémantiques qui réfléchissent, comme dans un miroir, les points cruciaux de la destinée noire : la persécution, l'esclavage dans l'Égypte ancienne, l'exode, la déportation à Babylone... L'interprétation des généalogies bibliques est d'ailleurs fortement mobilisée pour confirmer les liens entre Israël, la Nubie ou l'Éthiopie. Dans tous les cas, il s'agit de faire émerger une autre version de la Bible qui ne soit plus mise au service d'une théologie blanche restée ignorante des symboles qui établissent la présence africaine au sein même de la judéo-chrétienté occidentale. Sur ce point, la couleur de peau attribuée au Christ est ce qui traduit le mieux ce désir de réappropriation du message chrétien. Marcus Garvey, surnommé par ailleurs « le Moïse noir », a ardemment défendu la thèse d'un Christ noir de peau, la persécution de ce dernier étant vue comme la conséquence quasi naturelle de son appartenance raciale. N'opérant aucune distinction entre le religieux et le politique (il considérait le Christ comme exemplaire de l'engagement politique), ne plaçant son mouvement sous l'égide d'aucune Église particulière, Marcus Garvey incarne complètement cette disposition générale du nationalisme religieux qui est de s'appuyer sur un ensemble hétéroclite de références mis au service d'une vision salvatrice qui rétablit l'intelligibilité dans le chaos subi par les peuples noirs. Une vision véritablement empreinte de religiosité que n'a pas su développer Du Bois et qui explique sans doute le moindre succès de ce dernier auprès des classes populaires.

Significations du nationalisme pour la diaspora

Avec ce dernier point consacré au religieux, on voit se profiler ce qui justifie à la fois la mobilisation du modèle classique pour penser la diaspora noire et ce qui en limite l'emploi. Tout au long de ce développement consacré au nationalisme, on trouve effectivement matière à puiser ce qui permet d'affirmer sans ambiguïté aucune que le monde noir des Amériques offre l'exemple d'une diaspora « classique ». Nous sommes bien, selon l'évocation de Robin Cohen (1997), face à « un peuple » qui rêve de vivre dans son pays mais qui se trouve forcé à l'exil. De même voyons-nous se préciser les attributs que ce même auteur assignait à la diaspora : la volonté d'affirmation d'une identité culturelle ; l'existence d'un désir de retour au pays d'origine ; la présence de réseaux entre les différents pays concernés par l'installation du groupe diasporique. Aucun doute : le nationalisme noir met en valeur tous ces points au travers de cet investissement fort dans la symbolique de la terre africaine qui structure les réseaux politiques tout en leur fournissant la base idéologique du projet qu'ils nourrissent.

De New York à Kingston, de Londres à Monrovia, de Port of Spain à Accra, les hommes et leurs idées circulent, reliant les points décisifs du trajet triangulaire et inscrivant l'identité de la diaspora dans la conscience de son origine et de sa destinée. Une description plus fine de la chronique du nationalisme permettrait de mieux entrevoir encore la vivacité de ces liens tissés par ces militants politiques, de cerner de plus près ces quantités de petites formations politiques ayant, à un moment ou à un autre, pris en charge la revendication d'égalité, laquelle ne semble jamais avoir pu se passer d'un discours sur l'Afrique et sur la signification de « l'être noir ». On se reportera à l'étude de Geiss (1974) pour embrasser plus complètement ces réseaux et restituer à cet historique les autres figures marquantes du champ politique diasporique, sans oublier l'importance qu'a pu avoir le parti communiste dans l'internationalisation de ces échanges qui s'étendirent jusqu'à Moscou. L'étude de Winston James (1998) fournit de son côté une cartographie très détaillée des liens politiques transnationaux qui n'ont cessé de s'établir entre la Caraïbe et les États-Unis, au point que son auteur a pu voir dans le radicalisme noir américain la contribution décisive des migrants antillais, ce que ne manquent pas de traduire le mouvement garveyiste tout comme d'autres groupes radicaux, prônant dans le Harlem des années 1920 l'autodéfense ou la lutte armée contre les lynchages, tels l'African Blood Brotherhood fondée par Cyril Briggs, originaire de Saint-Kitts, et rejoint un temps par l'écrivain jamaïcain Claude McKay, ou encore la Liberty League of Negro-Americans créée par Hubert Harrison, né lui aussi aux Antilles, dans les îles Vierges.

Nous avions pu voir, lors de l'étude de la formation de la deuxième strate de la diaspora, combien la migration avait participé à la rencontre de destinées comparables, quand l'installation dans les grandes villes du Nord, comme à New York, fournissait l'occasion d'une conscientisation encore plus grande des conditions des peuples noirs, participant à la construction d'une cause commune et partagée. Les migrations contemporaines du XXe siècle créent comme « une idéologie circulatoire » qui propage les caractères communs de l'expérience sociale et culturelle issue de la traite. Les métropoles occidentales – Londres, Paris, New York… – sont le lieu de convergence de ces discours nourris par les intellectuels noirs. L'ouvrage de Michel Fabre (1985) au titre évocateur de *La Rive noire. De Harlem à la Seine* est un témoignage du caractère tangible de ces réseaux relationnels qui donnent ses contours à une communauté intellectuelle noire déjà transnationale. Là, c'est Paris qui joue le rôle de catalyseur, attirant la « Renaissance de Harlem » dans les rues de la capitale et favorisant l'éclosion des cercles intellectuels et artistiques noirs. Au cours de cette première moitié du XXe siècle, la France bénéficie de cette réputation encore à peine écorchée qui fait d'elle, depuis la Révolution, « une terre où pouvaient s'épanouir l'intelligence et la sensibilité d'une population à la peau noire » (Fabre, 1985, p. 29). Les initiatives des intellectuels noirs montrent la confluence des réseaux anglophones et francophones, à l'image de *La Revue du monde noir*, fondée à Paris en 1930 par l'Antillaise Paulette Nardal, une revue bilingue qui « vise à rétablir les apports culturels des Noirs et à exalter la solidarité entre les différents groupes de la diaspora » (*ibid.*, p. 141). Le mouvement de la négritude se nourrit de cette rencontre entre « étudiants francophones, et écrivains afro-américains », le passage de ces derniers à Paris étant vu comme une « transition essentielle pour l'élaboration de la littérature de la négritude » (*ibid.*, p. 145). *La Revue du monde noir* publie des textes du Jamaïcain Claude McKay ou de l'Américain Langston Hughes. Ces deux auteurs sont présentés, par ailleurs, dans l'unique numéro de la revue plus radicale *Légitime défense*, fondée en 1932 par le Martiniquais Étienne Léro, comme « deux poètes noirs révolutionnaires » (*ibid.*, p. 145). Et c'est encore Claude McKay, en 1934, qui est mis à l'honneur dans le premier numéro de *L'Étudiant noir*, la revue d'Aimé Césaire et de Léopold Sédar Senghor, les « pères » du mouvement de la négritude.

La contribution de Harry Goulbourne (2002) offre également une perspective sur la manière dont l'idéologie associée au nationalisme noir participe à la structuration d'un espace transnational pour les Antillais. On en voit l'expression dans la mobilisation politique des migrants antillais au Royaume-Uni où l'influence du Black Power est manifeste, comme au sein du groupe Black Panther Movement (BPM) ou du Black Unity and Freedom Party (BUFP), même si ce dernier groupe se distingue du premier par la priorité qu'il donne à la lutte des classes sur les formes du « nationalisme culturel » (Goulbourne, 2002, p. 86-87). Le développement de maisons d'édition où sont publiés les écrits de ceux dont la pensée alimente une « conscience noire » configure également ce champ politique diasporique. C'est le cas des Bogle L'Ouverture Publications, à Londres, qui publient entre autres l'ouvrage du Guyanais Walter Rodney *How Europe Underdeveloped Africa* – « Comment l'Europe a rendu l'Afrique sous-développée » (1972) – devenu une référence quant aux écrits engagés contre le colonialisme dans la lignée de ceux de Padmore ou de Du Bois (*ibid.*, p. 150). Il y a donc bien matière, là encore, à circonscrire le déploiement d'un registre de références idéologiques qui s'étend au-delà d'ensembles géographiques finis pour suggérer l'existence d'un tout – « la diaspora » – disséminé sur plusieurs de ces ensembles.

Mais pourquoi le modèle doit-il être rejeté alors que l'adéquation empirique semble attester de sa validité ? La réponse se loge dans le simple fait que, pour être important, le nationalisme noir n'en est pas pour autant dominant. En d'autres termes, il ne se constitue pas en référence centrale pour l'ensemble du corps social que serait la diaspora. Il laisse entières des plages de composition d'une autre vision sociale. Parlant du panafricanisme, qui lui tient pourtant à cœur, Maryse Condé (1994, p. 64) déclare :

> La plupart des femmes que je connais [en Guadeloupe] sont des personnes ordinaires vivant dans des villages qui font face au problème immédiat de trouver de l'argent pour la nourriture, les vêtements, la scolarisation des enfants. Elles n'ont pas le temps de participer activement à la libération de la Guadeloupe et encore moins d'évaluer la pertinence du Pan-Africanisme pour leur vie. Elles sont plutôt préoccupées à trouver leur propre pouvoir et énergie pour créer un monde pour elles-mêmes et les enfants qu'elles élèvent.

Les paysans des mornes martiniquais, pour prendre un autre exemple, n'ont jamais développé un projet de retour vers l'Afrique. Cette dernière semble d'ailleurs être quasi absente du rapport *explicite* au monde établi par ces paysans et qui atteste d'un registre nouveau, créé *in situ*, à partir des diverses sources sémantiques disponibles. C'est plutôt à l'état de traces *implicites*, jamais revendiquées comme telles par un quelconque discours politique paysan, que resurgit le souvenir de la lointaine terre d'origine, dans ce que Mintz et Price (1992) nommeraient « une grammaire culturelle ».

Il existe donc au sein de cette diaspora une pluralité d'idéologies et de projets, ce que l'hétérogénéité du message religieux au sein des groupes nationalistes suggère déjà. Pour comprendre la place du « nationalisme panafricain », comme composante sociale parmi d'autres, il faut s'en remettre à la conclusion de l'étude très complète de Geiss (1974, p. 424) qui parle d'un « mouvement fluide », formé « d'organisations éphémères ». Ainsi, « le panafricanisme a [-t-il] toujours été la préoccupation de petites minorités appartenant à l'élite intellectuelle parmi les Afro-Américains aux États-Unis et aux Antilles, aussi bien qu'en Afrique ». Si le nationalisme est une référence occupant un espace équivalent à d'autres références collectives, sans s'ériger en système fédérateur ou sans être imputable à un « récit collectif » stable qui formerait un substrat d'identification commune – une « généralité narrative » –, il nous faut alors tenter d'embrasser une vision plus globale, changer de focale et, par effet d'éloignement, aborder bien d'autres orientations qui forment le tissu social de cette diaspora.

CHAPITRE VIII

La pluralité communautaire ou la communauté a-centrée

Rappelons notre point départ qui consiste à affirmer l'absence d'un registre identitaire pourvoyeur des repères communs – le noyau qu'il conviendra, nous le verrons, d'appeler « méta-récit identitaire » – dont le partage ou même la simple connaissance pourrait être tenu comme la condition minimale de la construction collective. Postulant ainsi que la communauté n'est pas « une » – au sens où elle ne produit pas ce « méta-récit » – mais « plurielle », selon une dynamique qui nous paraîtra issue d'un rapport particulier au pouvoir, le propos qui suit ne prétend pourtant pas embrasser tous les aspects qui pourraient rendre compte de cette production collective démultipliée. Nous allons procéder ici par « touches » ou par « tableaux ». Précisons que ces « tableaux » sont puisés dans différentes recherches conduites sur les populations antillaises, sans pour autant que ces études aient proposé des interprétations identiques à celle de cet ouvrage, bien qu'elles invitent à trouver, dans leurs résultats, l'expression d'une socialité tout à fait particulière ne correspondant pas aux modèles classiques de l'identité collective.

Tissu communautaire des Antillais à Bristol

La situation des Antillais installés à Bristol, en Grande-Bretagne, confirme les caractères de l'expérience migratoire que nous avions dégagés dans le chapitre III : arrivées nombreuses dans les années 1960, forte présence jamaïcaine, formation de l'*inner city* en plein cœur de la ville (60 % des 6 000 Antillais de Bristol y sont regroupés). Dans les années 1970, le sociologue d'origine jamaïcaine Ken Pryce conduit une étude très fine dans le quartier Saint-Paul (l'*inner city*), basée sur la méthode anthropologique. Robin Cohen, qui en a préfacé la deuxième édition, indique que cette recherche a pu irriter les membres de la communauté antillaise, tant elle ne rendait pas compte d'un tissu homogène d'individus luttant dignement pour la reconnaissance de leurs droits. Ainsi, le travail de Pryce montre que « la communauté noire est beaucoup plus différenciée [...] que ce que voudraient en concéder ses porte-parole » (Cohen, *in* Pryce, 1979, p. XVII). Tout le travail du sociologue s'attache effectivement à repérer des « styles de vie » qui semblent présider à l'existence de groupes très distincts, presque juxtaposés les uns aux autres, tant leurs orientations sont différentes. Pryce articule les six principaux styles qu'il dégage autour d'une ligne forte qui partage d'un côté ceux qui sont « respectueux des lois » et de l'autre ceux qui enfreignent ces mêmes lois ou les contestent. La communauté apparaît alors développer deux modes de vie séparés, imputables d'abord à la légalité des sources de revenus. Les *hustlers* (les « débrouillards ») forment le groupe dont l'activité est illicite par excellence, proxénétisme et trafic de drogue étant les ressources les plus prohibées. À leur côté figurent les *rude-boys* (les « durs », insolents, insoumis), frôlant les limites de la délinquance, mais surtout idéologiquement rebelles vis-à-vis d'un système qu'ils refusent. Ils s'inspirent de la critique portée par le mouvement musical reggae, des messages nationalistes noirs et cultivent une conscience politique vive qui déborde largement les cercles de « jeunes en rupture » qu'ils forment. Face à ces deux styles délinquants et contestataires figurent ceux développés par les « gens honnêtes ». Ils forment plusieurs sous-groupes qui ont en commun de ne pas s'opposer frontalement au système social, d'en accepter les règles ou d'en revendiquer l'amélioration dans une logique réformiste, sur le mode d'une intégration égalitaire. Parmi eux, les membres de la classe ouvrière et ceux qui forment les « privilégiés » de la communauté, c'est-à-dire les employés qualifiés, quelques entrepreneurs ou commerçants. Ces derniers s'intègrent complètement dans le *mainstream* (la ligne officielle) et – à la différence des ouvriers – s'impliquent plus facilement dans la vie publique. Ils sont notamment actifs dans les instances de représentation communautaire au sein de la société britannique selon des stratégies où le gain de prestige personnel est loin d'être absent. Les « respectueux des lois » forment aussi un troisième « style de vie », celui déployé à partir des nombreuses assemblées religieuses pentecôtistes. À l'opposé des *hustlers*, il s'agit pour eux de racheter son âme, d'expier ses péchés par une conduite irréprochable et de gagner un état de paix intérieure dans la foi en l'Esprit saint. Enfin, un quatrième style de vie (« l'entre-deux ») se précise avec la présence de ceux qui, bien qu'intégrés économiquement, continuent de se réclamer d'une culture contestataire forgée au cœur de l'*inner city*.

On pourra se dire qu'après tout, la description des styles de vie antillais de Pryce n'est que l'écho de la hiérarchisation sociale qui s'opère dans toute communauté avec la présence, ici, d'un sous-prolétariat opposé à la classe moyenne et aux ouvriers. Mais ce serait s'appuyer sur le principal défaut de l'analyse de Pryce qui est d'avoir créé des catégories quasi étanches alors qu'elles sont en définitive assez perméables les unes aux autres. La catégorie des « saints » (les membres des assemblées religieuses pentecôtistes) recoupe celle des ouvriers comme celle des *hustlers*, ceux-ci ne formant d'ailleurs pas un groupe aussi séparé que l'on pourrait le penser : un proxénète réputé du quartier est le fils d'une fidèle pentecôtiste ; un autre a « détourné » la fille d'un ouvrier respectable et fondé un ménage stable avec elle. Il n'est donc pas question de trouver ici les lignes de marquage entre les classes sociales et leurs attributs culturels respectifs. Le fait que Pryce soit obligé de créer une catégorie de « l'entre-deux » traduit l'imperfection de sa typologie où se mêlent à la fois des critères d'appartenance sociale et des comportements culturels sans pour autant qu'il y ait adéquation stricte entre les uns et les autres. Le collectif que nous donne à voir le sociologue est bien évidemment traversé par des clivages dotés d'une forte charge conflictuelle, comme le traduit la scission entre les groupes déviants et ceux aux conduites dites « respectables ».

Pour autant, les séparations ne semblent pas œuvrer comme principe de division définitive entre les groupes. Ceux-là restent reliés par la capacité qu'ont les individus de se réclamer de tel ou tel univers de références. Les familles déjà composites – Pryce (1979, p. 109) nous dit qu'elles fonctionnent à travers des liens « fuides » et « élastiques » pour privilégier les « solutions individuelles » – sont le lieu d'assemblage de ces univers de références. Elles peuvent relier des individus évoluant dans des sphères religieuses, politiques ou sociales bien différenciées. Comme le note Pryce (*ibid.*, p. 243) à propos des personnes cultivant le style de « l'entre-deux », la relation aux autres est avant tout de l'ordre d'un rapport plus individuel que collectif, ce qui rend difficile la définition d'une quelconque cohérence du groupe. Cette caractéristique vaudrait sans doute d'être étendue à l'ensemble du collectif antillais. Elle expliquerait alors cette diversité de « styles de vie » qui fait surtout ressortir des orientations culturelles typées : l'engagement religieux dans les assemblées pentecôtistes ; l'option politique au sein de petits groupes s'inspirant du Black Power ; la rébellion plus individuelle par adhésion à la philosophie rastafari ; l'intégration dans les institutions conventionnelles… Ces orientations se présentent de manière plus transversales que hiérarchiques : aucune d'elles ne semble s'imposer comme modèle normatif, y compris venant de ceux du *mainstream* (toujours susceptibles d'être contestés), comme si chacun restait maître de la « morale » qu'il entend donner à son existence. C'est en tout cas ce qui ressort fortement de la description de Pryce (*ibid.*, p. 28-31) lorsqu'il livre cette vue générale du quartier Saint-Paul : un lieu « transitoire », « instable », « ouvert », marqué par « le manque de cohésion sociale » et l'absence d'un « esprit communautaire de l'ordre de la conformité, du consensus et de la vigilance vis-à-vis des normes ». Et le sociologue d'ajouter qu'il s'agit d'un lieu où « il n'y a pas de normes communautaires contraignantes, ni de considérations dominantes auxquelles les individus sont forcés d'adhérer ».

On peut décrypter ici des procédures inverses à celles qui fondent en territoires identitaires les quartiers d'immigration ou d'exil. Le quartier se dérobe à l'appropriation collective, non seulement parce que le choix résidentiel est le résultat de l'imposition d'une logique extérieure, celle de la ségrégation des espaces britanniques, mais parce que la collectivité elle-même se déploie en plusieurs lieux jamais réductibles à un centre. On retrouve de nouveau l'articulation caractéristique du rapport fondateur des sociétés noires des Amériques entre ce qui est de l'ordre la contrainte imposée et des réponses formulées. Car n'est-on pas en présence d'un collectif qui, plutôt que d'être privé d'une capacité à créer la communauté, refuse tout simplement l'ordre communautaire lui-même dans sa puissance contraignante ?

Leadership antillais à Brooklyn (New York)

On se souvient (chapitre III) que le contexte d'intégration économique des migrants antillais s'était révélé plus favorable aux États-Unis qu'en Angleterre, ce que manifestait notamment l'effervescence du quartier de Brooklyn (New York) par comparaison à celui de Brixton (Londres). Les observations de Pryce (1979) ne pourraient être alors que la conséquence logique des difficultés particulièrement vives rencontrées par les Antillais à Bristol. Pourtant, dans une situation qui, sans être idyllique, se montre plus avantageuse, il semble possible de repérer ce même dispositif communautaire très particulier, c'est-à-dire déployé en plusieurs instances. D'après l'étude de Kasinitz (1992) consacrée à la vie associative et politique des Antillais de Brooklyn, il ressort que le tissu communautaire échappe, là encore, à la hiérarchisation de ses composantes. Il y a d'abord la profusion des associations comme bon indicateur d'une tendance à l'essaimage plus qu'à la centralisation : « Le nombre et la diversité des associations volontaires antillaises aujourd'hui à New York est frappant [...]. Dans le milieu des années 1980, ce sont littéralement des centaines d'associations qui sont nées » (Kasinitz, 1992, p. 111 et 119). Un des interlocuteurs du sociologue, leader communautaire, fournit d'ailleurs ce commentaire : « À l'intérieur de la communauté antillaise, nous avons trop d'organisations. La prolifération nous affaiblit » (*ibid.*, p. 171).

Mais n'est-ce pas cet affaiblissement qui est en définitive recherché ? Car la prolifération communautaire va de pair avec le rapport institué au pouvoir. De ce point de vue, les réflexions que nous livre Kasinitz (*ibid.*, p. 160-163) sur le *leadership* sont particulièrement éclairantes. Car le rôle de « porte-parole » est hautement ambivalent. Il répercute ce que le sociologue définit comme le fait marquant des sociétés antillaises anglophones, à savoir « la suspicion vis-à-vis de l'autorité en général et des leaders politiques en particulier ». Outre qu'elle est perçue comme intimement associée à la recherche de promotion personnelle, ce qui la rend d'emblée suspecte, la position de leader ou de personne publique se charge du dilemme caractéristique des sociétés antillaises, entre « respectabilité » et « réputation ». La première suppose une certaine conformité aux normes occidentales tandis que la seconde indique la reconnaissance populaire accordée à ceux qui, justement, sapent et ridiculisent les valeurs et comportements « respectables ». Requérant forcément la « respectabilité » pour entrer dans un espace public largement régulé selon les standards européens, le leader « communautaire » s'expose toujours à la perte de sa « réputation » et, tout compte fait, de sa légitimité auprès de ceux dont il ne peut plus dès lors être le représentant incontesté. Neutralisé quant à la possibilité d'exercer un pouvoir communautaire, le *leadership* n'a plus qu'à se diffuser au travers d'un réseau dense d'initiatives personnelles et utiliser des modes d'autorité informelle de type clientéliste. « Un des problèmes de la communauté est que nous avons trop de leaders et pas assez de suiveurs », affirme un autre interlocuteur de Kasinitz (*ibid.*, p. 163).

La tenue annuelle du Carnaval antillais à Brooklyn, événement hautement collectif, se fait l'écho remarquable de cette propension à refuser l'entité communautaire « normée ». Ce n'est pas un hasard si certains leaders politiques réclament la transformation du Carnaval en une « parade » identique à celles conduites par d'autres minorités à New York. La parade, nous dit Kasinitz (*ibid.*, p. 147), « est basée sur la métaphore militaire [...]. Elle présente l'image d'un peuple uni marchant derrière ces leaders ». Le Carnaval, au contraire, ne « peut pas être utilisé à des fins stratégiques : il est trop anarchique pour être manipulé ». Si le désir de la parade s'exprime, c'est bien que l'événement échappe précisément à l'instrumentalisation politique et qu'il ne se met au service de la promotion d'aucun modèle ethnique, national ou communautaire. Le Carnaval de Brooklyn est en effet particulièrement « anti-autoritaire », tant « le manque d'organisation centrale est évident ». Sans « leader », sans « tête », sans « centre », sans même les associations du quartier, avec seulement des thèmes et une foule costumée ou non, suivant ou non les *steel bands* formés pour l'occasion, le Carnaval de Brooklyn est l'antithèse des parades de Garvey mises au service de l'idéal nationaliste. Que l'un continue d'affirmer une certaine longévité, et que les autres aient occupé l'espace de Harlem sur pas même une décennie, est certainement le révélateur le plus probant de la spécificité de l'être collectif antillais dans sa globalité, en tant que forme résistant à l'ordre communautaire centré.

La Jamaïque : un contexte d'« innovation religieuse »

L'expression qui qualifie le cadre social jamaïcain de contexte d'« innovation religieuse » est empruntée à Denis Constant (1982, p. 56). Dans sa précieuse étude sur les liens entre musique reggae et politique à la Jamaïque, le politologue attire l'attention sur la manière dont la religion est le lieu, non pas de la préservation d'une quelconque tradition culturelle, mais plutôt d'une disposition inventive particulièrement intense dans les périodes de crise sévère que ne manque pas de traverser le pays. De son côté, l'anthropologue S. Mintz (cité par Besson, 1998, p. 59) a lui aussi évoqué l'idée d'« innovation religieuse » à propos de la période post-esclavagiste qui voit resurgir la vitalité des cultes africains en pleine période de prosélytisme chrétien. La religion populaire, à la Jamaïque, se présente comme éminemment créative, tout comme elle constitue depuis l'époque esclavagiste jusqu'à aujourd'hui, le domaine par excellence où sont formulées les réponses à l'ordre social oppressif. Ainsi Barry Chevannes (1998a, p. 1) affirme-t-il que « l'institution la plus fondamentale pour la tradition de résistance à la Jamaïque a été la religion ». Et c'est au travers de l'agencement symbolique du monde, tout comme de l'utilisation sociale de cette vision du monde, que vont le mieux s'exprimer les valeurs accordées à la communauté.

La notion d'« innovation » traduit déjà l'absence de conformisme, voire de dogmatisme qui fait que la religion ne remplit pas ici la fonction de conservation d'un ordre établi. Si le champ religieux supporte le changement, c'est que la communauté elle-même ne se structure pas autour de l'objectif de la transmission d'une tradition rassurante, garante d'un *ethos* collectif qui perdure. Il s'agit plutôt d'une quête continuelle de spiritualité, n'hésitant pas à s'emparer de ressources nouvelles, à partir du moment où cette ouverture à d'autres horizons religieux apporte des réponses satisfaisantes à la recherche de sens. La labilité du champ religieux ressort d'abord de l'histoire des cultes eux-mêmes, soumis à des recompositions permanentes. À la différence des colons français qui pratiquèrent le baptême systématique des esclaves dès le XVIIe siècle (dispositions du « Code Noir »), les Britanniques attendirent 1816 pour prendre les premières décisions en matière d'évangélisation des esclaves (Patterson, 1967 ; Barrett, 1988). Cette christianisation tardive, à peine compensée par le rôle des missions non-conformistes à la fin du XVIIIe siècle, favorise l'édification de la religion en tant que domaine « insoumis », espace d'une certaine liberté pour l'imaginaire. Pendant l'esclavage, des cultes d'orientation africaine sont en mesure de se maintenir. Ils se structurent selon un mode bipolaire entre, d'un côté, les activités conduites individuellement par le sorcier, l'*obeah-man*, et, de l'autre, les cérémonies plus collectives connues sous le nom de *myal*. Le myalisme désigne la religion des esclaves jamaïcains associée à des pratiques de protection contre les actes sorcellaires de l'*obeah*. Ritualisées sous la forme de « danses », ces pratiques permettent d'intercéder auprès du monde des esprits. Ceux-là forment un panthéon complexe impliquant la prise en compte des âmes des morts ou des ancêtres susceptibles d'agir dans le monde des vivants par la possession, d'où l'existence de rituels funéraires élaborés (Besson, 1998 ; Chevannes, 1998a ; Patterson, 1967).

L'arrivée des missions non-conformistes, venues combler les lacunes de la diffusion de la foi chrétienne de l'Église anglicane, transforme cette première strate religieuse. Plus que les moraves et les méthodistes, ce sont les baptistes qui rencontrent la faveur des esclaves. Il faut dire que la diffusion de la foi baptiste avait été largement amorcée par un ancien esclave noir des États-Unis, Georges Liele (ou Lisle), venu dans l'île en 1784, à la suite de la guerre d'Indépendance. Quand le premier missionnaire officiel de la Baptist Missionary Society in England parvient à la Jamaïque en 1814, il y a déjà quelques milliers d'adeptes sensibilisés ou convertis dans les églises baptistes. La fusion syncrétique entre le myalisme et les messages protestants non-conformistes au cours du XIXe siècle constitue l'un des phénomènes les plus aptes à rendre compte du dynamisme du champ religieux jamaïcain. Elle s'opère là où s'affirment des zones de compatibilité forte entre cultes ancestraux et idéologie chrétienne. C'est le cas pour la puissance accordée aux esprits et à l'Esprit saint, pour la dualité entre esprits malfaisants et bienfaisants, entre le Bien et le Mal. De même, le principe de rédemption tout comme la promesse millénariste deviennent particulièrement signifiants dans l'univers esclavagiste. L'existence d'une double variante baptiste découle de cette fusion : l'orthodoxe, rétive aux manifestations extatiques et aux transes possessives ; la native (*native baptist*, ou *black baptist*), qui conjugue fonds religieux africain et chrétienté occidentale. Cette double orientation va être entérinée dans les années 1860, au moment du « Great Revival », renouveau religieux conduit d'abord par les moraves, mais très vite investi par les courants « natifs ». À l'issue de cette période d'intense ferveur religieuse, le mouvement « revivaliste », hérité de la tendance « native », devient une composante à part entière du paysage religieux jamaïcain. Il est constitué de deux principales « sectes » ou « maisons », le « Revival Zion, » et le « Pukumina », le premier étant réputé plus proche des symboles chrétiens que le second qui serait resté fidèle à des pratiques de sorcellerie. Le culte revivaliste confirme la dynamique syncrétique de la religion jamaïcaine tout en formant un ensemble religieux distinct des Églises orthodoxe, catholique, anglicane ou non-conformistes, ces dernières ayant fortement rejeté la tendance « émotionnelle » des pratiques revivalistes.

La charge contestataire contenue dans l'activité des baptistes explique pour une large part le succès de la diffusion/fusion du message chrétien. Les missionnaires, à l'image de la religion qu'ils prêchent, sont réformistes, tel ce révérend Knibb, responsable de mission à partir de 1830, ouvertement opposé aux Églises établies et à l'esclavage. Rappelons que ce sont les baptistes qui se trouvent aux côtés des anciens esclaves pour acquérir des terres et fonder les *free villages* à l'abolition (Besson, 1998). Pourtant, une certaine résistance à l'adhésion chrétienne s'opère. Elle provient d'abord d'une méfiance à l'égard d'une « religion blanche ». Celle-ci, pour être réformiste, n'en est pas pour autant révolutionnaire. Il existe de surcroît un désir plus ou moins conscient de maintenir des schèmes religieux antérieurs, dû à une exigence de cohérence qui fait que l'apport nouveau se trouve réinterprété au travers des cadres conceptuels anciens. Mais il est vrai aussi que les Églises d'origine occidentale fournissent certains avantages, dont celui de la reconnaissance sociale, et même une protection spirituelle accrue contre les actes de sorcellerie. D'où ce comportement religieux, caractéristique aux Antilles, qui consiste à adhérer à plusieurs cultes à la fois selon les demandes qu'ils sont aptes à satisfaire. Il porte comme la marque d'une « liberté de culte » accordée tacitement à l'individu, celui-ci pouvant appartenir aux Églises officielles tout comme aux « sectes » plus locales.

Lieu de résistance, la religion l'est assurément. On attribue à l'une des premières révoltes d'esclaves planifiées et de grande envergure – la « Taki Rebellion » de 1760 – les manifestations du myalisme en tant que religion « panafricaine » capable de fédérer les esclaves d'origine diverse (Chevannes, 1998a, p. 6-7). Les rebellions du XIXe siècle, dont les plus célèbres sont celles de Sam Sharpe en 1831-1832, appelée aussi « guerre baptiste », et la révolte paysanne de Morant Bay en 1865, sont conduites par des Noirs leaders religieux au sein des assemblées baptistes locales. Au début du XXe siècle, l'un des prédicateurs « revivalistes » les plus influents, prophète et guérisseur, Alexander Bedward, appelait au renversement de la domination blanche. Cette tendance de la religion à fournir l'armature idéologique de la lutte politique ne fait que se renforcer au fur et à mesure que le champ religieux continue de se diversifier. Dans les années 1930, c'est la philosophie politico-religieuse rastafari qui fait son apparition. Vouée à restaurer la filiation africaine, elle s'inspire de la Bible pour dénoncer l'oppression de la Babylone blanche. À la même période, les « sectes » pentecôtistes importées des États-Unis connaissent des débuts prometteurs. Certes moins radicales dans le message qu'elles portent, elles véhiculent néanmoins l'idée d'une chrétienté trahie dans ses fondements mêmes par l'usage qu'en ont fait les Églises établies. Là encore, la culture jamaïcaine reconfigure l'apport de cette nouvelle religion. Elle se charge de faire la synthèse avec les éléments de l'expérience spirituelle antérieure en investissant pleinement les pratiques de guérison associées au pentecôtisme et la croyance en la puissance de l'Esprit saint dont les manifestations tangibles auprès des fidèles rappellent les rituels de possession (Toulis, 1997). Mais, surtout, le pentecôtisme jamaïcain permet d'instaurer un ordre nouveau entre les chrétiens réconciliés avec une foi authentique et ceux restés dans un univers falsifié ou impur. Autant dire qu'il participe d'une inversion de la hiérarchie des valeurs en dotant les fidèles, issus de milieux populaires, d'un pouvoir spirituel qui échappe dès lors à ceux socialement plus nantis. Religion de l'opprimé ? Certes, il serait malaisé de ne pas tenir compte de la situation socio-économique pour comprendre la diffusion du pentecôtisme. Mais il serait tout aussi malaisé de nier la force de contestation puisée par les fidèles dans la conversion.

Regroupant aujourd'hui plus de 500 000 fidèles, soit environ 22 % de la population totale (Austin-Broos, 1999, p. 219), le pentecôtisme est une composante religieuse majeure de la Jamaïque. Il complète un panorama religieux complexe où figurent les Églises historiques (catholique, anglicane) ; les Églises non-conformistes (méthodiste, baptiste…), les « sectes » protestantes (adventisme, Témoins de Jéhovah…), le « rastafarisme », les cultes « revivalistes », les cultes plus isolés associés à une ascendance africaine directe (Convince,

Kumina), et d'autres églises encore, comme l'AMEZ (African Methodist Espiscolian Zion), cousine de l'AMEC aux États-Unis… Cette diversité, déjà évidente en soi, est redoublée par le fonctionnement à l'œuvre dans les familles religieuses, hors de celles régies par les hiérarchies ecclésiastiques occidentales. Dès qu'elles affirment leur autonomie locale, les Églises se montrent en effet particulièrement sujettes à l'essaimage en dénominations multiples, relevant de *leaderships* indépendants, au point que « la liste pourrait être étendue presque sans fin » (Austin-Broos, 1999, p. 218).

Se démultipliant en tant de familles, les religions récentes comme le pentecôtisme, pourtant issues assez souvent de structures extérieures basées aux États-Unis, réitèrent d'une certaine manière le fonctionnement des cultes enracinés localement. Le revivalisme a été décrit comme une religion « qui pouvait se trouver n'importe où dans l'île, sans jamais avoir eu une structure centrale organisée » (Chevannes, 1998a, p. 26). Qui plus est, l'éthique développée par cette religion valorise l'initiative individuelle, du moment qu'elle sert d'une manière ou d'une autre à la collectivité (*ibid.*, p. 25). On retrouve là comme une constance sociale entrevue en d'autres moments et lieux, dans le contexte migratoire à Bristol, dans l'évolution familiale des *lakou* en Haïti…, une constance qui tient à l'aménagement permanent entre ce qui est de l'ordre du respect de l'individualité et l'exigence du lien collectif. Le champ religieux à la Jamaïque traduit les formes de cette négociation. Il donne forme à la communauté au travers de pratiques dotées d'une grande capacité à rassembler et activer des liens de solidarité. En même temps, il laisse ouverte la possibilité d'appartenance à d'autres réseaux et laisse à l'individu le « libre choix ». Antithèse de la religion établie qui conforte l'identité du groupe par la transmission stable de sa doctrine et de son ordre ecclésiastique, le paysage religieux jamaïcain renvoie dans son ensemble à la conclusion que tirait K. Bilby (1998, p. 320) à propos des cultes ancestraux Convince et Kumina, à savoir « son organisation extrêmement fluide », d'où ressort une conception « émergente de la communauté : celle-ci « n'a pas de place fixe, mais existe plutôt comme un potentiel qui peut être réalisé à tout moment et en tous lieux ».

Le pentecôtisme antillais dans les espaces de migration

Ce qui vient d'être dit vaut pour le déploiement religieux antillais dans les espaces de la migration récente. L'étude des réseaux religieux des Antillais en Angleterre permet d'envisager une « identité ouverte », non crispée sur les particularismes communautaires (Chivallon, 2000b). Cette capacité de la religion à générer une telle identité – qu'il serait à première vue, plus logique d'envisager en termes de clôture du fait des aspects fondamentalistes des « sectes » protestantes – ressort de trois aspects principaux.

Il y a d'abord les caractéristiques structurelles du champ religieux. Comme à la Jamaïque, les fidèles antillais installés en Angleterre se répartissent au sein d'un réseau d'Églises très diversifiées où l'on retrouve des composantes assez identiques à celles de l'île, depuis les Églises historiques jusqu'aux cultes « revivalistes » (Gerloff, 1992). Les « Églises noires », désignées comme telles au sein de la société britannique, font référence aux dénominations dont le *leadership* est noir de même que la majorité des fidèles. Elles se distinguent des Églises historiques et regroupent un ensemble d'affiliations issues des variantes récentes du protestantisme. Ce mouvement des « Églises noires », a pris naissance dès les premières années d'installation, à la fois par réaction aux formes du racisme rencontrées dans les « Églises blanches », mais aussi par insatisfaction spirituelle vis-à-vis des services de ces mêmes églises où le langage émotionnel est réfréné. D'après l'étude détaillée de ce mouvement effectuée par R. Gerloff, on peut prendre la mesure de l'essaimage religieux. Dans les années 1980, ce ne sont pas moins de 300 dénominations pour un millier de congrégations qui existent. Sur les 205 dénominations qui regroupent une majorité d'Antillais (les autres étant fréquentées par des originaires du continent africain), 81 % appartiennent au courant pentecôtiste. Aux côtés des assemblées de plusieurs milliers de fidèles, liées aux quartiers généraux basés aux États-Unis, figure une mosaïque de petites dénominations indépendantes, de loin les plus nombreuses (73 % du total). Toujours susceptibles de disparaître, d'être supplantées par d'autres ou de s'accroître, elles sont issues de scissions d'Églises, de nouveaux imports ou créées spontanément (Gerloff, 1992, Chivallon, 2000b). Chaque quartier antillais possède ainsi plusieurs églises de ce type où les fidèles se répartissent selon des appartenances apparemment strictes, ce qui peut donner l'impression d'un cloisonnement dont on verra pourtant qu'il n'est qu'apparent. *Via* la multiplication des églises s'opère donc de nouveau la diversification communautaire. La structure changeante du paysage religieux éloigne toujours plus d'une institutionnalisation stable. Nous sommes placés, comme l'analyse fort justement Gerloff (1994), dans la configuration transversale d'un réseau : les Églises « forment une organisation réticulaire (ou polycéphale) les soudant entre elles par une variété de liens personnels, structurels ou idéologiques, organisation qui n'est ni linéaire, ni bureaucratique, mais plutôt comme un organisme cellulaire ».

Le second aspect a trait aux comportements des fidèles qui traduisent ce qui a été estimé plus haut être une « liberté » vis-à-vis de l'appartenance religieuse. Car l'adhésion à telle ou telle assemblée religieuse ou Église n'est jamais conçue comme définitive. De même, il n'est pas de situations qui fixent un état définitif pour l'individu : le péché, par exemple, est plutôt envisagé comme « temporaire », chacun pouvant à un moment ou à un autre renouer avec la foi. On pourrait trouver d'autres expressions de ce « décloisonnement » à l'œuvre dans le fonctionnement et l'idéologie des Églises pentecôtistes et qui demandent que soit aménagée la vision fondamentaliste. Mais on retiendra seulement la pratique très caractéristique du « papillonnage » à laquelle se livrent certains fidèles d'église en église. Insatisfaits des services d'une assemblée et cherchant celle qui leur convient le mieux, ils montrent au travers de cette possibilité de « pérégrination » que l'appartenance religieuse n'a pas pour but de contenir l'obédience communautaire. La communauté en question s'accommode de la grande marge de manœuvre laissée aux individus. C'est d'ailleurs cette marge elle-même qui fait que le lien social traverse les appartenances, relie les segments communautaires entre eux et n'aboutit pas à la séparation définitive des différentes affiliations. Rappelons-nous, de ce point de vue, la capacité « élastique » des familles pour composer avec les orientations très différentes des membres qui la composent.

Le troisième et dernier élément se rapporte au discours religieux et à la représentation de la communauté qu'il véhicule. Précisons que les fidèles pentecôtistes croient au baptême par l'Esprit saint et au pouvoir de sanctification qui en découle. La réception individuelle des dons de l'Esprit, toujours vécue de façon tangible, physiquement et émotionnellement, préside à la « renaissance » de l'individu, à son entrée dans une vie chrétienne (*to be born again christian*). Pour comprendre le sens donné à la communauté depuis l'intérieur même de segments religieux apparemment clos sur eux-mêmes, il faut envisager la foi accordée aux dons de l'Esprit en ce qu'elle est conçue comme accessible à tous. C'est la disposition à recevoir les messages spirituels, à ressentir la vitalité de la présence divine qui prime en définitive sur tout autre critère d'appartenance à la communauté, qu'il soit d'origine ethnique, nationale, raciale et même religieuse. Recevoir les dons de l'Esprit préside à l'entrée dans une communauté qui, paradoxalement, rejette les catégorisations du monde social. La réflexion d'un leader pentecôtiste résume cette vision : « Ceux qui sentent le pouvoir du Gospel ont à se débarrasser des barrières de couleur, des barrières raciales, d'éducation ou religieuses » (repris dans Chivallon, 2000b, p. 325). Autant Gerloff (1992) que Toulis (1997) ont identifié cette configuration interculturelle et interraciale que fait naître la foi, la conversion étant interprétée comme « le rejet d'une identité inscrite sur la peau pour une inscrite dans le cœur » (Toulis, 1997, p. 210). À la Jamaïque, Austin-Broos (1999, p. 234) conclut sur cette même création d'une communauté utopique, « sans couleur ». Refusant que leurs églises soient qualifiées de « noires », les fidèles envisagent leur foi, non pas comme un moyen de créer de l'entre-soi, mais comme un véhicule pour « pouvoir aller n'importe où, avec Dieu » (selon un fidèle pentecôtiste, repris dans Chivallon, 2000b, p. 323).

Ainsi, à l'intérieur de l'institution la plus favorable à la cristallisation des orientations communautaires, comme l'est l'institution religieuse, retrouve-t-on le principe qui contrevient à la centralité normative. Alors que quantité de dénominations participent de la multi-polarisation idéologique, il revient aux individus de choisir le segment qui leur convient. Sans être nécessaire dans l'efficacité de ce dispositif, le discours religieux se superpose néanmoins pour livrer une vision de la communauté projetée dans un espace « ouvert », dégagé de ses adhérences raciales, ethniques ou culturelles.

À propos des identités « patriotiques » et des « nationalismes insulaires »

Avant de clore ce chapitre qui était destiné à mettre en valeur cette dynamique culturelle qui nous éloigne d'une configuration stabilisée des registres de l'identité, il semble important de s'arrêter sur un nouvel élément qui pourrait contredire cette interprétation. Il ne s'agit plus du « nationalisme noir » qui, comme nous l'avons vu, forme le substrat d'une idéologie entièrement consacrée à produire la communauté sous la forme d'une unité. Il s'agit de ces divers registres d'appartenance basés sur une sorte de « patriotisme » insulaire conforté par les indépendances des États de la Caraïbe, ou redevable aux revendications indépendantistes, et même simplement activé par les formes de territorialisation inhérentes à toute vie collective qui font que le corps social se définit toujours par la définition d'un « entour » géographique. Ces nationalismes peuvent être traversés par les grands courants idéologiques associés au nationalisme noir. Ils s'en autonomisent néanmoins dans la mesure où la référence centrale du registre d'identification nationale reste le territoire insulaire et non l'Afrique. Cette situation est bien exemplifiée à la Jamaïque où la figure de Marcus Garvey érigé en « héros national » sert à construire les symboles de l'appartenance collective, laquelle reste néanmoins strictement limitée à la géographie insulaire, ce qui, nous le verrons, continue de faire du mouvement rastafari un mouvement contestataire. En effet, bien qu'ayant fait elle aussi de Garvey une figure héroïque, l'idéologie rasta prône néanmoins le retour vers l'Afrique et refuse symboliquement l'allégeance à la Jamaïque.

Nous l'avons entraperçu lors de l'étude de la ségrégation britannique : l'origine insulaire des migrants antillais commande des stratégies de regroupement formant ici des quartiers plutôt jamaïcains, là des enclaves où se retrouvent en plus grand nombre les Barbadiens ou les Trinidadiens, etc. À New York, Phil Kasinitz (1992, p. 119) constate que la quasi-totalité de la myriade des associations antillaises créées dans le milieu des années 1980 se réclame d'une base nationale ou territoriale dans la Caraïbe. Certaines travaillent en lien direct avec les représentants officiels des pays d'origine, comme le Conseil des organisations de la Barbade (Council of Barbadian Organization) ou l'Alliance de Trinidad (Trinidad Alliance). En revanche, la situation en France laisse plutôt apparaître l'émergence d'une entité « antillo-guyanaise », les originaires des départements français d'Amérique abandonnant la formule associative attachée à une région particulière (ANT, 1998). Mais, là encore, on note cependant la structuration collective par référence à une localisation d'origine censée être pourvoyeuse d'unité : les Antilles et la Guyane. Dans leur étude consacrée aux communautés transnationales, L. Basch, N. Glick Schiller et C. Szanton Blanc (2000) indiquent encore plus nettement comment la référence nationale resurgit dans la construction des identités des migrants originaires de la Caraïbe (Saint-Vincent, Grenade, Haïti) installés à New York. Les auteurs s'appuient sur quelques faits particulièrement saillants. Par exemple, à peine quelques mois après l'assassinat de Maurice Bishop lors du coup d'État de 1983 à la Grenade, qui a été suivi de l'intervention américaine, les nouveaux leaders politiques de l'île sont venus chercher le soutien de leurs concitoyens vivant à Brooklyn, en appelant au civisme du peuple « d'électeurs » immigrés pour construire la nation Grenadine (*ibid.*, p. 50). Le cas d'Haïti est tout aussi révélateur de ces liens entre les migrants et la nation territoriale d'origine, avec cette manifestation de milliers d'Haïtiens dans les rues de New York en 1991, pour réclamer le rétablissement du père Jean Bertrand Aristide à la présidence du pays. C'est ce même président qui, quelques mois plus tôt, lors de sa prise de fonction, restée brève, s'était adressé à une assemblée composée par plusieurs membres de la « diaspora » revenus pour la circonstance, en lui signifiant l'importance de cette population du « dehors » qui compte comme un « dixième département » (le pays n'en comptant que neuf) (*ibid.*, p. 212). Cette idée d'un département lointain qui continue d'être une partie intégrante de la nation haïtienne, même si elle est plus symbolique qu'institutionnelle, conforte la démonstration des sociologues selon laquelle les communautés transnationales actuelles forment des extensions des États-nations et contribuent à l'émergence de ces nouvelles entités politiques que sont les « États-nations déterritorialisés » (*ibid.*, p. 269). Les Antillais d'Haïti, de Saint-Vincent, de la Grenade, où qu'ils soient, dans les pays du Nord ou dans les îles, seraient ainsi impliqués dans ces dynamiques nouvelles de construction nationale « à distance ».

À travers la situation des migrants antillais, ne convient-il donc pas de repérer les traces avérées de processus d'identification nationale qui nous ramènent dès lors bien plus au modèle classique de la communauté qu'aux logiques de décentration qui viennent d'être exposées précédemment ? Ne sommes-nous pas placés face à ce que Fred Constant (1996, p. 111) définit au sein de la Caraïbe par le terme de « nationalisme insulaire », c'est-à-dire « la politisation du sentiment d'unicité (sentiment de former un petit tout, mais un tout) partagé par un peuple réputé conscient de son itinéraire spécifique au sein du cheminement collectif de l'archipel, soudé par son adhésion à des légendes, mythes, croyances et symboles politiques, mais aussi uni par des pratiques culturelles distinctives que couronne une identité insulaire vécue comme irréductible » ? Bref, sommes-nous – par le biais de l'identification politique à des ensembles territoriaux nationaux – en train de dévoiler ce que nous n'avions pas encore découvert, à savoir la « communauté nationale » qui se ferait l'écho d'une expérience diasporique parvenue à épouser les canons de la classique approche où l'imaginaire national irrigue de près ou de loin l'ensemble du corps social ?

La plus grande prudence s'impose toutefois quant à l'utilisation de cette définition du nationalisme insulaire, de manière à ne pas confondre le phénomène qu'elle désigne – à savoir l'existence d'un projet politique national doté d'une réalité certaine – et le contenu par lequel ce projet se caractérise, ici la symbolique de l'unité partagée et de l'idéal national. En d'autres mots, si nationalisme insulaire il y a, reposant sur l'instrumentalisation de la thématique de l'identité partagée, rien ne garantit que l'existence de cette identité soit acquise pour tous ou reconnue par tous. Certes, aucune nation ne repose sur une adéquation parfaite entre l'imagerie dont elle use pour se construire et la diffusion/intériorisation de cette même imagerie parmi les populations. Mais, comme le suggère le célèbre écrit de B. Anderson (1996, p. 19), la représentation de la nation comme « communauté politique imaginaire et imaginée, intrinsèquement limitée et souveraine », suppose « que dans l'esprit de chacun vive l'esprit de [la] communion [entre ses membres] ». Or, dans le cas antillais, rien n'est moins sûr.

Les auteurs ayant abordé la construction politique de ces micro-territoires tendent justement à dégager une difficile correspondance entre les deux domaines que sont le « culturel » et le « politique ». Si l'on entend le second comme la capacité à régenter le premier, ou encore comme l'ensemble des processus symboliques et institutionnels visant à la maîtrise du projet collectif et à sa pérennisation, force est de constater que le cas antillais nous place face à la difficulté d'harmoniser l'ordre politique et les projets qu'il est censé maîtriser. Denis Constant Martin (1996, p. 27) constate ainsi pour les Antilles anglophones que « les cultures populaires se sont développées [...] en marge des systèmes d'autorité publics, à une distance stratégique qui autorisait le maintien d'un enracinement plébéien et l'expression d'une méfiance ancienne à l'égard de toute forme de pouvoir ». Il y aurait donc matière à déceler un décalage entre les formes institutionnalisées de la représentation politique portées par les autorités ou les partis attitrés et les processus d'identification des populations qu'elles visent et qui peuvent ne se reconnaître que partiellement dans le dispositif symbolique de l'identité mobilisé par ces systèmes politiques.

C'est à des considérations similaires qu'aboutit Justin Daniel (2002) quand, analysant la situation politique des Antilles françaises marquée par la désillusion vis-à-vis de la départementalisation, il observe « un revivalisme des formes culturelles autochtones ». Mais surtout, le politologue nous invite à constater les difficultés des projets politiques indépendantistes qui se heurtent à l'impossibilité « d'une identité politique en parfaite congruence avec l'identité culturelle proclamée ». Car, si le projet de souveraineté nationale se fonde sur la conception d'une identité ramenée à un système clos de références, il lui faut néanmoins s'accommoder de la diversité culturelle à l'œuvre dans la société. De ce point de vue, il pourrait y avoir de la part des mouvements nationalistes une sous-estimation « de la pluralité des filiations identitaires » qui se traduit notamment par ce que Justin Daniel (*ibid.*, p. 595) décrit comme une « prolifération de *single issue groups* », c'est-à-dire une myriade de groupes valorisant des particularismes sociaux et culturels. Dans ce cas, le fort succès électoral de certains partis indépendantistes tels que le MIM (Mouvement indépendantiste martiniquais) ne peut guère être vu comme l'aboutissement d'un élan nationaliste. Il exprime plutôt le résultat d'un paradoxe surprenant qui fait que la réussite électorale de tels partis est proportionnellement inverse au crédit qui leur est accordé sur le plan de l'obtention effective de l'indépendance. Le succès repose plutôt sur une confiance des électeurs en matière de gestion des intérêts communs. D'où la vocation désormais quasi assumée par le MIM d'une revendication nationaliste routinière et banalisée, voire « euphémisée ».

L'inadéquation entre l'identité politique ramenée à une représentation nationale et l'identité culturelle insérée dans un réseau de conceptions plurielles est en définitive ce qui ressort également de l'étude que nous avons abordée plus haut de Basch, Glick Schiller et Szanton Blanc (2000). La formation de ces nouvelles entités politiques que seraient les « États déterritorialisés », censés prolonger l'entité nationale jusque dans les espaces de migration, n'a que peu en commun avec les configurations identitaires à l'œuvre chez les migrants à New York, et les migrants haïtiens en particulier. Le recours à la référence nationale n'est certes pas absent des stratégies déployées par ces derniers, mais il se comprend de façon circonstanciée en fonction du jeu imposé par les rapports sociaux au sein des sociétés de départ et d'installation, comme « capital symbolique » servant à construire un positionnement pris entre deux localisations (*ibid.*, p. 261). Et ce sont, là encore, des autorités politiques bien circonscrites qui portent les discours « nationaux », depuis les territoires d'origine, sans qu'ils recouvrent la diversité des aspirations identitaires des migrants. Celles-ci sont d'ailleurs décrites à partir de « leur variété conflictuelle » (*ibid.*, p. 148). Le « dixième département » haïtien n'est plus dès lors qu'un « reflet partiel des positions sociales, économiques, politiques des transmigrants », ce qui fait qu'en définitive aucune notion identitaire – ni celle d'Haïtien, ni celle d'Haïtien-Américain, ni celle de « dixième département » – ne parvient à cerner les contours d'une expérience sociale particulièrement diversifiée.

En nous plaçant au cœur des processus d'identification nationale, nous retrouvons ainsi les termes de la pluralité communautaire. On ne peut ici que tomber en accord avec certains points essentiels qui jalonnent l'analyse conduite par Jacky Dahomay (2000) et qui nous aideront à tirer les conclusions relatives à cet aspect fondamental de l'ordre communautaire, tant ils confortent la configuration qui finit par émerger de notre progression. Car pour le philosophe guadeloupéen, il s'agit là encore de repérer une « difficile articulation entre identité politique et identité culturelle » qui forme comme la spécificité des cultures antillaises.

À partir du moment où le politique est vu comme l'instauration « d'un monde commun », il faut comprendre qu'il ne se produit pas dans le cas antillais une telle élaboration. J. Dahomay parle de la culture créée par les esclaves comme d'une « culture réactive » ou encore d'une « culture essentiellement polémique élaborée dans un espace déjà régi par le politique », cultures au sein desquelles on retrouverait les traces d'agencements propres aux sociétés sans État, et même « contre l'État », avec « une pulsion très forte d'égalité et le refus constant de toute accumulation » : une « culture de la contre-plantation » (*ibid.*, p. 105). Les identités antillaises seraient riches « en stratégies diverses, voire contradictoires », mais rétives « à conférer un sens à l'intégralité », « à se rabattre sur un tout du social ». Ce divorce du politique et du culturel serait à la base de ces trajectoires paradoxales qui font d'Haïti « une non-république » – l'État ne parvenant pas à s'accommoder de cette contre-tendance à la formation étatique – et des Antilles françaises le lieu d'une république sans souveraineté (*ibid.*, p. 108-109). Dans ce dernier cas, on voit bien que l'assimilation au dispositif républicain français vient satisfaire la demande d'égalité citoyenne, sans pour autant générer une élaboration achevée de l'espace public en tant que bien commun.

Mais cette absence d'institutionnalisation du domaine public que repère et même regrette J. Dahomay, et qui se fait l'écho de ce « marronage des institutions » plus ancien, n'est-elle pas l'expression la plus manifeste de la dynamique de ces cultures qui est justement de ne pas créer les structures d'un ordre commun ? Si l'espace public se révèle faiblement investi, peu dissocié « des identités culturelles privées », ce n'est peut-être pas tant en raison d'une dissociation entre le « politique » et le « culturel », comme les auteurs qui précèdent le suggèrent, que d'une tendance au sein de cet agencement culturel à empêcher la gouvernance, laquelle suppose toujours la hiérarchisation des orientations collectives et des groupes. En ce sens, c'est plutôt à une culture « contre le politique » que nous aurions affaire, c'est-à-dire à un ensemble démultiplié, trouvant dans une diversité sans cesse renouvelée les moyens d'annihiler l'imposition d'un modèle sociétal. Ainsi, ce détour par les identifications nationales nous permet de serrer encore au plus près cette communauté a-centrée dans la manière qu'elle a de soustraire au politique sa fonction intégrative dans un système clos. On comprend mieux alors que le nationalisme noir en tant que tel, que certains interprètent – par confusion entre la portée du message et le message lui-même – comme la preuve manifeste de la conscience identitaire d'un peuple, soit recouvert par une telle dynamique qui lui laisse en définitive peu de latitude pour traduire son projet en actes.

CHAPITRE IX

Une figure allégorique de la communauté a-centrée : le rastafarisme

Le rastafarisme est la forme sociale qui est le plus à même d'illustrer cette dynamique qui semble être à l'œuvre dans les cultures noires des Amériques, celles de la Caraïbe. Il ne s'agit pas de dire que le rastafarisme est représentatif de toutes les formes culturelles, loin de là, mais plutôt qu'il en traduit – dans une sorte de démesure ou de logique achevée – le principe affleurant. C'est pour cette raison qu'il s'impose comme une figure allégorique. Ce dernier « tableau » de notre progression, qui opère comme un « grossissement », porte à un niveau de conscience ce qui n'est que sous-jacent dans les expressions culturelles antillaises plus conventionnelles et dans la dynamique de dé-centration qui finit par les régir.

Né dans les années 1930 à la Jamaïque, le rastafarisme se présente comme un culte politico-religieux qui défie les efforts de définition tant ses aspects baroques et même désordonnés désarment les esprits épris de catégories parfaitement discernables. Le voyant comme « la dernière borne sur la route de l'innovation religieuse », Denis Constant (1982, p. 68 et 74) le définissait ainsi : « Le rastafarisme est structurellement une anarchie : il refuse le pouvoir dans son sein comme dans la société ou bien le place là où il n'est pas dangereux, car ne pouvant être exercé. » Avec ces quelques mots, tout est dit ou presque de la philosophie rasta, qui place à son fondement une relation particulière au pouvoir faite d'une conscience aiguë de la violence que provoque son exercice. Sur ce point, il est essentiel d'avoir à l'esprit que l'« anarchie » en question ne résulte pas des difficultés que tout groupe pourrait rencontrer pour s'organiser, difficultés accrues dans des contextes de grande pauvreté et d'oppression, comme à la Jamaïque, mais d'une pensée particulière prolongée par un ensemble de pratiques qui rendent effective et volontaire cette caractéristique du mouvement.

Qu'on ne s'attende pas cependant à trouver dans le rastafarisme les bases d'un projet politique élaboré par des intellectuels patentés. Le mouvement est avant tout issu des couches pauvres, rurales puis urbaines, et sa philosophie est une véritable philosophie populaire, « spontanée », anti-canonique. À ses débuts, elle exprime la convergence du mouvement garveyiste et des cultes revivalistes. Son origine est associée à une déclaration qu'aurait faite Marcus Garvey en 1916, avant de quitter la Jamaïque, et interprétée comme une prophétie : « Regardez vers l'Afrique pour savoir qu'avec le couronnement d'un roi noir, votre rédemption sera proche » (Barrett, 1988, p. 67). Quand, en 1930, Tafari Makonnen accède au trône sous le nom de Hailé Sélassié et devient le négus, empereur d'Éthiopie, « roi des rois », « lion de Judée », la prophétie est réalisée. Appartenant à la dynastie salomonide (descendant, selon une interprétation de la Bible, d'une liaison entre la reine de Saba, noire ou « hamite », et Salomon, le roi d'Israël), le personnage du négus entre dans un dense réseau de significations à consonance biblique. Il intègre la visée éthiopianiste où se mêlent, on l'a vu, les références des peuples juifs et ceux de l'Afrique et de l'Éthiopie. Au travers de l'interprétation de symboles de l'Ancien Testament, l'empereur trouve matière à être reconnu comme d'essence divine et sauveur suprême du peuple noir. La nouvelle de l'avènement du « dieu vivant » est propagée dans l'île par ceux qui deviendront les fondateurs du mouvement rastafari (selon le titre impérial *ras*, utilisé par les souverains éthiopiens, et le nom de l'empereur, Tafari). Les quatre initiateurs identifiés dans les années 1930 – Leonard Howell, Archibald Dunkley, Robert Hinds, Joseph Hibbert – prêchent le caractère divin d'Hailé Sélassié en même temps qu'ils s'inspirent de l'idéologie de Marcus Garvey, le prophète, pour affirmer leur volonté de retour vers l'Afrique, lieu de la Rédemption authentique, loin de la terre d'exil forcé où s'exerce la suprématie blanche. À part Howell et Hinds, qui prêchèrent quelque temps ensemble avant de se séparer, les « missionnaires » agissent sans lien les uns avec les autres (Chevannes, 1998a, p. 32), comme s'ils étaient parvenus isolément aux mêmes conclusions, le mouvement s'annonçant ainsi, dès le départ, comme la somme de ses individualités.

Brève histoire du mouvement

Sur quelques décennies, le rastafarisme a suivi une évolution qui l'a fait être l'objet d'une répression souvent violente, puis devenir une orientation culturelle légitime, reconnue comme telle au sein de la société jamaïcaine (Chevannes, 1995 et 1998a ; Barrett, 1988). Jusqu'aux années 1960, le développement du mouvement est lié à la perception de la menace à l'ordre établi qu'il constitue, ce qui se solde par une forte réaction de rejet de la part des classes dirigeantes, concrétisée plus dramatiquement par des raids de police fréquents détruisant les lieux de rassemblements rastas. Ceux-là peuvent prendre la forme de véritables établissements communautaires, comme la célèbre « communauté de Pinnacle », dans la paroisse Sainte-Catherine, non loin de Kingston, fondée par Howell en

1940 selon une tradition que Barrett (1988, p. 86) identifie comme celle des résistants Marrons. Chef autocrate et charismatique, Howell « règne » sur une assemblée de quelque 500 disciples. La consommation de *ganja* (marijuana) s'y effectue déjà. Justifié par une interprétation de certains versets de la Bible, l'usage de la plante, la *holy herb* (« l'herbe sainte »), deviendra le principal élément du rituel rasta. La culture du cannabis au sein de la communauté comme les comportements marginaux des adeptes vis-à-vis de leur voisinage sont à l'origine de la répression conduite contre le Pinnacle. La communauté est dispersée par un premier raid en 1941, puis reconstruite, et à nouveau démantelée par une descente de police en 1954, qui marque la fin de Pinnacle. Les rastas sont arrêtés, Howell envoyé dans un asile psychiatrique. De son côté, Hinds fonde la « King of Kings Mission » à Kingston, dont le rituel se révèle très proche des cultes revivalistes. L'implantation à la Jamaïque d'une section de la Ethiopian World Federation dès 1937 contribue à la vitalité du message rasta. Il s'agit d'une organisation mise en place à New York sous l'autorité du négus au moment de l'invasion de l'Éthiopie par Mussolini pour générer des solidarités chez les Africains dispersés et aider à la préservation de l'intégrité de l'Éthiopie, « héritage divin » des Africains. Certains fondateurs du rastafarisme, comme Hibbert, participent à cette nouvelle organisation, laquelle ne tarde pas à se séparer en de nombreux petits groupes « éthiopiens », augurant de la dynamique qui ne va cesser d'être à l'œuvre dans le mouvement rasta.

Ces premières années d'élaboration d'une nouvelle composante religieuse sont marquées par le *leadership* des fondateurs et par une certaine reprise des codes religieux présents dans le revivalisme. Les années qui suivent vont éroder à la fois cette tendance au regroupement autour d'un « chef » religieux et participer à la définition d'une vision religieuse autonome. Au cours de la décennie 1950, on assiste à la phase sans doute la plus radicale du mouvement où certains groupes rastas adoptent des attitudes offensives, parfois guerrières. La destruction répétée des communautés favorise la concentration dans les ghettos de Kingston, dont celui de Back-O-Wall qui se fait le lieu de convergence des rastas du pays lors des rassemblements ou des marches protestataires organisées régulièrement. La nouvelle génération de rastas se montre radicale, engagée dans le refus sans concession des codes établis dans la société blanche coloniale. À cette époque se diffusent les pratiques distinctives du groupe, dont le port, à la manière des guerriers Mau-Mau du Kenya, des fameux *locks*, longues tresses de cheveux ni coupés, ni peignés, signifiant, par la symbolique de la coiffure, la résistance aux normes dominantes. Il faut imaginer la société jamaïcaine des années 1950, surinvestissant les valeurs européennes et n'attribuant de reconnaissance sociale qu'en fonction de la conformité à ces mêmes valeurs, pour comprendre combien l'adoption de cette apparence *dreadful* (« terrifiante », « redoutable ») constitue un acte révolutionnaire. La génération des *dreadlocks* ou des *dreadful people* (ceux qui portent les *locks*) entend se distinguer des aînés dont elle conteste les pratiques religieuses occultes. Elle en critique aussi le mode d'autorité et finit, comme au sein du groupe des Youth Black Faith, par abolir tout formalisme d'adhésion et « instituer » le concept « d'être libre », libre d'aller et venir sur la base de sa seule conviction (Chevannes, 1998a, p. 83).

Mais cette décennie est une période transitoire, y compris, bien sûr, au niveau du pays où s'amorce le processus d'indépendance dans un contexte économique toujours instable. Soumis au harcèlement policier, les différents groupes rastas conduisent des actions unitaires ou isolées. L'heure est plus que jamais à l'espérance millénariste du retour vers l'Éthiopie. En 1958, un leader rasta, Prince Emmanuel, organise depuis ses quartiers de Back-O-Wall une convention au terme de laquelle certains croient pouvoir être rapatriés en Afrique. La manifestation n'apporte pas les fruits de la promesse de retour. Elle s'achève en fait sur une place centrale de la ville où un drapeau est planté pour signifier la capture symbolique de Kingston. Au cours de ces marches, arrestations policières et obligations humiliantes de couper les *locks* sont le lot commun. L'année suivante, la même information circule selon laquelle le retour en Afrique est programmé pour le 5 octobre, date précise. Diffusée par Claudius Henry, cette information est même accompagnée par la vente de cartes censées pouvoir remplacer tout passeport. Il est dit que certains ont vendu tout ce qu'ils avaient pour rejoindre le leader Henry. La prophétie, qui attire des centaines de personnes à Kingston le jour J, ne se réalise pas... Plus dramatiquement, l'événement aboutit quelque temps après à la découverte d'un stock d'armes chez Henry, devenu de plus en plus hostile au gouvernement. Son fils est arrêté dans les mois qui suivent alors qu'il s'apprêtait à conduire une guérilla urbaine. Au cours de la poursuite, deux soldats britanniques sont tués, un complice de Henry fils est retrouvé mort, vraisemblablement assassiné par les rebelles qu'il aurait trahis.

Cet épisode violent a occasionné un tournant décisif dans l'évolution du mouvement rasta. Il a précipité le désaccord de certains vis-à-vis de l'autorité que s'arrogent les leaders, en même temps qu'il a activé un souci de situer le mouvement dans une logique de résistance pacifique. Dans ce but, les rastas eux-mêmes ont sollicité de la prestigieuse University of the West Indies, à Kingston, que soit conduite une étude sur leur mouvement. Soutenue par le gouvernement, cette étude – à laquelle participent des universitaires de grand renom comme Rex Nettleford – a été le premier jalon vers la prise en compte du rastafarisme au sein de la société jamaïcaine. Concluant sur le fait que la majorité des rastas constituent des « citoyens pacifiques », le rapport préconise l'expédition en Afrique d'une mission destinée à envisager les solutions de rapatriement pour ceux qui le désirent. La mission part en 1961, sous les auspices du gouvernement, et compte des rastas parmi ses membres. Plusieurs pays sont visités, dont l'Éthiopie. L'empereur reçoit officiellement la délégation qui se rend également sur le site de Shashamane où des terres ont été mises à la disposition des membres de la diaspora. Mais la mission ne laissera pas plus de traces que celles du domaine de l'intention. Paradoxalement, les candidats au retour en Éthiopie seront rares, un rasta de la délégation affirmant que le lieu était déjà régi par un couple de Noirs américains juifs « qui ne voulaient pas des rastas là-bas » (cité par Lee, 1999, p. 312). D'après Chevannes (1998a, p. 31), la faiblesse des projets de retour réel montre que le concept de rapatriement est avant tout un instrument de critique du racisme et de l'ordre colonial. Chez les rastas, le concept est aussi plus théologique que politique, à savoir qu'il relève d'un acte plus divin qu'humain : ce n'est pas aux gouvernements qu'il revient d'organiser le retour, mais à Dieu...

Malgré ces avancées, les menées répressives à l'égard des rastas n'en continuent pas moins. Le quartier de Black-O-Wall est rasé en 1966, et avec lui les établissements de plusieurs assemblées rastas, dont celui de Prince Emmanuel. De son côté, le mouvement se situe résolument dans une posture de résistance et de contestation. On le retrouve aux côtés de Walter Rodney, cet historien universitaire, originaire du Guyana, ayant importé le Black Power à la Jamaïque et dont l'expulsion de l'île par les autorités, en 1968, donne lieu à des violences de rue où sont présents les rastas. Pourtant, la « routinisation » du mouvement, selon l'expression utilisée par Barrett (1988, p. 146) et Chevannes (1998a, p. 15), s'opère. Elle signifie l'acceptation et même la diffusion de l'idéologie rastafari au sein des classes moyennes. La visite mémorable d'Hailé Sélassié à la Jamaïque, en 1966, préfigure une certaine officialisation. Soulevant un enthousiasme populaire jamais vu, elle est l'occasion, au cours de cérémonies officielles, du face-à-face inédit entre les *dreadlocks* et les représentants de la *upper-class*. Les intellectuels et la bourgeoisie se montrent de plus en plus sensibles au message des rastas et à leur manière de restaurer au sein de la culture jamaïcaine cette composante africaine fondamentale qui constitue la grande part occultée de leur univers. Le rastafarisme débouche sur la prise de conscience large de l'aliénation subie par la société jamaïcaine. Il a agi, nous dit Chevannes (1998b, p. 68), comme un « antidote idéologique » du racisme de classe et de race si prégnant à la Jamaïque. Le développement de formes artistiques internationalement reconnues, comme la musique reggae, facilite l'entrée des classes moyennes dans la mouvance. Elles intègrent bientôt le groupe « The Twelve Tribes of Israel » dont le chanteur Bob Marley a été le membre le plus illustre. Mais, surtout, cette « normalisation » s'opère *via* le champ politique. Les symboles rastas ne tardent pas à être instrumentalisés au cours de l'affrontement électoral que se livrent les deux partis historiques, le PNP et le JLP (cf. chapitre II). Michael Manley (PNP) fera campagne en se targuant de la possession d'une canne offerte par Hailé Sélassié (le « bâton de correction »). Quand les ghettos menacent d'exploser, car armés par les deux partis concurrents, c'est à la star du reggae que revient le rôle de conciliateur plus que jamais nécessaire pour éviter l'implosion sociale, irréparable. Au cours d'un concert qui mérite d'être qualifié d'historique, tenu le jour anniversaire de la visite d'Hailé Sélassié, en avril 1978, Bob Marley réunit les mains des deux leaders politiques ennemis.

Il est difficile de décrire avec précision l'importance du rastafarisme. C'est une idéologie qui se diffuse sur la base de l'adoption individuelle de ses fondements. Certains signes distinctifs peuvent en outre être appropriés (port des *locks*, tenue vestimentaire aux couleurs rastas...), parce que devenus emblématiques d'une certaine culture urbaine « branchée » (même à la Jamaïque) sans que l'adhésion idéologique s'ensuive réellement. Malgré cette dissémination de l'idéologie rasta, et même sa perte de vitesse au cours des années 1990 qui ont vu des composantes plus dures se développer dans les ghettos (celles liées au courant musical du Dancehall), des groupes restent parfaitement identifiables. Les Bobos fondés par Prince Emmanuel et les Twelve Tribes sont les deux seuls vraiment organisés. Les autres répondent mieux à l'exigence philosophique qu'implique la représentation rastafari de l'ordre et du pouvoir.

Une philosophie politico-religieuse

À la base du rastafarisme se situe un corpus de principes fondamentaux que l'on peut résumer comme suit (Chevannes, 1998a, p. 26 ; Barrett, 1988, p. 104 ; Murrel *et alii*, 1998, p. 5). Le motif central est la croyance dans la divinité d'Hailé Sélassié : il est le dieu vivant, au point même que sa mort n'est toujours pas admise. Identifié à l'empereur d'Éthiopie, Dieu est également « noir », ce qui signifie le rejet de toute la symbolique chrétienne occidentale. La relation à Dieu supporte le bannissement de barrières d'autorité et se traduit par le fait que l'homme noir partage l'identité de son Dieu, qu'il est lui aussi une part de ce Dieu. Il n'y a pas de conversion à proprement parler, mais la manifestation en soi de la présence divine. De ce point de vue, les croyances ancestrales sont ébranlées du fait qu'elles n'appellent plus le recours au panthéon des « esprits » comme médiateurs avec un Dieu lointain (Chevannes, 1998a, p. 29). Amenés à retourner vers leur terre promise, l'Afrique éthiopienne, guidés par leur sauveur, les Noirs dispersés dans le Nouveau Monde sont les « vrais israélites » dont la Bible ne fait qu'annoncer les affres qui vont être subis dans la Babylone contemporaine soumise au pouvoir blanc occidental. La captivité babylonienne sert d'armature à une rhétorique omniprésente de la dénonciation de l'oppression blanche. L'homme blanc est inférieur à l'homme noir et représente l'enfer.

Le sociologue des religions George E. Simpson raconte que, lors de son étude conduite en 1946 à la Jamaïque, les réunions conduites par un groupe de rastas commençaient par cette exhortation : « Mort aux Blancs ! », ce qui ne l'a pas empêché, en tant que Blanc, de pouvoir y participer (Simpson, 1998, p. 220). Les rassemblements rastas sont désignés par le terme de *nyabinghi* dont l'origine est attribuée à un ordre secret africain en lutte contre le colonialisme, et dont le sens immédiat à la Jamaïque est celui de « mort aux oppresseurs noirs et blancs » (Chevannes, 1998a, p. 17 ; Barrett, 1998, p. 121).

À ces principes basiques s'adjoignent d'autres particularités que l'on a entrevues plus haut. Elles sont les signes distinctifs du rastafarisme pour lesquels le risque d'une description succincte comme celle-ci est de renforcer le côté quasi folklorique qu'elles ont acquis au cours de l'internationalisation du message rasta permise par la musique reggae. Outre la musique elle-même, indissociable du mouvement et dotée d'une dimension religieuse méconnue (le reggae étant vu de par le monde comme appartenant simplement au *show-biz*), rappelons le port des *locks*, l'usage de la *ganja*, l'adoption des couleurs garveyistes et éthiopiennes : jaune, rouge, noir, vert… Ces symboles affirment à la fois le rejet de la société dominante (le côté *dreadful*) et l'identification à l'Afrique, le tout selon une aspiration spirituelle. Signalons également les rites alimentaires qui conduisent à un régime végétarien strict. Disons aussi quelques mots sur le clivage masculin/féminin que l'idéologie rasta s'est d'abord évertuée à instituer, plaçant les femmes sous la stricte domination de leur partenaire masculin, puis à réformer au cours de la succession des générations d'adeptes et le changement de leurs vues. Enfin, insistons sur une autre caractéristique, pour le moins fascinante, que constitue la création d'un nouveau langage, le *rasta talk*, ou *dread talk*, une sorte d'argot qui consiste en jeux de mots et en re-formulations du sens originel traduisant explicitement la vision du monde contestataire et critique portée par les rastas. Au fondement de ce nouveau langage figure l'utilisation du « *I* » « je » signifiant l'importance première accordée à l'individu. Ainsi une assemblée (*assembly*) devient-elle une *I-ssembly* en langage rasta, ce qui signifie que le collectif résulte toujours de la présence de l'individuel. Un extrait de poème rasta, repris par Chevannes (1995, p. 1), hélas intraduisible, sinon par approximation du jeu de mots qu'il contient, est tout aussi éloquent : « *Jamaica is an island but is not I-land* » (« La Jamaïque est une île, mais ce n'est pas la terre du "je" »). S'exprime là encore la vision qui fait que la Jamaïque, lieu de la « captivité », ne peut pas être le lieu d'un épanouissement, lui-même toujours conçu comme lié à la personnalité individuelle.

Tels qu'ils viennent d'être énoncés plus haut, les principes à la base du rastafarisme pourraient être assimilés à une tendance nouvelle du nationalisme noir prônant le retour vers l'Afrique en même temps qu'une supériorité raciale et une inversion des valeurs du racisme colonial. Ce serait alors s'en tenir strictement à une forme cristallisée du discours et ignorer comment celui-ci est utilisé. Nous avons déjà signalé que l'idéologie du retour résistait à une formalisation qui lui ferait envisager des opérations concrètes de rapatriement. Il s'agit ici de tenir la symbolique Afrique/terres d'exil comme un moyen de traduire la conscience critique des rapports sociaux. On s'éloigne ici de l'opérationnalité recherchée par Garvey. Sur la question de l'identité raciale, de l'avis de la plupart des observateurs, et en particulier de Simpson (1998, p. 220), la dénonciation de l'oppression raciale énoncée au travers de formules radicales fait appel à des catégories qui ne sont pas nécessairement en jeu dans la relation de face-à-face. Celle-ci renvoie toujours à une évaluation de toute personne sur la base de la sincérité/ générosité de son action. Pour Chevannes (1998b, p. 62), rien n'est plus éloigné de la vérité que d'interpréter le rastafarisme comme un racisme inversé. Il s'agit de noter une différence avec les doctrines nationalistes noires développées aux États-Unis, car le Blanc, malgré la catégorisation sans concession dont il fait l'objet, est susceptible d'être sauvé/accepté par la conscience et le rejet qu'il exprime vis-à-vis de la domination exercée par l'Occident (Chevannes, 1998a, p. 29). Cette capacité à reconnaître la qualité d'un individu contraste avec le côté plus doctrinal du mouvement de Garvey. Il n'est d'ailleurs pas fortuit que le plus célèbre des nationalistes noirs, bien qu'érigé en prophète des rastas, ait exprimé son vif désaccord avec les premiers leaders du rastafarisme. Non seulement Garvey ne croit pas en la divinité d'Hailé Sélassié, qu'il critique sévèrement au moment de l'invasion italienne de l'Éthiopie, mais encore s'oppose-t-il ouvertement aux rastas dont il juge les pratiques « non chrétiennes » et « dégradantes pour la personnalité africaine » (Lewis, 1998, p. 153). Ici se précise toute la différence entre les deux idéologies en dépit des messages qu'elles ont en commun, quand le garveyisme veut régenter l'ordre et la rationalité communautaires et le rastafarisme trouver les moyens d'une libération de la personnalité noire dans une quête morale et spirituelle.

Le refus de la contrainte du pouvoir ou l'individualité souveraine

Tous les observateurs se sont accordés pour décrire le rastafarisme comme un mouvement « acéphale », « décentré », ce que les termes de Denis Constant (1982), parlant de « structure anarchique », ont déjà suggéré. L'absence d'institutionnalisation et de centralisation est pour Lewis (1992, p. 77) ce qui fait l'une des différences fondamentales entre rastafarisme et garveyisme. D'après Barrett (1998, p. 91), les événements qui jalonnent l'histoire rasta, dont l'affaire Claudius Henry, auraient renforcé la volonté de « rester sans leader ». Homiak (1998, p. 132) parle du « rejet » à l'encontre de « l'autorité exclusive des anciens rastas » dont le pouvoir a pu être qualifié d'autocratique. Pourtant, dès le départ, le mouvement refuse la centralisation communautaire, celle-ci n'étant en mesure de s'établir qu'au sein de groupes qui se séparent les uns des autres, sans jamais chercher, ou rarement, à se fédérer. Cette tendance n'a fait que se renforcer par la suite. Quelques rares groupes continuent de fonctionner selon un ordre soumis à une autorité, tel le groupe des Bobos, sans doute le seul aujourd'hui qui obéisse à une ritualité communautaire rigoureuse, quasi monastique et monarchique à la fois. On est en présence de ces lieux dont parle D. Constant (1982) où le pouvoir est cantonné et mis dans l'impossibilité de s'exercer hors de ce cantonnement. Dans l'ensemble domine la logique du refus du *leadership*. Elle donne lieu à cette configuration frappante pour un mouvement qui reste malgré tout identifiable comme tel, à savoir une organisation manifeste, mais qui s'expose en même temps à disparaître à tout moment, tant le but n'est pas de garantir un « État communautaire ». Les membres fréquentent des « maisons » (*houses*) qui sont « tenues » par une « assemblée d'aînés ». Ni élus ni nommés, ces derniers accèdent à cette fonction par leurs qualités qui doivent être celles de la franchise et de la finesse, et non celles de la vanité et du caractère arbitraire. Leur rôle est de programmer les événements et le rituel de la « maison », de servir d'interlocuteur. Par-delà, il n'existe aucune autre forme à peu près stable, pas même d'adhésion. Les membres sont libres d'aller et venir, de participer ou non, de contribuer ou non financièrement.

L'anthropologue B. Chevannes (1998a, p. 32) voit dans cette résistance à l'ordre communautaire la conséquence directe de l'éthique philosophique du rastafarisme avec la valeur essentielle qu'elle accorde au concept de « liberté ». À l'écart des discours philosophiques savants, le mouvement rasta, dans toute sa propension à créer un ensemble hétéroclite de références, invente des pratiques qui donnent corps à cet idéal de liberté. Il y a d'abord les pratiques discursives qui traduisent le pouvoir accordé aux mots pour composer le monde. De ce point de vue, le *dread talk* que nous avons abordé plus haut articule une vision du monde où la communauté ne peut être conçue que par rapport à l'individu. Le *I and I* (« je et je ») affirme ainsi que le « nous » résulte forcément de la rencontre de deux individualités. Cette conception forme le soubassement de l'idéologie rasta. D'après E. B. Edmonds (1998, p. 352), « l'individualisme épistémologique (ou l'autorité individualiste) est enraciné dans le concept philosophique du *I and I* qui débouche sur une insistance du rastafarisme pour la liberté radicale et la démocratie qui est très résistante à la centralisation [...]. Par conséquent, la localisation de l'autorité est dans chaque individu ». Le rituel prolonge ce pouvoir des mots. Il est constitué par deux temps forts. Le *nyabinghi*, qui consiste surtout en danses, est une célébration collective conduite à des dates commémoratives, comme l'anniversaire du couronnement d'Hailé Sélassié, ou encore celui de la naissance de Marcus Garvey. Le second, le *reasoning*, est un temps plus informel, mais aussi plus fréquent, de rassemblement. Instituant l'usage et le partage religieux de la *ganja* avec une importance comparable, nous dit Chevannes (1998a, p. 17), à celle de la « communion chrétienne », il est aussi l'occasion d'un mode d'échanges caractéristiques entre les membres réunis. Il montre l'intérêt primordial accordé à la parole, à l'exposition et à la discussion d'une vue, chacun pouvant exprimer sa façon de penser, au point que cette distribution « égalitaire » de la parole a pu être vue comme « hautement démocratique » (Barrett, 1988, p. 120). Selon Homiak (1998, p. 130), les rastas occupent un monde de la « parole » où se discutent intensément les questions d'identité, de moralité et de responsabilité : « un collectif d'individus qui se parlent, à propos de chacun et d'eux-mêmes »...

Ces dernières remarques ne doivent pas être interprétées comme le développement d'une vision romantique et idyllique du mouvement rastafari. Si le rastafarisme permet effectivement de prendre acte d'une philosophie populaire basée sur l'exigence de liberté, c'est aussi dans la contradiction – ou dans l'association des contraires – que l'on peut voir s'exprimer ce refus de l'ordre social régenté. L'existence de groupes aux règles strictes aux côtés de ceux qui n'obéissent à aucun précepte collectif véritable en est l'expression. Comme le notait fort justement B. Chevannes (1998a, p. 41), reconnaître la structure dépourvue de pouvoir central du rastafarisme n'autorise en rien à oblitérer les relations de soumission et de dévotion établies par certains leaders. Sur fond de dénonciation de l'oppression subie, avec les schèmes symboliques imposés par l'histoire (Blanc *versus* Noir ; Occident *versus* Afrique...), le rastafarisme s'inspire de registres d'origine diverse pour inventer un système de sens inédit. Alimenté par une conscience critique, il formule l'idéal d'une liberté radicale conçue hors de la puissance des dispositifs communautaires. C'est pour cette raison qu'il peut servir à décrypter la logique d'ensemble des cultures noires telles que celles-ci se sont manifestées à travers divers exemples puisés auprès des populations antillaises, comme s'il en forçait le trait jusqu'à l'extrême, pour indiquer que cette logique si particulière de démultiplication sociale exprimant un assemblage composite entre tendances contradictoires a sans doute quelque chose à voir avec le désir d'une liberté rendue plus fort et nécessaire qu'ailleurs.

Une diaspora sans méta-récit... mais « pluri-narrative »

Un travail récent sur la mémoire de l'esclavage à la Guadeloupe a permis d'avancer l'idée de l'absence de *méta-récit* communautaire (Chivallon, 2002b). Les discours suscités par la présence d'un cimetière d'esclaves dans une commune guadeloupéenne – Capesterre-Belle-Eau – ont fourni l'occasion d'identifier plusieurs discours, chacun montrant des modalités particulières de s'approprier le passé, depuis le refus de l'Afrique et de l'esclavage jusqu'à la traduction d'une expérience émotionnelle transmise par les « ancêtres esclaves ». La portée de ces écarts de discours est immense, quand on pense que les personnes qui les formulent partagent un même univers d'interconnaissance, sont liées par des liens d'affinité et de parenté, ont suivi la même trajectoire socio-historique, bref, forment un « collectif », mais un collectif qui se dispense du recours à des représentations communes qui servent à le circonscrire, à le nommer et à l'historiciser. Entre la représentation qui fait de l'individu le descendant d'un esclave et celle qui affirme le « nous » comme étranger à une telle filiation (entretiens repris dans Chivallon, 2002b), il s'agit bien d'identifier l'absence d'un dispositif narratif stabilisé autour de quelques repères acquis qui délimiteraient le contour de l'appartenance. Plutôt que d'être en présence d'un tel dispositif, nous sommes confrontés à l'existence de plusieurs récits, qui ramènent eux-mêmes aux diverses composantes de l'univers culturel antillais. D'autres travaux ont suggéré cette absence de registre unitaire quant à la reconstitution d'une trajectoire commune, comme ceux de Marie-José Jolivet (1987) consacrés à montrer comment se télescopent, aux Antilles françaises, différentes intentions dans la manière de dire le passé, ou encore ceux de A. M. Losonczy (1996, p. 170) sur les Noirs de Colombie qui parlent d'une « mémoire déclinée au pluriel », d'une « multiplicité de temporalités juxtaposées articulées dans des matrices culturelles diverses ». Un peu plus récemment, en revisitant les « Amériques noires » de Roger Bastide, Marie-José Jolivet (1997) cernait selon une autre échelle et à la suite de certains travaux (ceux d'Anne-Marie Losonczy sur les Noirs de Colombie et de Richard Price sur les Saramaka) des configurations mémorielles très différentes, de celles qui effacent des pans entiers du passé incluant l'esclavage à celles qui retiennent méthodiquement une histoire lointaine. « Ainsi, concluait l'anthropologue, il est diverses manières d'oublier l'Afrique et l'esclavage ou au contraire de se les remémorer. Les raisons fluctuent et s'entrecroisent, portées par les nécessités et les stratégies du moment » (Jolivet, 1997, p. 998).

Ce détour par le récit est essentiel pour comprendre ce qui constitue peut-être la spécificité de la diaspora noire, abordée depuis la Caraïbe. Précisons que la définition de l'identité telle que nous la livre Paul Ricœur (1985, p. 443-446) tient à cette mise en récit, car l'identité ne peut être que « narrative ». Le récit est ce qui permet d'offrir une vision « épurée et clarifiée » de la vie, de rendre intelligible un univers chaotique. Il porte forcément sur le temps, car la fabrication d'une cohérence de l'existence passe nécessairement par une appréhension du passé, du présent et de l'avenir. Le récit traduit donc l'intervention d'un discours sur le temps, issu de « la nécessité pour un groupe de se donner une image de lui-même, de se représenter » et dont la fonction est une « fonction d'intégration et de perpétuation de la communauté » (Poirier, 2000, p. 81-82). Pour Ricœur, toute communauté est dotée de « textes » grâce auxquels se fabrique l'unicité de la personnalité collective. C'est auprès de la diaspora juive que le philosophe exemplifie son propos, au travers des « textes canoniques » que celle-ci a produits et qui sont au fondement de son identification collective. Par-delà les expériences individuelles, il existerait donc un méta-récit rassembleur, chargé de restituer les repères fédérateurs de l'appartenance communautaire. De son côté, Marc Augé (2001, p. 60-62) parle de « récit englobant » pour signifier le saut qui s'opère entre les multiples récits individuels et la narration collective porteuse des références communes.

Si l'on s'en tient aux exemples offerts par la Caraïbe, on pourrait dire que, dans le cas de la diaspora noire des Amériques, le méta-récit à proprement parler n'existe pas. Ou, s'il existe, c'est, semble-t-il, dans des contextes très particuliers. De ce point de vue, seul peut-être le récit collecté par l'anthropologue Richard Price (1994) auprès des Marrons Saramaka (Surinam) pourrait être appelé « méta-récit », car il est la transcription orale quasi sacrée d'une épopée communautaire érigée en référence reconnue par les membres du groupe. Ce récit fait l'objet de modalités de transmission très particulières, par le biais de spécialistes, « experts » ou « historiens » (*ibid.*, p. 20) qui en sont les dépositaires. Véritable savoir communautaire, il tire son efficacité sociale d'être tenu secret, connu des seuls « érudits », la présence des dépositaires de cette parole ancienne devenant pour elle-même, hors du récit, le repère unanimement reconnu et partagé. À la différence de savoirs plus immédiats utilisés dans la vie quotidienne, celui relatif aux périodes anciennes, aux « Premiers Temps », est mobilisable quand « les biens et le prestige commun sont en jeu », car il fournit « également la "charte fondatrice" des plus puissants biens rituels de chaque clan » (*ibid.*, p. 18). Ainsi la connaissance de ce récit est-elle vue comme « la source de l'identité collective » ; celle qui a le pouvoir de contenir « les vraies racines de ce que signifie "être Saramaka" » (*ibid.*, p. 17), une identité dont Richard Price nous dit qu'elle « procède d'une seule dichotomie, celle qui oppose la liberté à l'esclavage » (*ibid.*, p. 26). Il n'est donc pas fortuit que l'existence d'un tel récit – un méta-récit – se rencontre chez les groupes Marrons ayant édifié un mode de vie complètement soustrait au système esclavagiste et colonial, comme si la communauté n'acceptait de se créer que dans des conditions de liberté effective. Cette tension vers l'exigence d'une liberté véritablement acquise comme condition à l'émergence du « collectif » pourrait se retrouver, sous des formes certes moins affirmées, auprès des collectivités paysannes antillaises de la période post-abolitionniste. La configuration du monde fondée par ces paysans, relayée par le geste technique et redevable d'un ensemble de pratiques agraires, a pu être interprétée comme un dispositif narratif où l'« agir » supplante le « dire » dans la manière qu'il a de structurer le collectif (Chivallon, 1998, p. 143).

Mais ailleurs, là où se prolonge le rapport social fondateur des sociétés esclavagistes des Amériques, il semble bien que le corps social exprime le refus d'une communauté qui n'aurait à offrir que le poids de sa contrainte et non pas le gage de sa souveraineté. La liberté se cultive alors dans le déploiement des orientations collectives et, du même coup, dans l'existence de plusieurs récits communautaires. C'est à une conclusion similaire que parvient l'anthropologue David Scott (1997, p. 36-37) quand, voulant définir la diaspora noire, il affirme qu'il s'agit d'une « communauté de discours ». Ces discours, nous dit-il un peu à la manière de M.-J. Jolivet (1997, p. 998), se font l'écho des manières diverses de s'approprier les deux figures basiques de l'expérience commune que sont l'Afrique et l'esclavage. La diaspora noire se distingue ainsi par cette pluralité de constructions idéologiques « convergentes et divergentes », par cet « ensemble de textes » occasionnant lui-même autant « de pratiques (sociales, politiques, esthétiques), de mouvements, d'institutions » qui contiennent tous une manière, quelle qu'elle soit, de « mettre l'Afrique et l'esclavage en usage ». Et de la même manière que l'anthropologue affirme cette « tradition discursive de la diaspora noire » comme étant « toujours potentiellement critique » (*ibid.*, p. 36), du fait de sa confrontation permanente à l'exercice d'un pouvoir répressif, on affirmera que cette capacité de démultiplication collective résulte d'une conscience critique maintenue en éveil vis-à-vis de la contrainte que fait naître le rapport à l'Autre.

Parvenus au terme de cette exploration de l'univers de la diaspora noire qui nous a conduits, depuis l'expérience antillaise, à envisager son histoire, sa formation culturelle, les théories développées sur elle, nous sommes en mesure de l'interpréter à partir de sa configuration particulière qui tiendrait au statut du méta-récit. La recherche de ce dernier apparaît vaine. Rappelons-nous ce que Benedict Anderson (1996, p. 19) suggère à propos de l'existence de la « communauté imaginaire et imaginée », à savoir sa présence dans « l'esprit de chacun ». Ici, aucun récit ne parvient à traverser le corps social, à devenir ce que l'on pourrait désigner par une « généralité narrative ». C'est plutôt l'idée d'une formation « pluri-narrative » qui semble l'emporter, y compris et surtout depuis les niveaux les plus localisés de la construction sociale, à l'échelle de groupes sociaux circonscrits. Pas plus que cette « diaspora » ne correspond strictement au modèle classique qui suppose le triptyque d'identification entre « identité-territoire-mémoire », elle ne relève d'une « hybridité » qui la ferait être toujours fluide. Elle montre plutôt une disposition particulière à accumuler des orientations collectives, à être « classique » dans certaines de ses composantes, « baroque » dans d'autres, mais surtout « plurielle » dans l'ensemble. Nous n'avons eu aucune difficulté à retrouver, dans l'histoire du nationalisme noir, les éléments empiriques qui permettent une adéquation certaine avec le modèle « centré ». Mais il a fallu compléter cette approche par un élargissement de notre perspective pour trouver bien d'autres segments communautaires qui contreviennent à l'imposition de cette centralité. Recouvert par cette dynamique de foisonnement collectif, le récit nationaliste se trouve dépourvu de l'efficacité symbolique qui donnerait aux représentations qu'il développe le pouvoir de modeler le corps social, de se répandre en lui et de le faire être la « communauté imaginée » qu'il met en scène.

Certes, l'idée d'une « communauté a-centrée » qui en ressort reste bien évidemment à évaluer au sein de la diaspora, selon les contextes. La propension du nationalisme noir à se développer plus aux États-Unis qu'aux Antilles signifie en lui-même une différence de taille entre la Caraïbe et le continent. Nous avions abordé cette différence dans le chapitre II à propos de la situation de minorité des Noirs aux États-Unis, créée sur la base d'un clivage racial net entre Blancs et Noirs. La destinée bien différenciée du message de Garvey entre les États-Unis et la Caraïbe montre que la crispation identitaire a plus de chance de se produire dans le premier cas que dans le second. Sur ce plan, l'analyse de Sundiata (1996) mérite d'être retenue puisqu'elle invite à distinguer une situation contrastée au sein la diaspora noire, notamment en fonction de la conscience de « race » qui joue comme principe organisateur aux États-Unis et moins dans la Caraïbe, ou en

Amérique latine. De ce point de vue, les diverses tendances nationalistes et l'identification forte à l'Afrique – qui « opère comme un point fixe » tout en évitant « les questions de l'hybridation et de la créolisation » – sont interprétées comme une réponse directe à l'hégémonie blanche caractéristique de la société américaine où Noirs et Blancs sont définitivement séparés, sans recours à aucune forme de mythe national qui pourrait générer de l'unité (*ibid.*, p. 13). *A contrario*, l'idéologie nationale de « démocratie raciale » développée au Brésil pourrait expliquer dans ce pays la relative faiblesse des clivages raciaux, supplantés par les appartenances de classe (*ibid.*, p. 15). I. Sundiata (*ibid.*, p. 16) en déduit ainsi l'existence non pas d'une, mais de plusieurs diasporas, au sein desquelles la singularité raciale ou ethnique s'affirme plus ou moins fortement. Inutile de dire que ces propos invitent à la comparaison rigoureuse au sein du vaste ensemble des Amériques noires tout en laissant penser qu'il s'agit bien de considérer combien le socle commun aux diverses expériences de la diaspora se trouve lié à la plus ou moins forte prégnance de la codification raciale héritée des systèmes esclavagistes. La réponse formulée par les cultures antillaises à la force d'un tel code est-elle présente et agissante dans d'autres contextes des Amériques noires ? Si la connaissance intime de l'exercice des pouvoirs à l'œuvre depuis la traite et l'esclavage est pressentie comme la condition à l'accomplissement de telles logiques sociales éprises de « liberté », il y a tout lieu de postuler qu'elles puissent s'être développées dans d'autres lieux façonnés par les systèmes de plantation. C'est du moins ce qu'il semblera possible de proposer à l'issue de cette progression, sans pour autant tenir cette généralité pour acquise. Le chantier comparatif reste à construire.

L'adoption de l'interprétation d'une construction « a-centrée » débouche dans tous les cas sur de nouvelles questions. Que le propos ait consisté à la présenter comme le résultat d'une volonté de liberté – rarement explicitée hors du rastafarisme – forgée au cœur de l'expérience de l'oppression n'autorise pas pour autant à négliger la part de surdétermination qui intervient dans de tels construits. On pourrait reprendre la question d'Édouard Glissant (1990, p. 24), qui, voulant voir l'univers culturel issu de la traite transatlantique comme animé par une pensée « nomade », se demandait : « [Le] nomade ne serait [-il] pas surdéterminé par ses conditions d'existence ? Et le nomadisme, non pas une jouissance de liberté mais une obéissance à des contingences contraignantes ? » Une grande question que l'on souhaite garder à l'esprit, y compris depuis la perspective adoptée ici et qui consiste à tenir pour produite par le corps social lui-même (et non redevable aux seules circonstances) cette construction sociale « démultipliée ».

Il est temps maintenant d'envisager la toute dernière étape de cet ouvrage qui est un retour sur le concept de diaspora lui-même, retravaillé à la faveur de cette exploration entre expériences et théories.

CONCLUSION

À partir de la Caraïbe : pour un modèle de diaspora reformulé

Quand je dis « noir », ce mot n'a pas de contenu biologique et je ne l'emploie pas non plus au service d'une cause raciste. Quand je dis « noir », je nomme une expérience historique unique et profonde, vécue par un groupe d'hommes et de femmes bien défini, dont la présence dans ce monde était destinée à changer la vision et l'oreille du monde, et dont la libération finale sera une contribution décisive à la libération de l'humanité.

Georges Lamming, discours d'ouverture au festival Carifesta, 1981, publié et traduit par *Le Progressiste*, 1982, supplément au numéro 974.

Le concept de « diaspora » avait été choisi comme point de départ du cheminement proposé dans cet ouvrage pour aider à interpréter cette vaste formation culturelle des Amériques noires produite par les descendants des esclaves amenés depuis l'Afrique. Dans cette entreprise, la Caraïbe ou les cultures antillaises devaient nous servir de guide. Il s'agissait de travailler à partir de ce paradoxe qui tenait à la notion elle-même et à ses usages, à savoir tenter de rendre compte d'une unité s'exprimant au travers d'une diversité pour le moins déroutante dont les premiers signes nous étaient déjà fournis au travers de l'application du concept destiné à signifier tour à tour des réalités très différentes. On se souviendra qu'il avait été voulu de ne pas faire de choix entre les modèles en présence, afin de ne pas laisser échapper l'occasion que la polysémie du terme de diaspora – doublée de l'incroyable capacité du monde noir à s'y conformer – fournissait pour aborder l'univers des descendants d'esclaves aux Amériques. Ce choix du « non-choix » débouche sur une approche de la diversité en tant que construit social qui fournit maintenant l'occasion depuis la Caraïbe – la « partie » de ce « tout » désigné par la « diaspora noire » – de camper quelques repères, à la fois sur le phénomène diasporique, sur les identités sociales produites dans des contextes sociaux très particuliers et sur nos manières de les conceptualiser.

La question finale à laquelle il s'agit de consacrer ces dernières remarques revient à comprendre en quoi le concept de diaspora peut être utile et légitime pour *englober* la diversité collective que donnent à voir les formations culturelles au sein des Amériques noires. Autrement dit, il reste à saisir le paradoxe de l'unité et de la diversité. Car si l'on a trouvé une valeur heuristique au concept de diaspora pour aider à « naviguer » au travers des différentes thèses en présence, il faut maintenant dire pourquoi ce concept pourrait être malgré tout conservé pour désigner ces collectifs qui ont fini par être décrits au travers de la démultiplication de leurs orientations. Il ne peut plus être question maintenant d'éviter le référent de l'unité. S'il doit être fait appel à la notion de diaspora, non plus pour explorer, mais pour désigner, c'est qu'il pourrait y avoir matière à qualifier une « unité », et peut-être à déceler un principe commun à ces peuples dispersés depuis l'Afrique dans la manière qu'ils ont de formuler leurs identités. Il nous faut cependant garder à l'esprit les précautions formulées en introduction de cet ouvrage. Le travail sur le concept de « diaspora » proposé ici reste dépendant des prolongements empiriques explorés qui ne recouvrent pas, bien sûr, l'ensemble des phénomènes sociaux censés être contenus dans la notion. À nouveau, il est utile de répéter que les exemples principalement puisés dans la Caraïbe servent à proposer une vision de la diaspora et non à en établir la généralité. Il nous faut en quelque sorte considérer avoir travaillé sur un « échantillon illustratif » plutôt que « représentatif » au sens où les quantitativistes pourraient l'entendre et prétendre à la « généralisation ».

La distinction faite dès le départ entre conditions historiques d'un côté et production des identités de l'autre (cf. Introduction) mérite d'être à nouveau reprise. S'il s'agit d'envisager les contextes, c'est-à-dire un ensemble de conditions identifiables sous la forme d'événements et/ou de rapports institutionnalisés, il est possible d'aborder le phénomène diasporique selon un premier « filtre » qui donne moins d'emprise à une polysémie, sur ce plan inutile, et permet de dégager un peu plus clairement la problématique de la construction identitaire. Toutes les définitions données à la diaspora, au moins dans sa version classique, cumulent en effet des critères qui font référence à ces deux domaines, mais sans les distinguer, alors qu'ils sont loin d'exiger le même type d'outils analytiques pour les appréhender. D'un côté, il y a ce qui est relatif à la dispersion elle-même, aux motifs qui l'occasionnent (désastre, expansion marchande, migrations de travail…) et aux conditions que ces motifs supposent au sein des sociétés d'installation (minorité dominante ou dominée, élite marchande et intellectuelle ou main-d'œuvre soumise aux régimes particuliers de son exploitation). De l'autre côté, il y a la production de la collectivité à proprement parler, en tant que corps social identifiable *en rapport* avec ces conditions données dans l'expérience de la dispersion.

Le cas de la diaspora noire renvoie à l'exigence d'une distinction fondamentale quant à la caractérisation des « contextes » de dispersion. Comment, en effet, aborder en toute clarté les élaborations sociales et culturelles des peuples dispersés s'il s'agit de regrouper sous un même concept ceux qui ont des visées expansionnistes et ceux qui subissent ces mêmes visées ? La typologie de

R. Cohen (1997) met ainsi côte à côte des diasporas « victimes » et des diasporas « impériales ». Mais cet auteur n'est sûrement pas le seul à opérer de tels regroupements. La plupart des énumérations de cas types de diasporas mélangent allègrement des situations diamétralement opposées quant aux conditions dans lesquelles les groupes sont amenés à s'identifier. Peuples colonisateurs et peuples colonisés sont ainsi réunis et supposés traduire un même destin collectif, comme être équivalents du point de vue des ressources dont ils disposent pour affirmer leur présence collective. Le concept de diaspora est certainement le seul concept actuel qui réussisse à ce point à rester en total décalage avec la plus élémentaire approche des relations de pouvoir. À force d'être extirpé d'un cadre où la nature des rapports sociaux tend à être clairement établie, le concept pourrait avoir quelque chose de réactionnaire. Qu'en attendre, en effet, du point de vue de la connaissance des relations sociales s'il doit ignorer la force des contraintes imposées sur les uns comme la capacité des autres à légiférer ? La notion de diaspora, ne l'oublions pas, se destine à configurer une « communauté », à montrer l'unicité des caractéristiques collectives de certains peuples dans des conditions de privation de leur lieu d'origine. Si la diaspora doit servir à aborder l'identité sans aucun préalable sur le contexte qui préside à son élaboration, en prenant le risque de passer sous silence l'implication fondamentale de la structuration des rapports sociaux, autant dire qu'il n'y a pas grand-chose à espérer d'une telle notion, sinon qu'elle serve d'outil arbitraire de désignation des peuples.

Ne pas s'interroger sur les conditions de dispersion et d'installation de la diaspora et mettre ainsi à l'écart une problématique du pouvoir revient à se priver des outils de compréhension de l'identité elle-même, à commencer par ceux que propose magistralement Rogers Brubaker (2001) quand il distingue les auto-identifications des identifications externes. Certes, cette distinction n'est pas neuve, mais Brubaker y ajoute des nuances utiles, entre d'une part ce qui relève de relations entre soi et les autres, ce qui fait que « l'auto-identification se situe dans une relation dialectique avec l'identification externe », et d'autre part ce qui appartient au domaine de l'imposition d'un ordre quasi totalement extérieur, parce que plus difficilement négociable. Ainsi, « il existe un autre type fondamental d'identification externe qui ne trouve pas de contrepartie dans le domaine de l'auto-identification : il s'agit des systèmes de catégorisation formalisés, codifiés et objectivisés, développés par les institutions détentrices de l'autorité et du pouvoir » (*ibid.*, p. 75). Aborder ainsi l'identité implique donc bien de repérer des « agents » capables d'avoir le « pouvoir de nommer, d'identifier, de catégoriser » et de détenir ce que Brubaker (*ibid.*), à la suite de Bourdieu, estime être « le monopole non seulement de la violence physique légitime, mais aussi de la violence symbolique légitime ». Ce monopole est, certes, toujours susceptible d'être contesté, mais cela n'enlève rien à l'existence de rapports sociaux structurés à partir d'un accès inégalitaire aux ressources de la symbolisation de l'identité. Dans ce cas, il ne peut plus être question de mêler sous un même concept, censé rendre compte d'un même phénomène de construction identitaire, des groupes sociaux qui, pour les uns, ont pu produire des « agents identificateurs » en mesure d'imposer un ordre du monde (la diaspora britannique de l'empire colonial, ou encore la diaspora grecque formée au long de la période de colonisation hellénistique) et qui, pour les autres, ont eu faiblement accès, ou pas du tout, aux rouages d'un pouvoir capable, en outre, de s'exercer sur l'autre.

On retrouve dans la littérature consacrée à la diaspora cette nécessité d'aborder la « communauté » en fonction de cette double entrée entre éléments endogènes et exogènes. Chez James Clifford (1994) comme chez Stephen Vertovec (1999), la « conscience diasporique » est constituée à la fois « négativement » et « positivement ». Le versant « négatif » fait référence à l'expérience de l'exclusion et de la discrimination, induite par des situations de marginalisation sociale et économique. Le versant « positif » se rapporte aux manières plus internes de composer avec un tel ordre, de faire coexister une « souffrance constitutive » avec des « savoir-faire de survie » (Clifford, 1994, p. 311). Dans ce cas, on s'éloigne bien, pour ne pas dire définitivement, des situations de dispersion motivées par les entreprises de conquête. De toute évidence, le concept de diaspora gagnerait en précision s'il parvenait à être dégagé des habitudes langagières, historiquement situées, qui ont conduit à reprendre le terme pour mêler des minorités dominantes et des minorités dominées.

La notion de « peuples-monde » que Michel Bruneau (2001) applique à des entités caractérisées par « leur capacité d'expansion territoriale » pourrait d'ailleurs convenir pour dissocier ce que la diaspora réunit de manière aporétique. Ce serait alors reconnaître des contextes de dispersion liés à l'histoire de « peuples qui ont occupé et dominé politiquement et culturellement pendant une grande partie de leur histoire de vastes espaces de dimensions continentales ou subcontinentales » (Bruneau, 2001, p. 194). Ce cas de figure correspondrait aux Indiens, aux Grecs et aux Chinois durant les périodes anciennes où ils constituèrent des « centres d'économies-monde ». La trajectoire de ces peuples n'exclut d'ailleurs pas de reconnaître les spécificités propres à l'autre grand type de dispersion pour lequel il est proposé ici de réserver le terme de diaspora et qui serait relatif à des contextes de migrations forcées impliquant l'existence de rapports de force désavantageux ou dominateurs. C'est le cas pour les Grecs du Pont, dispersés à la suite des conflits liés au déclin définitif de l'Empire ottoman, ou encore pour les Indiens et les Chinois voués aux contrats de travail du « Coolie Trade » dans les anciennes plantations esclavagistes d'Amérique. Que Michel Bruneau (*ibid.*, p. 195) en vienne à distinguer des périodes de « rayonnement » et des périodes où ces peuples ont été « dominés ou minorisés » indique bien qu'un travail conceptuel doit être accompli pour rendre compte de ces différences majeures.

Un peu à la manière de Chaliand et Rageau (1991, p. XII), qui destinent le terme de diaspora aux migrations issues d'un « désastre souvent de nature politique », il est donc question de réintroduire le critère de dispersion forcée, sans toutefois ignorer la difficulté à apprécier un tel caractère, tout en postulant que celui-ci implique nécessairement la confrontation à un rapport de domination qui peut ou non se prolonger par-delà l'événement fondateur de la dispersion. Dans tous les cas, ce sont les contextes de formation et d'évolution des peuples dispersés qui sont concernés par l'application d'une telle caractérisation. Celle-ci permet alors d'aborder la question de l'identité à partir d'un cadre où se trouvent pris en compte les retentissements d'une histoire douloureuse et tourmentée dont on ne peut ignorer la portée dans les construits communautaires. Le risque est certes présent de tomber dans une approche « victimisante », ce que souhaitait sans doute éviter Robin Cohen (1995, 1997) en affirmant vouloir « transcender la tradition juive ». Et c'est certainement à juste titre que cet auteur attirait l'attention sur le fait que les « sites de l'oppression » ont aussi été ceux de « la créativité ». Il n'en reste pas moins que l'exploration de ces « sites » ne peut se faire sans aborder précisément leur double nature qui tient au fait d'être à la fois subie et réappropriée. La peur de verser dans la « victimisation » ne doit pas conduire à l'évitement de la prise en compte de ce qui est de l'ordre des souffrances collectives, des démantèlements provoqués par la puissance d'actes autoritaires et violents qui occasionnent des recompositions ne pouvant être dissociées de cette matrice où elles se situent. C'est pour cette raison qu'il ne saurait être question de confondre la trajectoire des peuples, même si les changements de focale nous apprennent que rien n'est jamais définitivement réparti d'un bord ou de l'autre, que les « dominés » peuvent se convertir en « dominants », qu'un pouvoir ne se distribue jamais de manière homogène pour un peuple censé le détenir, que celui-ci est lui-même traversé de clivages inégalitaires profonds, sources d'oppression… bref, qu'il n'y a pas de partage strict entre les peuples en fonction de l'hégémonie qu'ils auraient ou non développée au cours de leur histoire. Mais, s'agissant d'appréhender l'articulation des rapports sociaux, il faut bien parvenir à un niveau de généralité d'où se dégagent des lignes de force et des tendances lourdes.

Pour les peuples noirs des Amériques, les repères fournis au cours de cet ouvrage ne laissent aucun doute sur la violence qui fonde les sociétés du Nouveau Monde. La traite est arrachement et anéantissement. Mais, surtout, sa violence constitutive se prolonge dans l'univers esclavagiste où continue de s'exercer la toute-puissance d'un système « d'identification externe » qui impose, comme le dirait Brubaker, son pouvoir de « nommer, d'identifier, de catégoriser ». L'ailleurs où sont dispersés ceux transbordés depuis l'Afrique, nous l'avons vu, est « un ailleurs (voulu) impossible ». La terre de l'exil forcé présente un horizon bouché, quadrillé, (voulu) entièrement soumis à l'ordre coercitif des systèmes de plantation. Les sociétés post-abolitionnistes, même après leur indépendance, ont encore à négocier avec la pesanteur de ces héritages socio-économiques anciens, à la fois captives et abandonnées à elles-mêmes. Les territoires restés dépendants affirment un malaise non résolu issu d'un conflit resté comme en suspens. Quant aux itinéraires récents de la migration dans les pays du Nord, ils révèlent la longévité de schèmes anciens que l'on aurait pu croire disparus.

Ce tableau lapidaire pourra être jugé comme versant dans un certain catastrophisme simplificateur trop ignorant des judicieuses recompositions qui se sont opérées sur la base de ces systèmes sociaux particuliers, tout comme des évolutions démocratiques qui se sont accomplies dans les sociétés occidentales. Nous avions noté à maintes reprises qu'une approche du monde noir des Amériques obligeait sans cesse à adopter une double vue, à tenir ensemble des choses contradictoires. La reconnaissance de la vitalité culturelle et sociale de ces régions ne doit pas empêcher d'accéder à une description des contextes où elle se produit comme historiquement marqués par des processus de domination radicaux. Sinon, ce serait oublier ou minimiser que la situation des Noirs américains conduit à parler encore aujourd'hui d'une ségrégation « intense et totale », que la société jamaïcaine, prise entre le poids de la dette extérieure et les affairistes connectés à l'économie mondialisée, ne semble avoir d'autres issues que de fabriquer son terrible apartheid entre riches et pauvres, qu'Haïti n'a jamais pu se remettre des chocs violents de son histoire qu'elle reconduit de manière presque compulsive dans un environnement d'extrême pauvreté…

Les cultures des Amériques noires ne doivent-elles pas leur spécificité à cette expérience humaine pour le moins singulière qui tient à une confrontation longue, répétée, reproduite, réactualisée, avec ce pouvoir de l'imposition de catégories dont la maîtrise appartient à l'autre, depuis les maîtres et colons des sociétés liées à la vieille Europe aux « agents identificateurs » plus contemporains des États métropolitains et des puissances occidentales ? Certes, les temps ont changé, les dichotomies sont bien moins brutales en certains lieux et les reconductions s'y sont faites plus feutrées, à peine perceptibles, comme c'est certainement le cas aux Antilles françaises. Mais il reste des pans entiers où se lit avec une évidence frappante la permanence d'un ordre généré anciennement, ce dont ne cesse de témoigner le cas des Noirs aux États-Unis.

Même si cet ouvrage est resté familier de quelques lieux des Amériques noires, il n'est guère risqué d'affirmer comme une généralité le fait que l'unité de la diaspora tient d'abord à ces conditions historiques particulières qui légitiment au moins à ce stade l'emploi du concept pour reconnaître l'état d'une dispersion accomplie sous la contrainte et dont la destinée collective reste tributaire du rapport durable imposé dans les lieux de l'exil. Le Brésil lui-même que I. Sundiata (1996) considère comme un pays marqué par la faiblesse des clivages raciaux, et dès lors comme un contexte où la diaspora se manifeste de manière différente, n'échappe pas au principe de réalité de ces conditions historiques. Le dossier livré récemment sous la direction de Michel Agier (2002) montre combien l'idéal de « démocratie raciale » dans lequel le Brésil a pu se projeter n'a pas compromis l'existence des barrières de race issues de discriminations toujours opérantes qui alimentent « des quêtes identitaires dont le point de départ commun est un vécu social racialisé, douloureux ou problématique » (Agier, 2002, p. 7). Le retournement qui s'opère depuis les trente dernières années – et au sujet duquel la question récente sur la mise en place de quotas en faveur de la population noire marque le franchissement d'un nouveau palier – témoigne de l'ébranlement de la société brésilienne dans la manière qu'elle a de se situer par rapport à cet héritage esclavagiste dont elle avait voulu croire les traces disparues ou restées inefficaces. Mais cette caractérisation de circonstances historiques communes au niveau de la diaspora ne doit pas être confondue avec les réponses qu'elles occasionnent. Rien n'est encore dit sur la production identitaire elle-même dont l'interprétation fournie ici est beaucoup plus dépendante des lieux où elle a été étudiée. Cette approche rejoint celle de T. Patterson et R. Kelley (2000, p. 20), lorsque, s'intéressant à la pertinence de l'usage du concept de diaspora pour les peuples noirs du Nouveau Monde, ces deux auteurs affirment que la notion indique à la fois un processus et une condition. Alors que le premier – le processus – fait référence aux aménagements dynamiques des identités, la seconde – la condition – désigne « le contexte global des hiérarchies de race et de genre » dans lequel évoluent ces identités.

Cette nécessité de traduire dans un rapport d'extériorité l'imposition d'un cadre de références redevable avant tout au schème racial ressort de nombreux écrits récents consacrés à la diaspora noire, en particulier venant de ceux qui s'en remettent à des modèles où les identités échapperaient aux redoutables déterminismes sociaux. C'est dire combien l'expérience de la discrimination raciale, sous toutes les formes qu'elle a pu prendre dans les sociétés héritées des systèmes de plantation, est difficile à laisser de côté. Articuler la réalité de telles catégorisations sociales avec des identifications internes voulues souples, fluides ou indéterminées n'est d'ailleurs pas toujours simple. Ainsi, l'anthropologue David Scott (1997, p. 36), qui refuse toute démarche associée à l'énonciation de principes de structuration sociale, finit cependant par affirmer :

> Personne n'est noir par choix. L'identité de la personne est toujours en partie constituée – parfois contre sa propre volonté – dans une structure de reconnaissance, d'identification et de subjectivation. Selon moi, le sujet de la diaspora noire est un sujet dont le destin, pour ainsi dire, a été d'être créé comme « noir » au travers de relations sociales, d'appareils idéologiques et de régimes politiques racialisés.

De son côté, D. Williams (1999, p. 105 et 109) insiste lui aussi sur la manière dont l'assignation raciale a pu être formatée depuis l'extérieur, les catégories raciales du recensement américain fournissant pour lui le meilleur exemple des moyens qui produisent cette vision sociale dominante. Assez curieusement, cet auteur propose néanmoins « d'abandonner la catégorisation raciale illusoire [pour conceptualiser] la réalité historique du monde noir ». Il faut dire que la crainte de cautionner des idéologies de tout bord basées sur le référent racial semble se constituer en menace permanente pour les chercheurs qui abordent ce domaine. Mais l'empressement de Williams (*ibid.*, p. 109) à rejeter un modèle de « diaspora africaine » jugé trop dépendant de ce qui peut être appelé un « communautarisme noir » – à savoir les modèles appuyés sur l'idée panafricaine de l'existence d'une conscience noire – en dit long sur la difficulté à affronter l'existence des idéologies raciales en tant que telles, au point de faire jouer à la catégorie d'analyse le rôle de censeur entre ce qui est « illusoire » et ce qui ne l'est pas. Un procédé assez similaire avait été relevé chez P. Gilroy (1993) quand celui-ci, en assimilant l'afrocentrisme à une théorie sociale fausse, était à même de se débarrasser et de la théorie et de l'idéologie, et de ne plus inclure cette dernière dans l'univers de la Black Atlantic (cf. chapitre VI).

La catégorisation raciale n'a pourtant rien d'illusoire quand elle est conçue comme une idéologie dotée du principe de réalité de toute idéologie, *a fortiori* quand celle-ci a pu s'incarner dans des institutions et se naturaliser au travers d'une série d'objets prompts à faire passer pour vrai ce qui relève de la construction sociale. Avec P. Berger et T. Luckman (1986), nous apprenons que la réalité sociale est le résultat du passage des subjectivités à des formes matérialisées, qu'elle se construit au travers de systèmes de signes qui « objectivent » des représentations mentales et ordonnent le monde en motifs et objets qui sont l'extériorisation de ces subjectivités. « L'existence humaine est, *ab initio*, une extériorisation continuelle » (*ibid.*, p. 143). C'est ce principe de matérialisation des formes mentales, dont le langage est l'un des piliers, qui est à la base même de la possibilité de réification de la réalité sociale, comme entité existant à l'extérieur de soi, comme produite par la « nature des choses ». L'idéologie incarnée en vient à faire oublier qu'elle est effectivement une idéologie. Elle s'associe à ce qui fait que « le monde objectivé perd son intelligibilité en tant qu'entreprise humaine et devient fixé en tant que facticité inerte, non-humaine, non-humanisable » (*ibid.*, p. 124). Que l'on ne perde pas de vue que les idéologies sont effectivement des créations sociales est une chose, mais que l'on en vienne du même coup à ne les aborder qu'en tant qu'illusions et chimères soumises aux imaginaires sociaux en est une autre. C'est ignorer que l'imagination humaine a la capacité de déboucher sur la constitution de véritables systèmes dont l'existence n'est en rien irréelle. Pour être inventées, les constructions sociales n'en demeurent pas moins avérées dans la manière qu'elles ont de parvenir à la réalité.

La vision sociale d'un monde racialisé, parce qu'elle s'est imposée de manière générale dans toutes les Amériques noires aux esclaves et à leurs descendants, incite à la reconnaître comme l'élément commun de la diaspora et comme ce qui en traduit précisément l'unité en tant qu'ensemble culturel redevable d'une expérience identique, qui trouve son origine dans un même événement – la traite – et qui se prolonge dans une similaire confrontation permanente à l'ordre racial. C'est ce point fondamental qui appelle le qualificatif « noir » pour désigner la diaspora, pour indiquer que son unité est dépendante de cette matrice si particulière dont David Scott (1997) a parfaitement traduit le travail qu'elle accomplissait, à savoir fabriquer le destin des sujets de la diaspora en tant que sujets « noirs ». Employer le qualificatif « noir » n'est pas la reprise de certaines auto-désignations au sein des cultures noires. Un tel usage relève d'une construction théorique qui veut signifier avec force l'existence d'une expérience sociale à l'intérieur d'un code racial qui n'a cessé de s'imposer à elle. Mais nous sommes là encore au niveau de logiques d'identification externes, dans ce contexte où les peuples descendants d'esclaves sont amenés à créer leurs propres systèmes de références.

Que dire maintenant sur la production identitaire « interne » ? Que conclure sur cette fameuse unité dont il est attendu que le concept de diaspora rende compte au niveau de la construction sociale ? C'est là que notre démarche devient essentiellement propositionnelle, liée à l'illustration tirée des situations caribéennes.

Ni le modèle classique – la diaspora par référence à l'unité du corps social soudé par la conscience de sa trajectoire commune – ni le modèle hybride – l'identité est toujours fluctuante, en recomposition permanente – ne nous ont paru aptes à rendre compte des éléments empiriques offerts par certains travaux consacrés aux identités antillaises. Quand le premier s'appuie quasi exclusivement sur l'idéologie panafricaine et ses symboles d'une fraternité enracinée en Afrique tout en ignorant bien d'autres manières de composer la socialité, le second ne s'en remet qu'à l'imagerie de l'errance et du nomadisme tout en rejetant les projets qui pourraient effectivement se fonder sur la croyance en l'unité du corps social.

Si les « auto-identifications » doivent témoigner de quelque chose d'unitaire au sein de la diaspora noire, ce n'est certainement pas du côté d'une conscience communautaire qui parcourt l'ensemble du corps social qu'il faut le rechercher. Mais l'hybridité n'en est pas pour autant valable. Elle se refuse à concevoir que les groupes puissent orienter leurs projets sociaux vers des formations stables, répétitives, garantes de la transmission de repères pourvoyeurs de l'identité. Un bref commentaire théorique s'impose ici.

Car il est nécessaire d'envisager combien l'hybridité verse dans ce que Brubaker (2001, p. 66) appelle à juste titre « un constructivisme doux » qui développe des conceptions « molles » ou « faibles » de l'identité. La crainte de la dérive essentialiste est à ce point obsédante qu'elle conduit à ne plus reconnaître des formes sociales sédimentées, comme si tout n'était plus que du domaine de l'imaginaire. De ce point de vue, la célèbre notion de « communauté imaginée » de B. Anderson (1996 [1983]) relative aux nationalismes politiques contribue, depuis vingt ans – auprès d'un certain public du postmodernisme radical –, à faire passer pour fictif tout scénario identitaire, alors que l'ouvrage démontre en définitive comment l'imaginaire national s'incarne dans des formes et des événements concrets et « durcis » qui n'ont rien de l'évanescence d'images mentales.

En refusant l'essentialisme, la théorie de l'hybridité en vient en fait à « jeter le bébé avec l'eau du bain ». Le point de vue essentialiste est en effet vu comme promoteur de la « communauté organique ». Rejeter l'approche essentialiste – laquelle tendrait à prendre pour substance immuable ce qui est socialement construit –, c'est du même coup rejeter le construit par lequel elle s'est illustrée, à savoir la communauté solidaire. Les construits sociaux de l'ordre d'une tradition territorialisée n'ont-ils donc jamais existé ou n'existeraient-ils plus ? Vaste question, comme éludée par les théoriciens communément associés aux approches nouvelles des *cultural studies*. Bien que n'excluant pas l'idée que des cultures aient pu se constituer sur la base de communautés d'appartenance stable, fortement localisées, tributaires d'un travail de « socialisation de l'espace et du temps » (Appadurai, 2001, p. 250), les auteurs associés à la critique de l'essentialisme, en se polarisant sur les expressions culturelles liées aux brassages de la globalisation, incitent à penser qu'il n'y aurait plus matière à découvrir d'autres élaborations sociales que celles mues par un imaginaire libre de tout dispositif collectif contraignant. Alors que James Clifford (1994, p. 303) affirme la fin des « vieilles stratégies de localisation », Arjun Appadurai (2001, p. 82) suggère de son côté l'avènement d'un univers régi par des choix et des représentations conscientes, en lieu et place des cultures « d'habitus ». Les imaginaires sociaux auraient-ils donc perdu toute capacité à constituer des systèmes d'appartenance, à se « durcir » au travers d'institutions diverses en mesure de faire exister un corps social ?

Que l'adoption du point de vue constructiviste amène à considérer tout édifice social comme effectivement construit et dépendant de l'action (et de l'imaginaire) des membres qui le constituent n'implique pas de dire qu'il n'y aurait pas de formes construites sur le modèle de la « communauté » et sur les intériorisations d'un ordre du monde qu'elle suppose. D'ailleurs, cette « communauté », difficile à refouler, ne finit-elle pas par resurgir de l'approche de Stuart Hall (1994) quand celui-ci définit la diaspora afro-antillaise par opposition à d'autres formes sociales qu'il considère comme crispées sur les formes de l'« ethnicité » ? C'est ce qui conduit Flora Anthias (1998, p. 575) à relever cette contradiction qui fait que la conception anti-essentialiste de l'hybridité se développe malgré tout à partir de l'existence supposée de cultures non diasporiques, non hybrides et constituées comme par essence.

Cette question théorique est centrale pour les observations auxquelles il semble maintenant nécessaire d'aboutir au terme de notre exploration. Cette dernière, il faut le rappeler, nous a permis de configurer une modalité particulière de construire la socialité, ce que la notion de « communauté a-centrée » a paru apte à traduire. Par là, il s'agissait de désigner ce qui ressemble à un empilement ou à un cumul d'orientations communautaires qui ne laisse pas se former de noyau identitaire dur. La « communauté », pour être là au sein de contours localisés et traversés par du lien social, comme dans les quartiers antillais de Brooklyn à New York ou de Bristol en Angleterre, a paru néanmoins se dérober à la structuration collective dépendante d'une idéologie identitaire fédératrice. La centralité n'est pas produite. Mais cette caractéristique n'empêche pas de reconnaître des segments qui à leur échelle montrent une adéquation certaine avec la rhétorique communautaire – le récit de la trajectoire commune – qui sert à fixer les symboles de l'identité unitaire.

C'est au sein des mouvements liés au nationalisme noir que les traces d'une telle rhétorique sont apparues le plus manifestes. On pourra toujours argumenter que de tels mouvements mettent en scène une « Afrique imaginée », qu'ils s'appuient sur des traditions inventées comme au sein de l'afrocentrisme dont le rituel noir américain du *kwanzaa* fournit l'un des exemples les plus significatifs, qu'ils nous montrent une identité constamment en train de se fabriquer, et donc non stabilisée, qu'ils sont traversés de dissensions… Ces remarques n'enlèvent rien au fait que la construction qui est recherchée est celle de l'unité, de la projection dans une souveraineté collective qui se réfère à un corpus de repères communs dont l'Afrique est la figure centrale. Il y a matière à déceler au travers des composantes nationalistes l'existence d'un récit identitaire où se formule l'histoire d'un peuple autour de la thématique de la terre ancestrale et des épreuves traversées ensemble. La généalogie de ce récit devient parfaitement identifiable à partir du XVIIIe siècle, ce qui atteste – par-delà toutes les recompositions dont il continue d'être l'objet et les fractures qu'il ne cesse de susciter – qu'il est parvenu à des formes certaines de sédimentation, redevables à la transmission et à la pérennisation. Il s'est constitué en une ressource toujours disponible pour faire émerger, de manière continue ou discontinue, un principe d'identification à la « communauté noire africaine » des Amériques.

S'il fallait se consacrer exclusivement à noter les formes de cristallisation des composantes culturelles dans le vaste ensemble des Amériques noires, les exemples ne manqueraient pas. L'institutionnalisation d'un ensemble de représentations sociales a bien été en mesure de s'effectuer, ce que ne manque pas de montrer, aux Antilles, le domaine religieux à travers de nombreux cultes et même le domaine familial dont nous avons pu envisager le détail de certaines composantes. Ces sédimentations offrent une assez grande emprise à la reconnaissance de « traditions vivantes » qui seraient, comme le suggère J. Pouillon (1991, p. 712), ces traditions que l'on ignore parce qu'elles sont justement des traditions, inconscientes mais opérantes. Ce sont ces traditions, imputables à des registres de mémoire basés sur l'expérience transmise, qui servent d'ailleurs d'arguments à la superposition d'autres configurations identitaires qui s'en emparent comme outil de légitimation d'une authenticité culturelle (Chivallon, 2002b). Mais pourquoi accorder autant d'importance, au cours de ces remarques finales, aux « sédimentations » alors qu'il avait été affirmé – dans la troisième partie de cet ouvrage – l'existence d'une dynamique créative dont la prise en compte s'opposait justement à considérer des institutions telles que la religion comme le lieu de préservation d'un ordre communautaire ?

C'est précisément ce constat de l'existence d'expressions culturelles parvenues ici et là à des formes de sédimentation qui forme le point de départ avec la théorie d'Édouard Glissant (1981) qui, rappelons-nous, fournissait des éléments pour comparer le peuple issu de la traite esclavagiste aux autres peuples dispersés selon la capacité des uns et des autres à pouvoir « se continuer » dans l'exil. On ne peut, certes, que tomber d'accord sur le fait que la traite et l'esclavage ont été une éradication totale des institutions qui prévalaient dans les cultures africaines. « L'ailleurs » s'est effectivement révélé inapte à réaliser « le maintien de l'être » alors que d'autres peuples persécutés ont pu parvenir à cette continuité en emportant avec eux leurs modes d'existence (*ibid.*, p. 29). Mais dans l'enfermement des systèmes de plantation, des recompositions se sont malgré tout opérées. Ce volet des résistances qu'Édouard Glissant (*ibid.*, p. 67) ne consent à reconnaître que sous les formes inachevées de cultures émiettées a fait montre de l'extraordinaire vitalité de la résistance des esclaves pour parvenir à édifier des systèmes cohérents qui sont bien plus que « des manifestations dramatiques d'un avoir culturel par ailleurs dénaturé » (*ibid.*, p. 400). Du reste, ces lieux existent, identifiés par Glissant lui-même, comme à Haïti, où le paysan « accumule les traditions, les préserve et les systématise » (*ibid.,* p. 69).

Reconnaître ces sédimentations, ces possibilités de systématisation de la culture, empêche dès lors de considérer l'absence de méta-récit communautaire qui ressort de notre prospection comme la conséquence d'une aliénation et d'un éparpillement inévitable. À l'inverse de Glissant qui envisage lui aussi cette absence, sans pour autant la nommer ainsi, il n'est pas question de postuler une impossibilité de faire émerger des institutions culturelles nécessaires aux types de constructions unitaires. Ces institutions peuvent être considérées comme potentiellement là, tant au travers des modes d'organisation paysans, des cultes religieux, ou encore des dispositifs narratifs attribuables aux idéologies nationalistes. En d'autres mots, l'absence de méta-récit que l'on a repérée n'est pas imputable à des traditions qui n'auraient pas pu se mettre en place, à des visions sociales qui n'auraient pas pu être véhiculées et transmises. Elle est avant tout redevable d'une dynamique qui irrigue cet ensemble et qui empêche de donner à ces traditions et à toutes les autres formes de sédimentation sociale le pouvoir de s'ériger en *système* culturel contraignant.

La communauté a-centrée exprime le résultat de cette dynamique quand aucun récit ne parvient à se constituer en méta-récit, pas plus le récit nationaliste qu'aucun autre. La communauté échappe à elle-même dans cette manière qu'elle a de rester ouverte, de concevoir la pluralité sans pour autant la soustraire à l'unité. Ce principe peut se loger dans des formes culturelles réputées traditionnelles. Un exemple particulièrement parlant nous avait été fourni au travers des modes de transmission de la terre, quand le *lakou* et les autres dérivés de ces formes coutumières de gestion du patrimoine foncier, tendus vers des formes de stabilisation de la communauté patriarcale, s'édifiaient au travers d'une négociation permanente entre l'individuel et le collectif, comme si, à l'échelle d'unités restreintes, la tradition en train de se perpétuer ne devait jamais sacrifier la personne au collectif et laissait déjà place à une composition entre plusieurs possibilités. Le champ religieux, à la Jamaïque, s'est montré lui aussi complètement traversé par cette dynamique de dé-centrement qui fait que tout un dispositif de repères symboliques est reconduit dans un contexte d'innovation permanente. La tradition se désolidarise ici des formes de transmission de l'*ethos* collectif. Ce qui prime, ce n'est pas la permanence de la communauté, mais la recherche d'un ordre communautaire le moins contraignant possible, apte à générer le lien social sans l'enserrer. Un tel édifice social se réalise au travers de cette démultiplication non hiérarchisée des segments communautaires qui fait que le choix est toujours possible entre différentes options collectives, qu'elles soient ou non empreintes de traditions plus ou moins « sédimentées ».

L'absence de méta-récit met en jeu une configuration qui n'est pas celle d'un vide, mais d'une présence simultanée de plusieurs récits traduisant un empilement d'orientations collectives. Il a fallu se tourner vers l'idéologie politico-religieuse du rastafarisme pour trouver à la fois l'expression quasi paroxystique de ce principe et ce qui pouvait en fonder la raison. C'est dans une exigence de *liberté* rendue sans doute plus forte qu'ailleurs qu'a paru se loger cette volonté de ne pas enfermer le collectif et qui se traduit, dans le rastafarisme, par la vision d'une individualité souveraine à laquelle le « nous » reste en définitive subordonné. L'évitement de la centralité communautaire, enregistré en d'autres lieux, a paru ressortir de ce même schéma, même si une telle dynamique arrive rarement au niveau d'explicitation auquel le porte le rastafarisme, et qu'elle semble plutôt imputable à une conscience critique maintenue en éveil. De ce point de vue, l'analyse conduite a trouvé matière à être confortée par la conception de l'anthropologue David Scott (1997) qui définit la diaspora noire comme une « communauté de discours », c'est-à-dire comme autant de narrations qui montrent des manières différentes, convergentes et divergentes, de s'approprier les motifs de l'Afrique et de l'esclavage selon des modalités toujours potentiellement critiques.

Les enseignements auxquels nous convient les exemples caribéens permettent de proposer des contours à la diaspora noire, de cerner un contenu quant à la question de l'identité que suppose l'usage du concept. Cette diaspora ne tirerait pas son unité par référence à l'unité elle-même – ou, si l'on préfère, par référence à ce qui est désigné par la « forte conscience ethnique maintenue à travers le temps [...] et basée sur la croyance en un destin commun » (Cohen, 1997, p. 26) – mais d'une identité qui évite précisément les contraintes de la totalité « unitaire ». C'est certainement sur cette élaboration sociale particulière mue par cette *exigence de liberté* que débouche Harry Goulbourne (2002, p. 163) quand il en vient – il est vrai, encore une fois, à propos des pratiques des migrants antillais – à évoquer presque subrepticement une affirmation de « la liberté individuelle » qui va de pair avec « l'absence de traditionalisme et d'autochtonie ». Le sociologue voit même dans cette faculté accordée à chacun « pour exercer son individualité » une contradiction évidente par rapport au « leitmotiv des autres groupes » préoccupé « à établir une différence sur la base de la religion, du langage, des valeurs » *(ibid.*, p. 210). Cette exigence de liberté n'est pas étrangère, bien sûr, au substrat historique si particulier d'où elle émerge et qui incite à la voir comme une réponse, selon un réseau de correspondances étroites entre ce que nous avons distingué plus haut comme appartenant au domaine des conditions et des processus identitaires. Au cœur de l'enfermement esclavagiste et des traces qu'il a laissées se serait développée cette disposition si particulière à contrevenir à l'imposition d'une vision sociale, à éviter que le récit communautaire n'en vienne à discipliner le corps social.

Il nous faut cependant savoir cette conclusion partielle, versée depuis la « partie » aux possibilités pour comprendre le « tout » de la diaspora. Mais parce qu'elle suppose un lien quasi organique entre le fondement historique des systèmes de traite et d'esclavage et les projets identitaires qui en ont émergé, cette interprétation incite cependant, comme nous l'avions vu en conclusion du chapitre IX, à postuler la possibilité du développement de tels dispositifs sociaux décloisonnés ou démultipliés ailleurs que dans la Caraïbe. Si un chantier est entrepris pour dégager le « commun » relatif à la construction identitaire diasporique ou le « généralisable » de cette identité que l'on n'a fait que cerner depuis la « partie », il faudra envisager, à la manière de Sundiata (1996), la force opérante de la codification raciale dans les sociétés où elle semble s'être affirmée de façon différenciée, ce qui aurait créé des écarts significatifs entre le Brésil, les États-Unis et la Caraïbe. Sans doute ne faudra-t-il pas non plus perdre de vue l'intuition d'Édouard Glissant (1981, p. 29) selon laquelle ce qu'il appelle « la violence technique » entraînée par l'esclavage – c'est-à-dire la perte des moyens de contrôler le réel – ne s'est pas accomplie partout avec la même intensité. En certains lieux des Amériques noires, la possibilité de conquérir un nouvel environnement technique aurait été plus importante qu'ailleurs, comme sur le continent sud-américain.

L'appel qui doit être fait pour une comparaison la plus large possible ne s'arrête cependant pas au vaste ensemble des Amériques noires. Il doit aussi concerner d'autres expériences diasporiques. La conceptualisation du phénomène de dispersion en dit long sur la manière dont les catégories se plient à l'exigence de pratiques situées, avec, pour la diaspora noire, cette obstination (assez française) à ne pas l'introduire dans le rang des « classiques » au jugé de sa faiblesse « communautaire » et quitte à rendre silencieuse cette autre caractéristique des peuples diasporiques qui tient à la violence originelle de la trajectoire dispersée.

Réserver l'usage de la notion de diaspora exclusivement aux peuples qui, dans des conditions de dispersion forcée, ne s'identifient que par rapport au schème de la « filiation » depuis un point d'origine, ce serait laisser de côté les variantes offertes par des expériences sociales singulières qui expriment peut-être un certain degré de conscience vis-à-vis des contraintes que fait peser le corps social « communautaire » et tentent d'échapper à ces dernières. Ce serait laisser passer l'occasion de mener « une analyse comparée des régimes d'historicité » telle que la réclame Marcel Détienne (2000, p. 62-63) pour envisager « les modalités de conscience de soi adoptées par une société, quelle qu'elle soit , à travers la construction du temps ou la perception du passé ». À partir de ces ponts jetés par l'analyse entre les trajectoires de différents peuples, ne serait-on pas mieux à même de comprendre, comme le préconisaient P. Poutignat et J. Streiff-Feinart (1999, p. 154), comment s'opère ou non « la fixation des symboles identitaires qui fondent la croyance en l'origine commune » ? Programme difficile… ce qui n'est que trop apparu dans le cadre de cet ouvrage initialement prévu pour comparer les diasporas noire et grecque, mais différé au vu de l'ampleur de la tâche pour lesquelles les bases n'étaient pas encore assurées (cf. Avant-propos).

Un appel à la comparaison avec d'autres diasporas est d'ailleurs un thème récurrent des écrits consacrés au monde noir des Amériques, et notamment avec le peuple juif. Thomas C. Holt (1999) a voulu indiquer les raisons qui motivent les regards croisés sur ces deux peuples :

> Les Africains aux Amériques et les Juifs incarnent deux narrations archétypales de la diaspora, celle de l'holocauste et celle de la rédemption. Quelque chose est perdu si l'on ne reconnaît pas la résonance de ces deux narrations. Bien sûr, dire que ces deux narrations se répondent, ce n'est pas dire qu'elles sont les mêmes, mais plutôt que les similitudes et les différences entre elles pourraient mieux nous informer sur les forces sous-jacentes qui ont façonné l'ère moderne et sur les réponses à ces forces.

Le propos de T. C. Holt n'est pourtant valable que si l'on consent à envisager que l'expérience noire aux Amériques n'a justement pas produit un seul et unique schème narratif. Il est remarquable de constater qu'un des rares auteurs à avoir entrepris de comparer, autrement que de manière incantatoire, les diasporas noire et juive – Paul Gilroy (1993) – finisse par évacuer ce qui fait toute la spécificité du monde noir des Amériques, à savoir sa diversité. Étrange contradiction pour un auteur qui entend familiariser ses lecteurs avec l'hybridité interculturelle. Pourtant, c'est ni plus ni moins ce qu'accomplit le sociologue en s'arrêtant exclusivement sur les axes communs aux Juifs et aux Noirs que sont l'exil, la souffrance et la reprise des thèmes bibliques de l'Exode par le peuple noir qui sert souvent de trame constitutive aux discours nationalistes d'inspiration messianique. *Quid* de l'hybridité si chère à Gilroy quand sa comparaison avec le peuple juif ne veut retenir que la composante « classique » de la diaspora, celle de l'idéologie du retour vers l'Afrique ? Pour que le rapprochement continue d'être possible en dépit de ce qu'attestent d'autres formes d'identification, il n'y a plus guère qu'à signaler, mais pour mieux passer outre, tout ce qui fait la différence avec le peuple juif :

> Les parallèles aisés sont affaiblis par des facteurs tels que l'absence d'unité religieuse parmi les Noirs du Nouveau Monde ou encore les diverses manières qu'ont les différents groupes de formaliser leur imaginaire, leurs rituels de retour à l'esclavage et à ses terreurs. Il manque aux Noirs en Occident l'idée d'un ancêtre commun [...]. Mais malgré ces différences et problèmes évidents, il semble valable d'aller plus loin dans cette mise en relation (Gilroy, 1993, p. 212).

C'est bien pourtant du côté de cette « absence d'unité » au cœur de la diaspora noire qu'il y a tout à attendre d'une comparaison avec d'autres peuples diasporiques. Elle serait en mesure de confirmer que des régimes différents d'historicité sont en mesure de se constituer et de se renouveler à travers des trajectoires d'exil douloureux dont certaines inspirent d'un côté une réponse plus communautaire, réfugiée dans la stabilité d'un récit collectif dont il est dit qu'il forme à lui seul – pour le peuple juif – le « territoire identitaire » de la diaspora (Médam, 1993), et de l'autre la réponse du « divers », comme préoccupée d'échapper aux violences de la centralité communautaire.

Dans le cas de la diaspora noire, on voit comment, tout en étant là, le motif « communautaire » n'est pas central. Le système esclavagiste, dans sa folle démesure, ne sera donc pas parvenu à en compromettre l'existence. En revanche, ce qui a pu être déterminant est cette confrontation longue et sans cesse réactualisée avec cet univers de sens quadrillé par la puissance de l'autre. Elle caractérise à elle seule la trajectoire des peuples noirs en les plaçant dans la perspective d'une connaissance intime des chocs engendrés par l'exercice des pouvoirs les plus autoritaires qui peuvent aussi imposer de manière inaperçue l'arbitraire de leur vision. De ce socle commun, de cette connaissance partagée, de cette « expérience unique et profonde » dont Georges Lamming (cf. épigraphe de cette conclusion) a si bien fait comprendre que le terme « noir » était capable de la nommer, naît sans doute ce mode particulier de conscience vis-à-vis de la violence de l'ordre social. C'est en ce sens que l'on peut comprendre cette réflexion éclairante d'Édouard Glissant (1981, p. 258) dont Paul Gilroy a fait l'une des épigraphes de son ouvrage : « Il semble qu'au moins une des composantes de "notre" modernité soit la généralisation de la conscience que l'on en a. La conscience de la conscience (le double, le second degré) est notre richesse et notre tourment. »

À partir de la Caraïbe, cet ouvrage nous conduit vers un horizon de questions pour d'autres lieux des Amériques noires et au-delà, de manière à connaître l'étendue des enseignements puisés auprès des cultures antillaises et à savoir plus précisément encore si la « diaspora noire » composée de ces milliers de descendants d'esclaves n'est pas cette formation sociale qui, à force d'expérimenter les errements d'un pouvoir préoccupé à diviser le monde en races inégales, en a forgé une modalité particulière d'échapper au poids des catégories, en élaborant des mondes sociaux rétifs à la logique du « un ». N'est-elle pas l'expression d'un régime particulier d'historicité qui traduit la conscience que les individus ont de leur histoire, non pas dans les discours savants et autres modèles intellectuels, mais en actes, dans les construits identitaires qu'ils élaborent ? Si le terme de diaspora pouvait encore être jugé ne pas convenir pour désigner les expressions collectives inédites issues de cette trajectoire dispersée, pour le moins contrainte et forcée, on pourra tout de même concéder que la catégorie d'analyse « diaspora » reste valable pour approcher un univers culturel aux enseignements surprenants.

Bibliographie

ACHEEN R., 1983, « Pour une grammaire de l'histoire antillaise », *Les Temps modernes*, n° 441-442.

AFFERGAN F., 1983, *Anthropologie à la Martinique*, Paris, Presses de la Fondation nationale des sciences politiques, 265 p.

AGIER M. (éd.), 2002, *Les Mots du discours afro-brésilien en débat*, numéro des *Cahiers du Brésil contemporain*, Maison des sciences de l'homme de Paris, p. 49-50.

ALLEN J. P. et TURNER E. J., 1988, *We the People. An Atlas of America's Ethnic Diversity*, New York, Macmillan Publishing Company.

ALLEYNE M., 1996 [1988], *Africa : Roots of Jamaican Culture*, Chicago, Research Associates School Times Publications.

ANDERSON B., 1996, *L'Imaginaire national. Réflexions sur l'origine et l'essor du nationalisme*, Paris, La Découverte.

ANDRE J., 1983, « L'identité ou le retour du même », *Les Temps modernes*, n° 441-442, p. 2026-2037.

ANS (D') A. M., 1989, « Haïti. Paysage et société », Paris, Karthala.

ANSELIN A., 1990, *L'Émigration antillaise en France. La troisième île*, Paris, Karthala.

ANT, 1998, *Les Associations d'originaires d'Outre-Mer acteurs de la solidarité*, Saint-Denis, France, Agence nationale pour l'insertion et la promotion des travailleurs d'outre-mer.

ANTHIAS F., 1998, « Evaluating "Diaspora" : Beyond Ethnocide », *Sociology*, 32(3), p. 557-580.

APPADURAI A., 2001, *Après le colonialisme. Les conséquences culturelles de la globalisation*, Paris, Payot.

APPIAH K. A. et GATES H. L. (éd.), 1999, *Africana. The Encyclopedia of the African and the African American Experience*, New York, Basic Civitas Books.

ARMET A., 1982, « Guadeloupe et Martinique : des sociétés *krazé* », *Présence africaine*, p. 121-122.

ARMSTRONG J. A., 1976, « Mobilized and Proletarian Diasporas « *American Political Science Review*, 20(2), p. 393-408.

ASSAYAG J. et BÉNÉÏ V., 2000, « À demeure en diaspora », *L'Homme*, 156, p. 15-28.

AUGÉ M., 2001, *Les Formes de l'oubli*, Paris, Payot & Rivages.

AUSTIN-BROOS, D. J., 1999, « Pentecostal community and Jamaican hierarchy », *in* PULIS J. W., *Religion, Diaspora and Cultural Identity*, New York, Gordon and Breach Publishers, p. 215-245.

BARRETT L. E., 1988, *The Rastafarians*, Boston, Beacon Press.

BACHARAN N., 1994, *Histoire des Noirs américains au XXe siècle*, Bruxelles, Éditions Complexe.

BASCH L., GLICK SCHILLER N. et SZANTON BLANC C., 2000 [1994], *Nations Unbounds. Transnational Projects, Postcolonial Predicaments and Deterritorialized Nation-States*, Amsterdam, Gordon and Breach Publishers.

BASTIDE R., 1967, *Les Amériques noires*, Paris, Petite Bibliothèque Payot.

BASTIEN R., 1985 [1951], *Le Paysan haïtien et sa famille*, Paris, ACCT-Karthala.

BECKLES H. et SHEPHERD V., 1996, *Caribbean Freedom. Economy and Society from Emancipation to the Present*, Kingston, Ian Randle Publishers, Londres, James Currey Publishers, Princeton, Markus Wiener Publishers.

BENOIST J., 1968, « Types de plantation et groupes sociaux à la Martinique », *Cahier des Amériques latines* (série « Sciences de l'Homme »), 2, 160 p.

—, 1972, *L'Archipel inachevé. Études anthropologiques sur les Antilles françaises*, Montréal, Presses de l'université de Montréal, 364 p.

BENOIT C., 2000, *Corps, jardins, mémoires. Anthropologie du corps et de l'espace à la Guadeloupe*, Paris, CNRS Éditions.

BERGER P. et LUCKMANN T., 1986, *La Construction sociale de la réalité*, Paris, Méridien Klincksieck.

BERNABE J., CHAMOISEAU P. et CONFIANT R., 1993 [1989], *Éloge de la créolité*, Paris, Gallimard.

BESSON J., 1998, « Religion as Resistance in Jamaican Peasant life » *in* CHEVANNES B., *Rastafari and Other African-Caribbean Worldviews*, New Brunswick, Rutgers University Press.

BHABHA H., 1994, *The Location of Culture*, Londres, Routledge.

BILBY K., 1999, « Neither Here Nor There : The Place of Community in the Jamaican Religious Imagination », *in* PULIS J. W., *Religion, Diaspora and Cultural Identity*, New York, Gordon and Breach Publishers, p. 311-335.

BONNET A., 1999, « Constructions of "race", place, and discipline. Geographies of racial identity and racism », *in* BULMER M. et SOLOMOS J. (éd.), *Ethnic and Racial Studies Today*, Londres, Routledge.

BONNIOL J.-L., 1992, *La Couleur comme maléfice*, Paris, Albin Michel.

BORDES-BENAYOUN C., 2002, « Les diasporas, dispersion spatiale, expérience sociale », *Autrepart*, 22, p. 23-36.

BOURDIEU P., 1993, « Effets de lieu », *in* BOURDIEU P. (éd.), *La Misère du monde*, Paris, Seuil.

BRATHWAITE E., 1971, *The Development of Creole Society in Jamaica, 1770-1820*, Londres, Oxford University Press.

BRUBAKER R., 2001, « Au-delà de l'identité », *Actes de la recherche en sciences sociales*, 139, p. 66-85.

BRUNEAU M., 2001, « Peuples-monde de la longue durée : Grecs, Indiens, Chinois », *L'Espace géographique*, 3, p. 193-212.

— (éd.), 1995, *Diasporas*, Montpellier, GIP-RECLUS.

— (à paraître), *Diasporas et espaces transnationaux*, Paris, Economica.

CENTLIVRES P., 2000, « Portée et limites de la notion de diaspora », *Cahiers d'études de la Méditerranée orientale et du monde turco-iranien* (*CEMOTI*), 30, p. 5-12.

CHALIAND G. et RAGEAU J.-P., 1991, *Atlas des diasporas*, Paris, Odile Jacob.

CHAMBERLAIN M. (éd.), 1998, *Caribbean Migration : Globalised Identities*, Londres, Routledge.

CHARBIT Y., 1987, « Famille et nuptialité dans la Caraïbe », *Travaux et documents de l'INED*, cahier 114, Paris, PUF.

CHEVANNES B., 1995, *Rastafari. Roots and Ideology*, Syracuse, New York, Syracuse University Press.

—, 1998a, *Rastafari and Other African-Caribbean Worldviews*, New Brunswick, Rutgers University Press.

—, 1998b, « Rastafari and the Exorcism of the Ideology of Racism and Classism », *in* MURREL N. S. *et alii.*, *Chanting Down Babylon. The Rastafari Reader*, Kingston, Ian Randle, p. 55-71.

CHIVALLON C., 1997, « De quelques préconstruits de la notion de diaspora à partir de l'exemple antillais », *Revue européenne des migrations internationales*, 13 (1), p. 149-160.

—, 1998, *Espace et identité à la Martinique. Paysannerie des mornes et reconquête collective (1840-1960)*, Paris, CNRS Éditions.

—, 1999a, « La géographie britannique et ses diagnostics sur l'époque postmoderne », *Cahiers de géographie du Québec*, vol. 43 (118).

—, 1999b, « Les pensées postmodernes britanniques ou la quête d'une pensée meilleure », *Cahiers de géographie du Québec*, vol. 43 (119).

—, 1999c, « Informer le regard sur la ville : Bristol et la mémoire de l'esclavage », *Annales de la recherche urbaine*, n° 85.

—, 2000a, « Du dilemme entre discours et matérialité. Quelques réflexions inspirées par Jean Benoist à propos de la construction de la réalité sociale antillaise », *in* BARNABÉ J., BONNIOL J.-L., CONFIANT R. et L'ÉTANG G., *Au visiteur lumineux. Des îles créoles aux sociétés plurielles. Mélanges offerts à Jean Benoist*, Ibis Rouge, Presses universitaires créoles, Petit-Bourg, Guadeloupe, p. 43-54.

—, 2000b, « La diaspora antillaise au Royaume-Uni et le religieux. Appropriation d'un espace symbolique et reformulations des identités urbaines », *L'Espace géographique*, 4, p. 315-328.

—, 2001, « Postmodernisme britannique et études sur la ségrégation », *Espaces et Sociétés*, 104, p. 25-42.

—, 2002a, « L'expérience de la diaspora noire des Amériques. Réflexions sur le modèle de l'*hybridité* de Paul Gilroy », *L'Homme*, 161, p. 51-74.

—, 2002b, « Affronter des questions toujours là. Autour des registres d'une mémoire antillaise de l'esclavage », *Ethnologie française*, XXXII, 4, p. 601-612.

—, 2002c, « Présence antillaise au Royaume-Uni », *Hommes et Migrations*, n° 1237, p. 62-69.

CLARKE E., 1966, *My Mother Who Fathered me. A Study of the Family in Three Selected Communities in Jamaica*, Londres, Allen and Unwin.

CLIFFORD J., 1992, « Travelling cultures », *in* GROSSBERG L., NELSON C. et TREICHLER P.A. (éd.), *Cultural Studies* , New York, Routledge, p. 96-116.

—, 1994, « Diasporas », *Cultural Anthropology*, 9(3), p. 302-338.

COHEN R., 1995, « Rethinking “Babylon” : Iconoclastic Conceptions of the Diasporic Experience », *New Community*, 21(1), p. 5-18.

—, 1997, *Global Diasporas : An Introduction*, Londres, UCL Press.

COLLIER S., SKIDMORE T. E. et BLAKEMORE H., 1992, *The Cambridge Encyclopedia of Latin America and the Caribbean*, Cambridge, Cambridge University Press.

CONDÉ M., 1994, « Pan-Africanism, Feminism and Culture », *in* LEMELLE S. et KELLEY R. D. G., *Imagining Home. Class, Culture and Nationalism in the African Diaspora*, Londres, Verso, p. 55-65.

CONDON S., 1993, « L'accès au logement : filières et blocages. Le cas des Antillais en France et en Grande-Bretagne », Paris, Groupe d'études de démographie appliquée, Plan Construction et Architecture, ministère du Logement.

CONDON S. et OGDEN P., 1991, « Afro-Caribbean Migrants in France : Employment, State Policy and the Migration Process », *Transactions of the Institute of British Geographers*, 16, p. 440-457.

CONFIANT R., 1993, *Aimé Césaire. Une traversée paradoxale du siècle*, Paris, Stock.

CONSTANT D., 1982, *Aux sources du reggae. Musique, société et politique à la Jamaïque*, Roquevaire (France), éditions Parenthèses.

CONSTANT F., 1996, « L'intégration régionale des Caraïbes du Commonwealth : les mythes unitaires face aux enjeux politiques internes », *in* MARTIN D.-C., *Les Démocraties antillaises en crise*, Paris, Karthala.

—, 1988, *La Retraite aux flambeaux. Société et politique en Martinique*, Paris, Éditions Caribéennes.

—, 2000, « Le multiculturalisme », Paris, Flammarion, coll. « Dominos ».

COQUERY-VIDROVITCH, 1988 « Traite négrière et démographie. Les effets de la traite atlantique : un essai de bilan des acquis actuels de la recherche », *in* DAGET S. (éd.), *De la traite à l'esclavage*, t. II, « XVIIIe-XIXe siècle », Paris, Société française d'histoire d'outre-mer, p. 56-69.

—, 2003, « Le postulat de la supériorité blanche et de l'infériorité noire » , *in* FERRO M., *Le Livre noir du colonialisme. XVIe-XXIe siècle : de l'extermination à la repentance*, Paris, Robert Laffont, p. 646-691.

CORZANI J., 1978, *La Littérature des Antilles-Guyane françaises*, t. III, *La Négritude*, Fort-de-France, Éditions Désormeaux.

— (éd.), 1992, *Dictionnaire encyclopédique des Antilles et de la Guyane*, Fort-de-France, Éditions Désormeaux.

CUCHE D., 1996, « Les Amériques noires dans l'anthropologie et la sociologie françaises depuis *Les Amériques noires* de Roger BASTIDE (1967) », *Bastidiana*, 13-14, p. 119-142.

CUMMINS A., 1994, « Caribbean Slave Society », *in* TIBBLES A. (éd.), *Transatlantic Slavery. Against Human Dignity*, Londres, National Museums and Galleries on Merseyside.

DAGET S. (éd.), 1988, *De la traite à l'esclavage*, t. II, « XVIIIe-XIXe siècle », Paris, Société française d'histoire d'outre-mer.

DAHOMAY J., 1995, « L'esclavage et le droit : les légitimations d'une insurrection », *in* DORIGNY M. (éd.), *Les Abolitions de l'esclavage*, Paris, UNESCO et Presses universitaires de Vincennes, p. 33-47.

—, 2000, « Identité culturelle et identité politique. Le cas antillais », *in* KYMLICKA W. et MESURE S., « Comprendre les identités culturelles », n° 1, coll. « Comprendre », PUF.

DANIEL J., 2002, « L'espace politique aux Antilles françaises », *Ethnologie française*, XXXII, 4, p. 589-600.

DEBIEN G., 1967, « L'origine des esclaves aux Antilles (conclusion) », *Bulletin de l'Institut fondamental d'Afrique noire*, série B, n° 3-4, p. 536-558.

DELACAMPAGNE C., 2000, *Une histoire du racisme*, Paris, Librairie générale française, Livre de Poche, en co-édition avec France Culture.

DELEUZE G. et GUATTARI F., 1980, *Mille plateaux. Capitalisme et schizophrénie*, Paris, Éditions de Minuit.

DETIENNE M., 2000, *Comparer l'incomparable*, Paris, Seuil.

DOMENACH H. et PICOUET M., 1992, *La Dimension migratoire des Antilles*, Paris, Economica.

DORAI K., HILY M.A. et MA MUNG E., 1998, « La circulation migratoire. Bilan des travaux », *Migrations-Études*, 84, p. 1-11.

DORIGNY M., 1995, *Les Abolitions de l'esclavage*, Paris, UNESCO et Presses universitaires de Vincennes.

DU BOIS, 1959, *Âmes noires*, Paris, Présence africaine (traduction de *The Souls of Black Folks*, 1903).

DUBREUIL G., 1965, *La Famille martiniquaise. Analyse et dynamique*, Montréal, Centre de recherches caraïbes, 26 p.

DUFOIX S., 1999, « L'objet diaspora en question », *Cultures et Conflits*, 33-34, p. 147-163.

—, 2002, « Généalogies d'un lieu commun : "diaspora" et sciences sociales », *Actes de l'histoire de l'immigration*, vol. 2 (disponible sur Internet <http://barthes.ens.fr/clio/revues/AHI/articles/preprints/duf.html>).

EDMONDS E. B., 1998, « The Structure and Ethos of Rastafari », *in* MURREL N. S. *et alii*., *Chanting Down Babylon. The Rastafari Reader*, Kingston, Ian Randle, p. 349-360.

EHRARD J., 1995, « L'esclavage devant la conscience des Lumières françaises : indifférence, gêne, révolte », *in* DORIGNY M. (éd.), *Les Abolitions de l'esclavage*, Paris, UNESCO et Presses universitaires de Vincennes, p. 143-152.

FABRE M., 1985, *La Rive noire. De Harlem à la Seine*, Mayenne, Éditons Lieu Commun

FAIST T., 1999, « Transnationalization in International Migration : Implications for the Study of Citizenship and Culture », working paper de *Transnational Communities*, Université de Warwick (disponible sur Internet).

FAUVELLE-AYMAR F.-X., CHRÉTIEN J.-P. et PERROT C.-H., 2000, *Afrocentrismes. L'histoire des Africains entre Égypte et Amérique*, Paris, Karthala.

FERGUSON J., 1999, *The Story of the Caribbean People*, Kingston, Ian Randle Publishers.

FIBBI R. et MEYER J.-B., 2002, « Le lien plus que l'essence », *Autrepart*, 22, p. 5-22.

FOHLEN C., 1999, *Les Noirs aux États-Unis*, Paris, PUF, coll. « Que sais-je ? ».

FONER E., 1983, *Nothing but Freedom. Emancipation and its Legacy*, Baton Rouge, Londres, Louisiana State University Press.

FONER N., 1979, « West Indians in New York City and London : A Comparative Analysis », *International Migration Review*, 13, p. 284-297.

—, 1998, « Towards a Comparative Perspective on Caribbean Migration », *in* CHAMBERLAIN M. (éd.), *Caribbean Migration : Globalised Identities*, Londres, Routledge.

FRANKLIN J. H. et MOSS A. A., 1988, *From Slavery to Freedom. A History of Negro Americans*, New York, Alfred A. Knopf (6e édition).

FREDJ J., 1983, « L'assimilation dans l'histoire antillaise », *Les Temps modernes*, p. 441-442.

GARVEY A. J., 1986, *The Philosophy and Opinions of Marcus Garvey or the Africa for the Africans*, Dover (États-Unis), The Majority Press.

GHASARIAN C., 1998, « À propos des épistémologies postmodernes », *Ethnologie française*, XXVIII (4), p. 563-577.

GEISS I., 1974, *The Pan-African Movement*, Londres, Methuen & Co Ltd.

GERLOFF R., 1992, *A Plea for British Black Theologies. The Black Church Movement in its Transatlantic Cultural and Theological Interaction*, Francfort, Peter Lang.

—, 1994, « Religious Traditions in the African Diaspora » , Paper presented at the Annual Conference of the Centre for New Religions, King's College, Londres, 10 décembre 1994.

GILROY, P., 1993, *The Black Atlantic. Modernity and Double Consciousness*, Londres, Verso, 261 p.

—, 1994, « Diaspora » , *Paragraph*, 17(1), p. 207-212.

GIRAUD M., 1989, « Les masques de la couleur », *Autrement*, 41, p. 88-95.

—, 1997, « La créolité : une rupture en trompe-l'œil », *Cahiers d'études africaines*, 37(4), 1997, p. 795-812.

—, 1999, « Une construction coloniale de la sexualité. À propos du multipartenariat hétérosexuel caribéen » , *Actes de la recherche en sciences sociales*, 128, p. 46-55 (version longue disponible sur Internet <http://www.gensdelacaraibe.org>).

GIRAULT C. *et alii.*, 1982, « Unité et diversité de la Caraïbe insulaire en Amérique latine » , *Hérodote*, vol. 27, p. 90-100.

GISLER A., 1981 [1963], *L'Esclavage aux Antilles françaises (XVIIe - XIXe siècle)*, Paris, Karthala.

GLISSANT E., 1981, *Le Discours antillais*, Paris, Seuil.

—, 1990, *Poétique de la relation*, Paris, Gallimard.

GOULBOURNE H., 1993, « Nouveaux enjeux dans la vie politique des populations de couleur en Grande-Bretagne », *in* GALISSOT R. (éd.), *Pluralisme culturel en Europe*, Paris, L'Harmattan.

—, 1998, *Race Relations in Britain since 1945*, Londres, Macmillan Press Ltd.

—, 2002, *Caribbean Transnational Experience*, Londres, Pluto Press.

GRESLE F., 1971, « Ambiguïtés des modèles et spécificités de la société martiniquaise », *Revue française de sociologie*, XII, p. 528-549.

GROSFOGUEL R., 1997, « Colonial Caribbean Migrations to France, The Netherlands, Great Britain and the United States », *Ethnic and Racial Studies*, 20 (3), p. 594-612.

GUTZMORE C., 2000, « Lef Di "Creole" Ting No Man ! The Creolization Problem in Caribbean Historical Experience, Caribbean Creative Endeavour and Caribbean Studies », University of the West Indies, Department of History, Graduate Seminar.

HALL S., 1994 [1990], « Cultural Identity and Diaspora », *in* WILLIAMS P. et CHRISMAS L. (éd.), *Colonial Discourse and Post-Colonial Theory. A Reader*, Londres, Harvester-Wheatsheaf.

HARRIS J. E. (éd.), 1993 [1982], *Global Dimensions of the African Diaspora*, Washington, Howard University Press.

—, 1996, « African Diaspora Studies : Some International Dimensions », *Issue, a Journal of Opinion* (special Issue : African Diasporas Studies, published by The African Studies Association), vol. XXIV/2, p. 6-8.

HINE D. C., MCLEOD J., 1999, *Crossing Boundaries : Comparative History of Black People in Diaspora*, Bloomington, Indiana University Press.

HOLT T. C., 1999, « Slavery and Freedom in the Atlantic World : Reflections on the Diasporan Framework », *in* HINE D. C. et MCLEOD J., *Crossing Boundaries : Comparative History of Black People in Diaspora*, Bloomington, Indiana University Press, p. 33-44.

HOMIACK J. P., 1998, « Dub History : Soundings on Rastafari Livity and Language », *in* CHEVANNES B., *Rastafari and Other African-Caribbean Worldviews*, New Brunswick, Rutgers University Press, p. 127-181.

HOVANESSIAN M., 1998, « La notion de diaspora. Usages et champ sémantique », *Journal des anthropologues*, 72-73, p. 11-30.

HOWE S., 1999, *Afrocentrism. Mythical Pasts and Imagined Homes*, Londres, Verso.

JACKSON P. et SMITH S. (éd.), 1981, *Social Interaction and Ethnic Segregation*, Londres, Academic Press.

JAMES W., 1993, « Migration, Racism and Identity Formation : the Caribbean Experience in Britain », *in* JAMES W. et HARRIS C. (éd.), *Inside Babylon. The Caribbean Diaspora in Britain*, Londres, Verso.

—, 1998, *Holding Aloft the Banner of Ethiopia. Caribbean Radicalism in Early Twentieth-Century*, Londres, New York, Verso.

JOLIVET M.-J., 1987, « La construction d'une mémoire historique à la Martinique : du schoelchérisme au marronisme », *Cahiers d'études africaines*, 107-108, p. 287-309.

—, 1997, « Libres, Marrons et créoles, ou les Amériques noires revisitées », *Cahiers d'études africaines*, 148, XXXVII-4, p. 993-1003.

KASINITZ P., 1992, *Caribbean New York. Black Immigrants and the Politics of Race*, New York, Cornell University Press.

KENT R. K., 1996, « Palmares : An African State in Brazil », *in* PRICE R., *Maroon Societies : Rebel Slave Communities in the Americas*, Baltimore, Londres, Johns Hopkins University Press, p. 170-188.

KNIGHT F. W., 1990, *The Caribbean. The Genesis of a Fragmented Nationalism*, Oxford, Oxford University Press.

KOLCHIN P., 1998, *Une institution particulière : l'esclavage aux États-Unis*, 1619-1877, Paris, Belin.

LATOUR B., 1994, *Le Métier de chercheur : regard d'un anthropologue*, Paris, Institut national de la recherche agronomique.

LAWSON-BODY G., 1990, *Stratégies paysannes dans la Guadeloupe en transition vers le salariat : des habitations marchandes-esclavagistes aux communautés paysannes libres dans l'espace des Grands-Fonds*, université de Paris 7, thèse de doctorat « Connaissance des tiers-mondes ».

LEE H., 1999, *Le Premier Rasta*, Paris, Flammarion.

LEMELLE S. et KELLEY R. D. G., 1994, *Imagining Home. Class, Culture and Nationalism in the African Diaspora*, Londres, Verso.

LEVINE L. W., 1982, « African Culture and Slavery in the United States », *in* HARRIS J. E. (éd.), *Global Dimensions of the African Diaspora*, Washington, Howard University Press, p. 99-108.

LEWIS R., 1992, « The Contemporary Significance of the African Diaspora in the Americas », *Caribbean Quarterly*, 38(2-3), p. 73-80.

—, 1998, « Marcus Garvey and the Early Rastafarians : Continuity and Discontinuity », *in* MURREL N. S. *et alii.*, *Chanting Down Babylon. The Rastafari Reader*, Kingston, Ian Randle, p. 145-158.

LIPSITZ G., 1995, « Paul Gilroy : *The Black Atlantic : Modernity and Double Consciousness* (Book Review) », *Social Identities*, 1(1), p. 193-200.

LIRUS J., 1979, *Identité antillaise. Contribution à la connaissance psychologique et anthropologique des Guadeloupéens et Martiniquais*, Paris, Éditions caribéennes.

LOSONCZY A. M., 1996, « Mémoires "Nègres" : le creux et le plein », *Bastidiana*, 13-14, p. 163-173.

LUCAS R., 2002, « Marronnage et marronnages », *Cahiers d'histoire*, n° 89, p. 13-28.

LUTZ H., 1998, « The Legacy of Migration : Immigrant Mothers and Daughters and the Process of Intergenerational Transmission », *in* CHAMBERLAIN M. (éd.), *Caribbean Migration : Globalised Identities*, Londres, Routledge, p. 95-108.

MA MUNG E., 1995, « Non-lieu et utopie : la diaspora chinoise et le territoire », *in* BRUNEAU M. (éd.), *Diasporas*, Montpellier, GIP-RECLUS.

MARIENSTRAS R., 1985, « Sur la notion de diaspora », *in* Groupement pour les droits des minorités, *Les Minorités à l'âge de l'État-nation*, Paris, Fayard, p. 215-225.

MAROLLEAU M., 1996, *Les Minorités ethniques de Bristol : une étude de cas dans les inner-cities*, TER de géographie urbaine, département de géographie, université de Bordeaux 3.

MARTIN D.-C., 1996, *Les Démocraties antillaises en crise*, Paris, Karthala.

MARTIN T., 1986, *Race First. Ideological and Organizational Struggles of Marcus Garvey and the UNIA*, Dover (États-Unis), The Majority Press.

—, 1993, « Marcus Garvey, the Caribbean, and the Struggle for Black Jamaican Nationhood », *in* BECKLES H. et SHEPHERD V., *Caribbean Freedom. Economy and Society from Emancipation to the Present*, Kingston, Ian Randle Publishers, Londres, James Currey Publishers.

MASSEY D. S. et DENTON N. A., 1993, *American Apartheid. Segregation and the Making of the Underclass*, Cambridge (Mass.), Harvard University Press.

MATTELARD A. et NEVEU E., 1996, « Cultural Studies Stories. La domestication d'une pensée sauvage ? », *Réseaux*, 80, p. 11-58.

MÉDAM A., 1993, « Diaspora/Diasporas. Archétype et typologie », *Revue européenne des migrations internationales*, vol. 9, n° 1, p. 59-65.

MÉTRAUX A., 1958, *Le Vaudou haïtien*, Paris, Gallimard.

MINTZ S. W., 1974, *Caribbean Transformations*, Chicago, Aldine, 355 p.

MINTZ S. W. et PRICE R., 1992 [1976], *The Birth of African-American Culture. An Anthropological Perspective*, Boston, Beacon Press.

MIRAS C., 1988, « L'économie martiniquaise : croissance ou excroissance », *Tiers-Monde*, vol. 29, n° 114, p. 365-383.

MITCHELL K., 1997, « Different Diasporas and the Hype of Hybridity », *Environment and Planning D : Society and Space*, 15, p. 533-553.

MODOOD T. *et alii*, 1997, *Ethnic Minorities in Britain*, Londres, Policy Studies Institute.

MOSES W. J., 1996, *Classical Black Nationalism. From the American Revolution to Marcus Garvey*, New York, New York University Press.

MULOT S., 2000, *« Je suis la mère, je suis le père ! » L'énigme matrifocale*, EHESS, Paris, thèse de doctorat d'anthropologie sociale.

MUNANGA, 1998, « La présence africaine au Brésil », *in* UNESCO, *La Chaîne et le lien. Une vision de la traite négrière*, Paris, Éditions UNESCO, Mémoire des peuples, p. 395-410.

MURREL N. S. *et alii.*, 1998, *Chanting Down Babylon. The Rastafari Reader*, Kingston, Ian Randle.

NETTLEFORD R. M., 1978, *Caribbean Cultural Identity. The Case of Jamaica*, Kingston, Institute of Jamaica.

NEVEU C., 1993, *Communauté, nationalité et citoyenneté. De l'autre côté du miroir : les Bangladeshis de Londres*, Paris, Karthala.

NICOLAS T., 2002, *Les Antilles françaises entre insularité et continentalité*, Paris, université de Paris-Sorbonne, thèse de doctorat de géographie.

OKPEWHO I., BOYCE DAVIES C. et MAZRUI A., 1999, *The African Diaspora. African Origins and New World Identities*, Bloomington, Indiana University Press.

PATTERSON O., 1967, *The Sociology of Slavery. An Analysis of the Origins, Development and Structure of Negro Slave Society in Jamaica*, Londres, MacGibbon and Kee Ltd.

PATTERSON T. R. et KELLEY R. D. G., 2000, « Unfinished Migrations : Reflections on the African Diaspora and the Making of the Modern World », *African Studies Review*, 43(1), p. 11-46.

PEACH C., 1983, « The Force of West Indian Identity in Britain », *in* CLARKE C., LEY D. et PEACH C., *Geography and Ethnic Pluralism*, Londres, George Allen and Unwin, p. 214-230.

—, 1996, « Does Britain Have Ghettos ? », *Transactions of the Institute of British Geographers*, 21 (1), p. 216-235.

PETSIMERIS P., 1995, « Une méthode pour l'analyse de la division ethnique et sociale de l'espace intra-métropolitain du Grand Londres », *L'Espace géographique*, 2, p. 139-153.

POIRIER C., 2000, « Mémoire collective, identité et politique. La société québécoise et sa relation problématique avec le passé », *in* MOLINARO I. et ROLFE C. (éd.), *Focus on Québec (II). Further Essays on Québécois Society and Culture*, Edinburgh, Le GRECF.

PREVELAKIS G., 1995, « Les espaces de la diaspora hellénique et le territoire de l'État grec », *in* BRUNEAU M. (éd.), *Diasporas*, Montpellier, GIP-RECLUS, p. 99-112.

PRICE R., 1991, « Amériques noires » et « Caraïbe (monde) » *in* BONTE P. et IZARD M. (éd.), *Dictionnaire de l'ethnologie et de l'anthropologie*, Paris, PUF, p. 62-63 et 125-126.

—, 1994, *Les Premiers Temps. La conception de l'histoire des Marrons Saramaka*, Paris, Seuil.

—, 2001, « The Miracle of Creolization : A Retrospective », *New West Indian Guide*, 75, p. 35-64.

PRYCE K., 1979, *Endless Pressure : A Study of West Indian Lifes-Styles in Bristol*, Bristol, Bristol Classical Press, 301 p.

QUÉNUM A., 1993, *Les Églises chrétiennes et la traite atlantique du XVe au XIXe siècle*, Paris, Karthala.

RABOTEAU A. J., 1982, « African Religions in America : Theoretical Perspectives », *in* HARRIS J. E. (éd.), *Global Dimensions of the African Diaspora*, Washington, Howard University Press, p. 51-64.

RECLUS, E., *L'Homme et la Terre*, t. VI, Paris, Libraire universelle, 1908.

REICHERT D., 1987, « Comedia Geographica. An Absurd One-Act Play », *Environment and Planning D : Society and Space*, vol. 5 (3), 335-343.

RICHMOND A. H., 1987, « Caribbean Immigrants in Britain and Canada : Socio-Demographic Aspects », *Revue européenne des migrations internationales*, « Les Antillais en Europe », 3 (3).

RICŒUR P., 1985, *Temps et Récit. Le temps raconté*, Paris, Seuil, Points.

ROBINSON V., 1993, « Ethnic Minorities and the Enduring Geography of the Settlement », *Town and Country Planning*, mars, p. 53-56.

SAFRAN W., 1991, « Diasporas in Modern Societies : Myth of Homeland and Return », *Diaspora*, 1(1), p. 83-99.

SALA-MOLINS L., 1987, *Le Code noir ou le Calvaire de Canaan*, Paris, PUF.

SANTAMARIA U., 1987, « Black Jews : The Religious Challenge or Politics Versus Religion », *Archives européennes de sociologie*, XXVIII, p. 217-239.

SANSONE L., 2002, « La communauté noire existe-t-elle ? Identité et culture des Afro-Bahianais », *Cahiers du Brésil contemporain*, 49-50, p. 135-151.

SAUGERA E., 1995, *Bordeaux port négrier*, Paris, Karthala.

—, 1998, *La Traite des Noirs en trente questions*, La Crèche, Geste Éditions.

SCHMIDT N., 1994, *Victor Schoelcher et l'abolition de l'esclavage*, Paris, Fayard.

SCOTT D., 1997, « An Obscure Miracle of Connection » : Discursive Tradition and Black Diaspora Criticism », *Small Axe*, 1, p. 19-38.

SHEFFER G., 1986, « A New Field of Study : Modern Diasporas in International Politics », *in* SHEFFER G. (éd), *Modern Diasporas in International Politics*, New York, Saint Martin's Press.

—, 1993, « Ethnic Diasporas : A Threat to Their Hosts ? », *in* WEINER D. (éd.), *International Migration and the Security of States*, Boulder, Westview Press, p. 70.

SHEPPERSON G., 1982, « African Diaspora : Concept and Context », *in* HARRIS J. E. (éd.), *Global Dimensions of the African Diaspora*, Washington, Howard University Press, p. 41-49.

—, 1966, « The African Abroad or the African Diaspora », *African Forum*, 2, p. 76-93.

SHERLOCK P., BENNETT H., *The Story of the Jamaican People*, Kingston, Ian Randle Publishers.

SCHNAPPER D., 2001, « De l'état-nation au monde transnational. Du sens et de l'utilité du concept de diaspora », *Revue européenne des migrations internationales*, 17(2), p. 9-34.

SHYLLON F., 1982, « Blacks in Britain : A Historical and Analytical Overview », *in* HARRIS J. E. (éd.), *Global Dimensions of the African Diaspora*, Washington, Howard University Press, p. 223-248.

SEGAL R., 1995, *The Black Diaspora*, Londres, Faber & Faber.

SIMPSON G. E., 1998, « Personnal Reflections on Rastafari in West Kingston in the Early 1950s », *in* MURREL N. S. *et alii.*, *Chanting Down Babylon. The Rastafari Reader*, Kingston, Ian Randle, p. 217-228.

SKINNER E. P., 1982, « The Dialectic between Diasporas and Homelands », *in* HARRIS J. E. (éd.), *Global Dimensions of the African Diaspora*, Washington, Howard University Press, p. 11-40.

—, 1999, « Hegemonic Paradigms and the African World : Striving to be Free », *in* HINE D. C. et MCLEOD J., *Crossing Boundaries : Comparative History of Black People in Diaspora*, Bloomington, Indiana University Press, p. 45-70.

SMALL M., 1999, « Departemental Conditions and the Emergence of New Disciplines : Two Cases in the Legitimation of African-American Studies », *Theory and Society*, 28, p. 659-707.

SMITH R. T., 1956, *The Negro Family in Bristish Guiana. Family Structures and Social Status in the Villages*, Londres, Routledge and Keagan Paul.

SMITH S. J., 1989, *The Politics of « Race » and Residence. Citizenship, Segregation and White Supremacy in Britain*, Cambridge, Polity Press et Basil Blackwell Ltd.

SOYSAL Y. N., 2000, « Citizenship and Identity : Living in Diasporas in Post-War Europe ? », *Ethnic and Racial Studies*, 23 (1), p. 1-15.

ST CLAIR DRAKE, 1982, « Diaspora Studies and Pan-Africanism », *in* HARRIS J. E. (éd.), *Global Dimensions of the African Diaspora*, Washington, Howard University Press, p. 451-514.

SUNDIATA I. K., 1996, « Africanity, Identity and Culture », *Issue, a Journal of Opinion* (special Issue : African Diasporas Studies, published by The African Studies Asociation), vol. 24/2, p. 13-17.

TAGLIONI F., 1995, *Géopolitique des Petites Antilles*, Paris, Karthala.

THOMAS H., 1997, *The Slave Trade. The Story of the Atlantic Slave Trade*, New York, Touchstone Rockefeller Center.

TÖLÖLYAN K., 1996, « Rethinking Diaspora(s) : Stateless Power in the Transnational Moment », *Diaspora*, 5(1), p. 3-36.

THORNTON J., 1998, *Africa and Africans in the Making of the Atlantic World*, 1400-1800, Cambridge, Cambridge University Press.

THOMPSON V. B., 1987, *The Making of the African Diaspora in the Americas, 1441-1900*, New York, Longman Group.

TOULIS N. R., 1997, *Believing Identity. Pentecostalism and the Mediation of Jamaican Ethnicity and Gender in England*, Berg, Oxford (Grande-Bretagne), New York.

TULLY-SITCHET C., 2002, « Noirs américains, rêve d'Afrique et invention de retour », *Hommes et Migrations*, n° 1235, p. 72-81.

UEDA R., 1994, « West Indians », *in* THERNSTROM S. (éd.), *Harvard Encyclopedia of American Ethnic Groups*, Cambridge (Mass.), Harvard University Press.

UNESCO, 2000, « La route de l'esclave » (disponible sur Internet <http://www.unesco.org> [à la date de dernière mise à jour du 2-6-2000]).

—, 1998, *La Chaîne et le Lien. Une vision de la traite négrière*, Paris, Éditions UNESCO, Mémoire des peuples.

VAN DEBURG W. L., 1997, *Modern Black Nationalism. From Marcus Garvey to Louis Farrakhan*, New York, New York University Press.

VAN HEAR N., 1998, *New Diasporas. The Mass Exodus, Dispersal and Regrouping of Migrant Communities*, Londres, UCL Press.

VÉRAN J.-F., 2002, « Quilombos : des "lieux de mémoire" bien vivants », *Cahiers du Brésil contemporain*, 49-50, p. 87-96.

VERTOVEC S., 1999, « Three Meanings of "diaspora" exemplified Among South Asian Religions », *Diaspora*, 7(2).

WACQUANT L., 1992, « Pour en finir avec le mythe des “cités-ghettos”. Les différences entre la France et les États-Unis », *Annales de la recherche urbaine*, n° 54.

WALTERS R. W., 1993, *Pan Africanism in the African Diaspora. An Analysis of Modern Afrocentric Political Movements*, Detroit, Wayne State University Press.

WATKINS-OWEN I., 1996, *Blood Relations. Caribbean Immigrants and the Harlem Community, 1900-1930*, Bloomington et Indianapolis, Indiana University Press.

WILLIAMS E., 1975, *De Christophe Colomb à Fidel Castro : l'histoire des Caraïbes, 1492-1969*, Paris, Présence Africaine.

WILLIAMS D. E., 1999, « Rethinking the African Diaspora : A Comparative Look at Race and Identity in a Transatlantic Community », *in* HINE D. C. et MCLEOD J., *Crossing Boundaries : Comparative History of Black People in Diaspora*, Bloomington, Indiana University Press, p. 105-120.

WILSON P. J., 1973, *Crab Antics. The Social Anthropology of English-Speaking Negro Societies of the Caribbean*, Yale, University Press.

WYSE A. J. G., 1982, « The Sierra Leone Krios : A Reappraisal from the Perspective of the African Diaspora », *in* HARRIS J. E. (éd.), *Global Dimensions of the African Diaspora*, Washington, Howard University Press, p. 339-368.

YELVINGTON K. A., 2001, « The Anthropology of Afro-Latin-America and the Caribbean : Diasporic Dimensions », *Annu. Rev. Anthropol.*, 30, p. 227-260.

Table des matières

DEUXIÈME PARTIE

UNE DIASPORA PEUT-ELLE EN CACHER UNE AUTRE ? DIVERSITÉ DES INTERPRÉTATIONS SUR LES CULTURES NOIRES DES AMÉRIQUES

TROISIÈME PARTIE

LA DIASPORA NOIRE : ARTICULATION DES EXPÉRIENCES ET DES THÉORIES

Composition et mise en page :
FACOMPO, Lisieux

IMPRESSION, BROCHAGE
IMPRIMERIE CHIRAT
42540 ST-JUST-LA-PENDUE
OCTOBRE 2004
DÉPÔT LÉGAL 2004 - N° 3472

IMPRIMÉ EN FRANCE